ULLSTEIN

Das Buch

Im winterlichen Sibirien bei extremen Minusgraden einen Marathon zu laufen ist ein sportliches Abenteuer der besonderen Art und gewiss kein Wunschtraum für jedermann. Schon gar nicht für Tom Ockers, der sich selbst als überzeugten Antijogger sieht. Dennoch lässt er sich auf die Teilnahme beim *Siberian Ice Marathon* 2001 in Omsk ein – wegen eines Gelübdes, das er bei der Geburt seines Sohnes geleistet hat. Monatelang steht sein Leben im Zeichen von Trainingseinheiten, Reisevorbereitungen und Sponsorensuche. Ausgerechnet zum Zeitpunkt des Rennens dann wird Sibirien von einer Kältewelle ohnegleichen erfasst …
Ein packender und höchst unterhaltsamer Bericht über eine verrückte Idee und ihre Ausführung – und über den wohl kältesten Marathon aller Zeiten.

Der Autor

Tom Ockers, Jahrgang 1962, arbeitete nach dem Studium der Philosophie zuerst als Messebauer und Zeitungsreporter. Später lehrte er Deutsch für Ausländer, bevor er 1989 beim NDR zum Fernsehen stieß. Bis 1998 war er als Redakteur und Producer bei der ARD tätig. Seit 1998 arbeitet er freiberuflich als Journalist, Produzent, Regisseur und Autor für die ARD, aber auch für Presse- und Industrieunternehmen. Unter anderem liefert er Beiträge für die *Tagesschau*, *Panorama* und den *ARD-Brennpunkt*. 1999 erhielt er den Hamburger Satirepreis.

Tom Ockers

Eis-Lauf

In der Kälte des Sibirien-Marathons

Ullstein

Besuchen Sie uns im Internet:
www.ullstein-taschenbuch.de

Umwelthinweis:
Dieses Buch wurde auf chlor- und säurefreiem Papier gedruckt.

Ullstein Verlag
Ullstein ist ein Verlag der Ullstein Buchverlage GmbH.
1. Auflage Februar 2004

Umschlaggestaltung: Thomas Jarzina, Köln (nach einer Vorlage von Hauptmann und Kampa Werbeagentur, München – Zürich)
Titelabbildung: Stefan Eisend, c/o Daniela Wagner
Gesetzt aus der Bembo
Satz: Dörlemann Satz, Lemförde
Druck und Bindearbeiten: Clausen & Bosse, Leck
Printed in Germany
ISBN 3-548-36487-X

Für meine Mutter und Christina

»Ja, der Mensch ist lebenszäh!
Der Mensch ist ein Wesen,
das sich an alles gewöhnt;
ich glaube, das ist die beste
Definition für ihn.«

Fjodor Dostojewski
Aufzeichnungen aus einem Totenhause
Geschrieben in Omsk, 1850–1854

»Läufer haben Erfolg.
Durchschlagenden Erfolg.
Das hat zwar noch kein
Wissenschaftler gemessen,
aber es spricht sich rum.«

Dr. med. Ulrich Strunz
Laufpapst

Inhaltsverzeichnis

Vorwort von Herbert Feuerstein

Das Schöne am Schreiben eines Vorwortes ist, dass es vorne steht, als Erstes im Buch, so dass man das, was danach kommt, gar nicht lesen muss. Und ich werde mich hüten, es zu lesen, denn ich bin sicher, dass uns Tom Ockers nur was vormacht. Er mag ein interessanter und ungewöhnlicher Mensch sein, aber ich glaube ihm kein Wort. Er sich selber übrigens auch nicht, hat er mir mal gesagt.

Tom Ockers ist der sechste Trauzeuge meines Lebens (von jeweils zweien pro Ehe) und deshalb dachte ich nichts Böses, als er mir das Angebot machte, mich in Hamburg vom Flughafen abzuholen. Da dieser Vorschlag telefonisch erfolgte, konnte ich sein Gesicht nicht sehen und deshalb auch nicht das Flackern in seinen Augen. Auch seine Stimme klang nicht boshafter als sonst: Da Tom ein versierter Medienmensch ist, klingt seine Stimme *immer* boshaft.

Ich wunderte mich nicht, dass er einen Sturzhelm trug, als er in der Ankunftshalle auf mich wartete. Denn ich wusste, dass er öfter auf dem Hausdach schläft, flach auf dem Giebel ausgestreckt wie Snoopy, und bekanntlich ist beim freien Aufenthalt auf dem Dach ein Kopfschutz gesetzlich vorgeschrieben. Auch Snoopy trägt in diesem Fall einen Helm, doch ist Snoopys Hütte gerade mal einen Meter hoch. Tom hingegen wohnte damals im sechsten Stock, was den Nutzen eines Sturzhelms arg reduzierte. Andererseits: Die Schwimmwesten im Flugzeug haben ja auch bisher noch niemanden gerettet und es gibt sie trotzdem.

Eine der wenigen angenehmen Eigenschaften von Tom Ockers ist es, dass er nach längerer Trennung auf Begrüßungsriten und »Wie geht's?«-Kram verzichtet und sofort auf die hässlichen, abgründigen Dinge des Lebens zu sprechen kommt. Sofort unterhielten wir uns so angeregt, dass ich sogar vergaß, mich zu ärgern, weil er mir den schweren Handkoffer nicht abnahm, obwohl er jünger, größer und stärker ist als ich.

Nach dem Ausgang aus der Abflughalle geht man auf geradem Wege über die Straße ins Parkhaus. Tom bog aber rechts ab, wo gar kein Auto stand, sondern nur ein hässliches, schmutziges Motorrad. Er weiß genau, was ich am meisten im Leben hasse: Sport, Karamellcreme, Prostata-Abtasten und Motorräder, auch schicke und saubere. Er hatte mich trotzdem mit seinem Motorrad abgeholt.

Ich weiß, dass er auf meinen Protest wartete. Auf meine Abscheu vor dem Ding, auf meine Sorge um die helle Hose, auf meine Angst vor der Raserei – um sich daran zu weiden. Aber den Gefallen tat ich ihm nicht, das wäre auch gar nicht meine Art. In aussichtsloser Lage füge ich mich wehrlos in das Unvermeidliche, einmal, um sinnlos vergeudete Energie zu sparen, und zum zweiten, weil der Todeskampf dann kürzer ist: Wenn ich weiß, dass ich ertrinken *muss*, rufe ich erst gar nicht um Hilfe.

Wie selbstverständlich, als würde ich immer mit dem Motorrad abgeholt, setzte ich mich hinter ihn und nahm damit die lächerliche Haltung eines kopulierenden Frosches ein, die das Mitfahren auf dem Motorrad zur exhibitionistischen Peinlichkeit entwürdigt. Meinen Handkoffer klemmte ich unter den rechten Arm und mit der linken Hand suchte ich irgendetwas, was *nicht* Toms Körper war, um mich daran festzuhalten, musste mich aber dann doch an ihm festkrallen.

Wir fuhren los und das Gespräch verstummte. Nicht, weil wir uns nichts zu sagen hatten, sondern weil Tom so schnell fuhr, dass der Druck der anströmenden Luft jedes Wort in den Hals zurückpresste, tief hinunter in die Gedärme. Wir überholten alles, was Räder hatte, auch ein startendes Flugzeug, und selbst Gevatter Tod, der Motorradfahrern ständig auf den Fersen ist, hatte keine Chance bei Toms Tempo.

Die an sich so soliden Häuser Hamburgs dehnten und verzerrten sich im Rausch der Geschwindigkeit und wir fegten ausschließlich bei Rot über die Kreuzungen – dachte ich jedenfalls. Heute weiß ich, dass ich mich irrte: Ich wurde das Opfer eines physikalischen Phänomens, des Dopplereffektes, bei dem die Wellen gedehnt oder komprimiert werden, je nachdem, ob sich ein Gegenstand auf einen zu- oder von einem wegbewegt. Beim Schall hat das die Wirkung, dass ein Martinshorn erst tiefer, dann höher klingt; beim Licht nennt man es Rotverschiebung und misst damit die Geschwindigkeit sich entfernender Galaxien. Die korrekt grün leuchtenden Ampeln wurden also nur in meinen Augen zu roten Lichtern, verursacht durch Toms gnadenlosen Wellenstau.

Dann waren wir angekommen und ich stieg ab. Tapfer unterdrückte ich das Bedürfnis, die Erde zu küssen, und versuchte gar nicht erst, meine Hosenbeine zu säubern, die mit Motoröl und Kettenfett beschmiert waren.

Da sagte Tom Ockers ganz beiläufig, wie sehr er alles Motorisierte hasse, Autos ebenso wie Motorräder. Nur Laufen mache Sinn, brächte einen zu sich selbst zurück.

Und nun schreibt er ein Buch gegen das Laufen. Verstehen Sie jetzt, was ich meine? Und warum ich es erst gar nicht lesen will?

Na ja, vielleicht lese ich es doch noch. Aber erst, wenn der Ladenpreis aufgehoben ist und es für 99 Cent im Antiquariat liegt, weil es – aufgrund meiner Warnung – keiner gekauft hat. Dann wären wir endlich quitt hinsichtlich der Sache damals am Flughafen.

Herbert Feuerstein

Einführung

Zum ersten Mal in meinem Leben waren meine Augen zugefroren. Ich wusste nicht einmal, dass so etwas überhaupt möglich war. Hinter der dünnen Eisschicht, die sich von den Augenbrauen bis zu den unteren Wimpern erstreckte, sah die Welt ziemlich unscharf aus.

Jede meiner Bewegungen war nur noch zufällig und meine Füße entschieden eigenständig darüber, wohin sie zu laufen hatten. Der Verstand war abgeschaltet und das Schmerzempfinden hatte sich hinter einer trüben Lethargie verschanzt. Das Bewusstsein hatte sich längst abgemeldet und das Einzige, was noch perfekt funktionierte, war der Wille. Er allein hielt die lebensnotwendigen Systeme notdürftig in Gang.

Es waren vielleicht noch zehn Meter bis zum Ziel, als ich zum ersten Mal das sichere Gefühl hatte, dass mich nichts mehr aufhalten könnte. Noch zehn Schritte, dann würde ich den kältesten Marathon aller Zeiten gelaufen sein. Zwei Stunden vorher war ich noch ein Mensch mit normaler Körpertemperatur gewesen, jetzt kam ich mir vor wie ein Eiszombie.

Die letzten zehn Schritte lief ich nicht mehr. Ich wankte, ich stotterte, ich torkelte, aber ich fiel nicht.

Niemand hätte mich auf diesen zehn Metern zum Fallen bringen können. Als ich hinter der Ziellinie angekommen war, hätte ein winziger Lufthauch ausgereicht, mich zu stürzen. Aber es blieb windstill. Dafür brach ich in Tränen aus. Vor Glück, vor Schmerz, vor Scham, vor Freude? Ich weiß es nicht mehr so genau.

Und warum habe ich mir das angetan? Weil ich es tun musste. Das Schicksal hatte sich für mich diese Prüfung ausgedacht und ich ging ihm in einem wunderschönen und schwachen Moment in die Falle. Ich hätte es verhindern können – wenn da nicht dieses Gelübde gewesen wäre …

Das Gelübde

Schuld an allem war eine Staubwolke. Natürlich hätte ich deswegen nicht gleich so extrem reagieren müssen, aber ich befand mich schließlich auch in einer extremen Situation. Damals wusste ich noch nicht, welche Folgen das für mich haben würde, aber darüber dachte ich gar nicht nach. Ich machte dem Schicksal einfach nur ein Angebot: Wenn du jetzt was für mich tust, dann bekommst du etwas Außergewöhnliches von mir zurück!

Es schlug ein und erfüllte seinen Teil der Vereinbarung. Über drei Jahre dauerte es, bis ich endlich meine Schuld bei ihm beglichen hatte. Dann waren wir quitt. Aber bis dahin war es noch ein weiter Weg.

Am Vormittag des 5. Oktober 1997 zog ich mir ein blaues Hemd, eine blaue Hose, einen Gesichtsschutz, eine Haarhaube und hässliche weiße Holzpantinen an. Dann ging ich zum Waschbecken und desinfizierte meine Hände. Eigentlich wollte ich nur zuschauen, wie mein Kind geboren wurde, aber die Ärzte bestanden darauf, dass ich mich wie ein normales Mitglied aus dem OP-Team zu verhalten habe.

Was sie damit nicht sagen wollten, war, dass ich die medizinische Leitung übernehmen sollte. Das hatte ich aber falsch verstanden. Also gab ich gleich ein paar Instruktionen. »Reichen Sie mir mal die Seife. Wo sind eigentlich die Scheren und Skalpelle? Müssen Sie mir hier im Weg stehen, ich sehe ja gar nichts!« Ich versuchte cool zu bleiben. Eine Geburt ist doch nichts anderes als eine Routineangelegenheit.

Wir gingen in den Operationssaal und stellten uns an die vorgegebenen Plätze.

Dann geschah einfach das Falsche.

Eine der Schwestern holte eines der grünen OP-Tücher aus einer Verpackung, schüttelte es aus und wollte gerade damit herumhantieren. Zum Glück war ich in der Nähe und konnte sofort intervenieren:

»Was soll das da bitte?«, rief ich in den Raum. Sofort herrschte absolute Stille. Alle schauten mich an.

»Was meinen Sie denn?«, fragte mich die Schwester schüchtern.

»Ich meine die Staubwolke, die gerade durch den OP rieselt.« Ich zeigte auf ein paar Partikel, die sich aus dem Tuch gelöst hatten und nun munter durch den Raum schwebten.

»Ich sehe nichts.«

»Ich dachte, wir sind hier in einem OP und nicht bei Frau Holle. Bei der kommt wenigstens Schnee aus den Kissen. Sehen Sie doch, was hier herumfliegt!«

Die Schwester blickte Hilfe suchend zum Chefarzt. Ich war gespannt, ob er mir eine Erklärung geben könnte.

»Das ist natürlich steriler Staub«, entgegnete mir der Doktor ruhig. Ich schaute ihn ungläubig an, dann die anderen. Keiner bewegte sich. Alle hielten meinem Blick stand. Vielleicht stimmte es, was er gesagt hatte, vielleicht war es aber auch nur ein Bluff. In meinem Kopf tobten die Gedanken. Sollte ich die ganze Sache abbrechen lassen oder war ich ein Spinner, der keine Ahnung hatte und nur alle Leute verrückt machte? Mein Blick sondierte noch einmal den Raum. Niemand atmete, bewegte sich oder wagte es, auch nur mit den Augen zu zwinkern. Es herrschte absolute Ruhe. Ich entschied mich, dem Doktor das Kommando zu überlassen.

»Na, wenn Sie das sagen, dann ist ja alles in Ordnung.«

Alle atmeten aus und setzten ihre Arbeit fort. Niemals zuvor hatte ich etwas von sterilem Staub gehört. Die anderen vermutlich auch nicht. Ich fühlte mich wie im Spielkasino. Da fällt man auch ständig Entscheidungen, ohne zu wissen, warum eigentlich. Aber dies hier war kein Glücksspiel, es war die Geburt eines Menschen, meines Kindes. Trotzdem liefen bei mir die gleichen Muster ab. Ich konnte nichts mehr tun, außer kleine Gelübde abzugeben, damit alles gut gehen würde. Ich bin der festen Ansicht, dass auch das Schicksal eine korrupte Seite hat. Da ich aus ihm kein gutes Wesen mehr machen werde, akzeptiere ich die Tatsache und versuche es eben mit Bestechung. Im Kasino läuft das meist über Geld: »Wenn ich gewinne, bekommen die Croupiers oder von mir aus auch Greenpeace 20 Prozent des Gewinns: Okay, ich spende die Hälfte an die Heilsarmee, aber lass mich jetzt gewinnen, Schicksal!«

Da ich dem Schicksal ein gewisses Maß an Restehre unterstelle, hielt ich es in diesem Moment im Krankenhaus für ratsam, keine finanziellen Versprechungen zu machen. Vielleicht hätte es ja Lust, mir einmal richtig den Mund zu stopfen und mich demütig am Boden liegen zu sehen. Also warf ich mich ihm gedanklich zu Füßen und flüsterte leise, während der Staub im OP noch nicht verflogen war, einen pathetischen Schwur in sein virtuelles Ohr: »Wenn das hier gut geht, werde ich mich für meinen vorlauten Mund bestrafen, Ehrenwort!« Zum Glück hatte ich nicht gesagt, ich würde nie wieder vorlaut sein. Das wäre zu viel verlangt.

Offensichtlich gefiel dem Schicksal die Vorstellung, mich leiden zu sehen.

Es ging alles gut. Ich hielt meinen frisch geborenen Sohn auf dem Arm und war atemlos vor Freude. Das Glück war so intensiv, dass ich es kaum aushalten konnte. Am liebsten wäre ich losgerannt und hätte die ganze Welt umarmt. Während es die meisten bei diesem Wunsch belassen, beschloss ich, es tatsächlich zu tun. Wenn auch nicht gerne.

»Weißt du was, Sam«, sprach ich mit ihm die ersten Worte von Mann zu Mann, »ich laufe für dich einen Marathon, einen ganz besonderen, irgendwo weit weg, und umarme damit die ganze Welt für dich. Weil ich so glücklich bin, dass du da bist.« Dass ich auch mit dem Schicksal eine Absprache getroffen hatte, verschwieg ich in diesem Moment.

Eigentlich war ich der gesamten Klinik etwas schuldig. Der Schwester, die ich angemosert hatte, und dem Arzt, der mir bis heute nicht verraten hat, ob es sterilen Staub tatsächlich gibt oder nicht. Alle hatten die Entbindung gesund überstanden. Also waren alle, die dafür gesorgt hatten, die Guten. Ich hatte an ihnen gezweifelt und war nach den Gesetzen der Ethik folgerichtig nun der Böse. Mein Gewissen befahl mir, für sie ebenfalls einen Marathon zu laufen, aber nur einen ganz normalen irgendwo in Deutschland. Wer weiß, vielleicht war der Staub ja doch nur ganz normaler Dreck gewesen. Dann überlegte ich, wem ich noch etwas schuldete, und mir fiel zum Glück niemand mehr ein. Ich fand, dass sich das Schicksal über meine Gegenleistungen und meine Großzügigkeit nicht beschweren konnte. Es hatte einen wirklich guten Deal gemacht! Schließlich hasse ich nichts mehr als Laufen.

Wie ich Laufen hassen lernte

Dauerlaufen ist für mich keine Sportart, sondern eine Charaktereigenschaft. Diejenigen, die früher in der Schule als Letzte in eine Fußballmannschaft gewählt wurden, waren meistens Mitglieder in einem Leichtathletikverein. Leute mit dünnen, sehnigen Beinen, leicht nach vorn gebeugten Oberkörpern und blassen Augen. Sie waren immer etwas zu dünn, zu klein, zu pickelig und zu langweilig. Niemals wechselte ein Leichtathlet zum Fußball, missratene Fußballer wechselten allerdings zuhauf in die Leichtathletik. Wer sich einmal daran gewöhnt hatte, sinnlos im Kreis zu rennen, war für eine Ballsportart unwiederbringlich verloren. Für einen Ball braucht man Flexibilität, Liebe zum Spiel, Intuition, Instinkte und nicht zuletzt einen Blick für das Ziel. Alles Eigenschaften, die Läufer nicht besitzen. Vor allem den letzten Punkt erfüllen sie nicht. Sie interessieren sich nicht dafür, wo sie ankommen müssen. Gelangweilt rennen sie entweder auf einer Laufbahn immer wieder dieselbe Runde oder sie schauen sich im Wald Bäume an, die alle gleich aussehen.

Bis zur Geburt meines Sohnes liebte ich Sport. Ich spielte viele Jahre in Vereinen Fußball und schaffte es sogar, als Jugendspieler bei Fortuna Düsseldorf bis ganz dicht an die Profis heranzukommen: Als Balljunge stand ich direkt hinter dem Tor von Wilfried Woyke, der sich regelmäßig von Gerd Müller ein paar Bälle ins Netz legen lassen musste. Obwohl jeder die Bayern hasste, waren es doch immerhin Fußballspieler, die zudem ihr Geschäft recht gut verstanden. Deshalb versagten auch wir ihnen ein gewisses Maß an Respekt nicht. Nur bei Franz Beckenbauer hörte der Spaß auf. Der bewegte sich wie ein Eisläufer und die waren fast so schlimm wie ihre Verwandten, die Langläufer.

In der Schule gab es einmal im Jahr die so genannten Bundesjugendspiele, und wer etwas für sein Image tun wollte, schaffte zwar akzeptable Zeiten auf den Sprintstrecken oder bei den Kraftsportarten, hielt sich aber auf den langen Distanzen vornehm zurück. Die Mädchen standen immer bei den guten Speerwerfern, Kugelstoßern oder Weitspringern. 1500-Meter-Läufer blieben meist allein. Wer noch weiter lief, musste ein Glöckchen tragen. Selbst die Schachspieler hatten mehr Groupies. Ich fand das völlig in Ordnung.

Mit dieser Einstellung kam ich gut durchs Leben und vor allem niemals in Versuchung, meine Zeit mit Joggen zu verschenken. Das sollte sich nun plötzlich ändern – immerhin im Alter von 35 Jahren.

Mit meinem Versprechen war ich verurteilt, etwas zu tun, was ich abgrundtief verachtete. Zunächst versuchte ich den Gedanken daran zu verdrängen und konzentrierte mich voll aufs Windelnwechseln. Selbst das ist spannender als Laufen und man riecht danach auch nicht schlechter. Doch nach einigen Wochen machte sich schlechtes Gewissen breit. Trotz größter Bemühungen ließ es sich nicht verdrängen und ich akzeptierte, mich meiner Aufgabe stellen zu müssen. Allerdings sollte niemand etwas davon erfahren. Der Imageschaden wäre verheerend gewesen.

Ich trainierte ein wenig und beschloss, einen ersten Test zu absolvieren. Als kleinen Aufgalopp suchte ich mir den Engadiner Sommerlauf in St. Moritz aus. Mein Freund Frank lebt seit Jahren in der Schweiz und schlug mir vor, ein paar Tage bei ihm im Grünen zu verbringen. Ganz nebenbei wollten wir dann das Volksläufchen in den schönen Alpen mitnehmen. Ich hatte keine Erfahrung mit solchen Veranstaltungen und ging davon aus, selbst ziemlich untrainiert locker ins Ziel zu kommen. Noch war ich der Meinung, Sport würde Spaß machen. Und ich hielt mich für einen großen Spaßmacher.

Zugegeben, ich war zwar schon drei- oder viermal um die Alster gelaufen, aber mehr als knappe acht Kilometer waren es nie am Stück gewesen. Der Engadiner Sommerlauf hingegen sollte über 27 Kilometer gehen und beinhaltete gerüchteweise einige böse Steigungen. Doch davor hatte ich keine Angst. Schließlich war ich früher Leistungssportler. Da würde mir ein wenig Jogging doch wohl nichts ausmachen. Leider hatte ich nicht daran gedacht, dass ich meine aktive Karriere schon beendet hatte, als Boris Becker noch nicht einmal »ähhh« sagen konnte, und dass sich meine Form im Verlauf der vergangenen Jahre nicht gerade verbessert hatte. Ganz zu schweigen von der Form meines Bauches.

Wir fuhren vom Flughafen Zürich direkt nach St. Moritz weiter, kamen dort um Mitternacht an und waren der Meinung, dass einem Start am nächsten Morgen nichts im Wege stehen würde.

In der Nacht bekam ich Probleme mit der Atmung, die nach dem Aufwachen nicht unbedingt besser wurden. Auch mein Puls kam nicht zur Ruhe. Er tobte, als sei ich schon seit Stunden auf der Strecke. Irgendwie wurde ich das Gefühl nicht los, dass mein Herz kurz vor der Explosion stehen würde. Trotzdem konnte ich mir am Startplatz ein Lächeln nicht verkneifen, als ich auf die anderen Teilnehmer schaute. Es war ihr Gang, der es mir schwer machte, sie ernst zu nehmen. Eine gewisse Hüftsteifheit meinte ich als gemeinsames Merkmal meiner Konkurrenten zu entdecken. Ihre Bewegungen hatten etwas Hahnenhaftes, so als ob sie gleich gemeinsam krähen wollten. Aber laufen? Das traute ich ihnen eigentlich nicht zu.

Zu diesem Zeitpunkt war ich tatsächlich nicht abgeneigt zu glauben, ich könnte vielleicht sogar gewinnen. Zumindest einen der vorderen Plätze rechnete ich mir sicher aus. Schließlich waren die andern doch nur Läufer, keine Sportler. Für die würde es schon noch reichen.

Inzwischen wurde ich immer kurzatmiger. Frank nahm meinen Puls ab und stellte fest, dass er schon jetzt, bevor der Startschuss gefallen war, weit über 170 lag. Solche Werte erreicht der normale Sportler nur nach absoluten Höchstleistungen, wie ich sie zum Beispiel in den letzten Jahren beim Müll-Wegbringen oder Kinderwagen-Schieben vollbracht hatte. Doch an diesem Tag hing es ausnahmsweise mal nicht mit meiner abgetakelten Kondition zusammen, sondern mit natürlichen Gegebenheiten, die mein Fußballerhirn übersehen hatte.

Während sich Hamburg in einer Höhe von ungefähr 30 Zentimetern über NN befindet, liegt St. Moritz stolze 1600 Meter über dem Meeresspiegel. Dieser Höhenunterschied macht sich leider im geringeren Sauerstoffanteil der Luft bemerkbar. Weil ich noch nicht einmal einen halben Tag gehabt hatte, um mich an diese Bedingungen zu gewöhnen, geschweige denn zu akklimatisieren, litt ich unter extremem Sauerstoffentzug. Eigentlich wäre es für mich in dieser Situation schon zu anstrengend gewesen, ein paar Brötchen beim Bäcker zu holen, aber ich stand hier am Start eines 27 Kilometer langen Volkslaufes.

Nach drei Kilometern japste ich wie ein alter Esel, obwohl es bisher fast nur bergab gegangen war. Nach fünf Kilometern machte ich die erste Pause. Laufen war doch anstrengender, als ich gedacht hatte. Nach sieben Kilometern kam die erste ernst zu nehmende Steigung und mein Kreislauf drohte zu kollabieren. Also wieder spazieren gehen. Ich fühlte mich in meiner Abneigung gegen das Laufen bestätigt. Inzwischen war klar, dass ich dieses Rennen niemals zu Ende bringen könnte. Es war medizinisch unmöglich.

Alle fünf Kilometer gab es Erfrischungsstationen, an denen ich mit wachsender Begeisterung einkehrte und von denen ich mich immer schwerer zu trennen bereit war. Spätestens bei Kilometer zehn konnte ich nicht mehr und beschloss aufzugeben. Frank hatte ich seit dem Start nicht mehr gesehen, was ich sehr bedauerte. Er war Arzt und ich hätte es in dieser Situation durchaus begrüßt, von ihm untersucht zu werden. Vielleicht hatte er ja sogar ein Sauerstoffzelt dabei.

Plötzlich kam ein Streckenposten heran und wollte mir einen guten Rat geben: »Na, Sie sollten aber mal lieber aufhören!«

»Warum das denn?«, hechelte ich empört zurück.

»Schauen Sie sich doch einmal an, Sie sind am Ende!«

»Danke der Fürsorge, aber da müssen schon andere Herausforderungen kommen, bevor ich am Ende bin.« Was glaubte der Kerl eigentlich, wen er vor sich hatte? Ich zwang mich, weiterzulaufen. Diese Blöße durfte ich mir nicht geben. Niemand sollte Mitleid mit mir haben.

»Warum tun Sie sich das denn an, guter Mann?«, rief er mir noch nach und ich zuckte einen Moment zusammen.

»Weil ich eine Mission zu erfüllen habe«, keuchte ich zurück und war froh, dass ich um die nächste Ecke biegen konnte. Ich sah mich um, ob der freche Kerl endlich aus meinem Blickfeld verschwunden war. Als ich sicher war, dass er sich außer Sichtweite befand, blieb ich stehen und versuchte zu Atem zu kommen. Diesem vorlauten Herrn hatte ich es gezeigt. Das Ganze hatte nur einen winzigen Nachteil. Leider stand jetzt ein Satz im Raum, an dem ich mich fortan selbst zu messen hatte. Wenn dies hier ein Teil meiner Mission war, wie ich es eben vollmundig verkündet hatte, dann durfte ich auf keinen Fall scheitern, dann musste ich ins Ziel kommen. Das war ich meinem Kind, mir selbst und meinem Gelübde schuldig. Dies hier war der Vorhof zur Hölle. Und wenn ich den nicht bestand, dann würde ich auch dem Teufel nicht trotzen können. Und der Teufel hieß »Marathon-irgendwo-auf-der-Welt«.

Es folgten weitere Steigungen und viele Kilometer Schmerzen. Meine Turnschuhe waren etwas zu eng und drückten auf meine Zehen. Die Nägel waren zerstört, später fielen sie ab; erst nach Monaten würden sie wieder nachgewachsen sein. Ich lief den Weg der blutigen Füße. Oft ging ich ihn nur, aber ich blieb nicht stehen. Mein Kreislauf spielte nicht mehr mit und ich musste mich mehrfach übergeben. Immer noch besser als aufgeben, sagte ich mir. Auch Uta Pippig sah nach einem ihrer Siege beim Boston-Marathon im Zieleinlauf nicht gerade appetitlich aus, nachdem sie unterwegs mehrfach Durchfall bekommen hatte. Ich war entsetzt darüber, wie weit es schon mit mir gekommen war, dass ich mir ausgerechnet solche Bilder in Erinnerung rief, um mich zum Durchhalten zu motivieren.

Irgendwann erreichte ich tatsächlich das Ziel. Nach 3 Stunden und 26 Minuten war ich angekommen. So lange hätte Luis Trenker mit 80 nicht gebraucht, um die Strecke zu wandern, selbst wenn es nur bergauf gegangen wäre. Nach mir kam nur noch eine gehbehinderte Rentnerin ins Ziel. Es war deprimierend. Aber eines hatte ich bewiesen: So leicht würde ich mich nicht unterkriegen lassen von einer Sportart, die doch eigentlich gar keine war. Von diesem Tag an hasste ich sie. Doch was man hasst, sollte man kennen und vielleicht sogar können, sagte ich mir und beschloss, dem Laufen eine Lektion zu erteilen.

Ab sofort betrachtete ich diese Form von sportlicher Betätigung als einen persönlichen Zweikampf zwischen mir und dem Laufen an sich.

Bei unserer ersten Auseinandersetzung hatte ich meinen Rivalen unterschätzt und böse Blessuren davongetragen. Mein Gegner hatte mich in ungeheuerlicher Weise provoziert, gedemütigt und besiegt. Es war wie bei einem Boxkampf, in dem ich elf Runden lang verprügelt worden war. Immer wieder war ich zu Boden geschlagen worden, aber ich war auch stets aufgestanden. Am Ende hatte ich zwar mit blutender Nase, geschwollenen Augen, aufgeplatzten Lippen und völlig zerschlagenem Gesicht eine Niederlage eingesteckt, aber ich war nicht k.o. gegangen. Ich stand noch im Ring – wenn auch nicht mehr ganz aufrecht – und bot meinem Gegner ein Remis an. Als er ablehnte und die Ringrichter auf klaren Punktsieg gegen mich votierten, gab es für mich nur einen Gedanken: Revanche! Niemals würde es einem Laufwettbewerb gelingen, mich vorzeitig auf die Bretter zu schicken.

Der nächste Kampf wurde für das folgende Frühjahr angesetzt. Beim alljährlichen Hansemarathon in Hamburg wollte ich erneut versuchen, dem Laufen die Leviten zu lesen. Dieses Mal sogar über 42 Kilometer, was noch einmal 15 Kilometer mehr sein würden als in St. Moritz. Ich konnte mir nicht vorstellen, dass Menschen eine solche Distanz an einem Stück bewältigen könnten. Andererseits standen 16000 Leute am Start und ich fragte mich, ob es nicht vielleicht doch der ein oder andere bis zum Ziel schaffen würde. Dass ich einer davon sein könnte, schien eigentlich ausgeschlossen. Wie immer hatte ich viel zu wenig trainiert und wie immer traute ich mich trotzdem, den Kampf aufzunehmen. Und wie immer war es furchtbar.

Dieses Mal begannen die Schmerzen nach 18 Kilometern. Unter der Fußsohle bildete sich ein Bluterguss, der immer größer wurde und immer stärker auf meine Muskeln drückte. Irgendwann hatte ich das Gefühl, ich hätte einen Tennisball verschluckt, der mir bis in den Fuß gerutscht wäre und auf den ich bei jedem Schritt treten würde. Dann kamen die ganz normalen Schwächeerscheinungen dazu und die üblichen Probleme mit wunden Stellen an Schenkeln, Brustwarzen und Knöcheln. Als ich bei Kilometer 30 in beiden Waden und Oberschenkeln gleichzeitig Krämpfe bekam, war ich kurz davor, ins nächste Taxi zu steigen. Aber ich biss mich durch. Der Boxer namens Laufen polierte mir schon wieder seit Stunden die Fresse. Langsam ging er mir auf die Nerven. Auch dieses Mal bekam er mich nicht klein und ich erreichte das Ziel zwar spät, aber ich erreichte es. Und zwar deutlich vor dem gefürchteten Besenwagen. Dieses Mal einigten wir uns auf ein Remis und ich war zufrieden. Denn einen Teil meines Gelübdes hatte ich damit erfüllt. Den normalen Marathon fürs medizinische Dienstpersonal hatte ich erledigt. Nun fehlte noch das Meisterstück.

Während des Laufes hatte ich versucht, einen Arbeitskollegen vom NDR einzuholen, der einen Großteil der Strecke ein paar hundert Meter vor mir hergelaufen war. Er ist ein riesiger Kerl von fast zwei Metern und wies mir wie ein Leuchtturm den Weg. Auch er hatte Probleme, weil in seinem Schuh eine Einlage verrutscht war, die langsam, aber sicher dafür sorgte, dass seine Fußsohle wie von einer Käsereibe in ihre Kleinstteile zerlegt wurde. Aber so mächtig wie die Erscheinung dieses Mannes ist auch sein Wille. Es gelang mir einfach nicht, ihn einzuholen. Dabei war er schon über 50 und bestimmt nicht leichter als ich. Er erinnerte mich an eine Mischung aus Burt Lancaster und Baloo den Bären. Doch entgegen dessen Motto »Probier's mal mit Gemütlichkeit!« ließ er sich von keinen Schwierigkeiten aufhalten und erreichte mindestens fünf Minuten vor mir das Ziel.

Ich wollte ihm meinen Respekt aussprechen. Also verabredeten wir uns ein paar Tage später in der Kantine und tauschten unsere Erlebnisse aus. Wir trockneten gegenseitig unsere Tränen. Doch in Wirklichkeit hatte er ganz besondere Gründe, mich zu treffen. Er war in seinen Gedanken längst woanders: »Der Hansemarathon war ja ganz nett, aber wir sollten nach vorne blicken und mal etwas Richtiges machen.«

Jay Tuck stammt aus New York, genauer gesagt aus Brooklyn, und hatte früh gelernt, schwierigste Herausforderungen mit einem Lächeln im Gesicht und einem Messer in der Tasche anzunehmen und zu meistern. Als ich ihn kennen lernte, hatte er gerade ein Buch über internationale Agentennetze geschrieben und sich dabei sogar mit dem sowjetischen KGB angelegt. Bei ihm musste man immer damit rechnen, dass er auf offener Straße gekidnappt würde, weshalb es ratsam war, genau zu überlegen, wo man sich mit ihm traf. Wo Jay Tuck war, konnte ein gefährliches Abenteuer nicht weit sein. Und so war es natürlich auch dieses Mal.

»Ich schicke dir eine VHS-Kassette über ein interessantes Projekt und du sagst mir, ob du mitmachst, okay?«

»Warum erzählst du mir nicht hier und jetzt, worum es geht?«, fragte ich.

»Schau es dir an, *check it out*, ganz in Ruhe, dann kannst du entscheiden, was du tust.«

Das ist die nervige Seite an ihm, dass er selbst Antworten auf belangloseste Fragen nur codiert zu übermitteln bereit ist.

Aber zuverlässig ist er. Zwei Tage später hatte ich ein Päckchen im Briefkasten, darin ein Video-Tape, das ein paar Jahre zuvor im NDR-Fernsehen gesendet worden war. Als ich den Hüllentext las, wusste ich, dass ich gerade meinem Schicksal begegnet war. Es ging um den *Siberian Ice Marathon* in Omsk. Seit einigen Jahren hatten sich immer wieder mutige Sportler auf den Weg gemacht, um in dieser westsibirischen Stadt, weit hinter dem Ural, an einem gefürchteten Marathon – genauer: einem Halbmarathon über 21 Kilometer Distanz – teilzunehmen. Der Deutsche Peter Löffler war Mitte der Neunziger der erste Läufer ohne russischen Pass gewesen. Später kamen ein paar Kasachen oder auch schon mal der eine oder andere Ukrainer dazu. Insgesamt waren bislang wohl kaum mehr als ein Dutzend Ausländer bei diesem Wettbewerb an den Start gegangen.

Die Geister, die ich einst gerufen hatte, waren angekommen. Sie lauerten in dieser Kassette auf mich. Ich würde ihnen nicht mehr entgehen können. Das Thema traf einfach ins Schwarze. Endlich ein Wettbewerb, der das richtige Profil hatte. Sibirien war der Inbegriff des Irgendwo. Es stand für das Ende der Welt, die ich zu umarmen geschworen hatte. Dieser Flecken unbekannte Erde war genau richtig, um das Gelübde für meinen Sohn zu erfüllen.

Außerdem erinnerte mich die Region an eine weitere Geburt, nämlich die meines Schwagers Woldemar. Seine

Mutter lebte dort nach der Vertreibung von der Wolga als Zivilistin und sein Vater war als deutscher Kriegsgefangener nach Sibirien verschleppt worden. Aus der Liebe im Eis entstand ein Kind. Erst viel später konnten sie mit dem kleinen Woldemar nach Deutschland ziehen, dem dann nichts Besseres einfiel, als sich an meine Schwester ranzumachen. Er war ein prima Schwager, also konnte die Gegend, aus der er stammte, nicht ganz so verkehrt sein.

Ich schaute mir nur den Anfang der Reportage an und meine Euphorie war sofort verflogen. Alles, was ich da sah, gefiel mir nicht. Menschen verschwanden in meterhohem Schnee und versuchten trotzdem zu joggen. Ihre Gesichter waren verzerrt, vereist, verbissen. Die Nebelschwaden ihrer Atemluft ließen ihre Umgebung unscharf und feindselig erscheinen. Schon beim Zuschauen bekam ich kalte Füße. Nach ein paar Minuten schaltete ich den VHS-Recorder aus. Mehr brauchte ich nicht zu sehen. Mein Urteil stand fest: zu kalt, zu weit weg, zu gefährlich, zu anstrengend, zu unberechenbar. Ich rief Jay an:

»Ich fahre mit!«

Reiseziel Omsk

Wer nach Omsk reist, muss gute Gründe haben. Im Winter erfriert man und im Sommer erstechen einen die Mücken. Das Thermometer zeigt eigentlich nur zwei Temperaturen an. Entweder 30 Grad minus oder 30 Grad plus, je nach Jahreszeit. Die nächste halbwegs größere Stadt liegt rund 700 Kilometer entfernt und bis auf Kasachstan, das man in etwa einer Stunde erreichen könnte, wenn es gute Straßen gäbe, gibt es weit und breit keine Ausflugsziele.

Jeder Fremde oder gar Ausländer genießt in dieser Stadt hohe Exklusivität. Allzu viele hat es nämlich noch nicht hierher verschlagen. Touristen sind so selten, dass man noch heute in allen Stadtführern an den Besuch des Deutschen Alexander von Humboldt erinnert wird, der 1829 auf der Durchreise in Omsk Station machte und sich damit einen Traum erfüllte: »Ein heißer Wunsch meiner Jugend, zugleich den Amazonen-Strom und den Irtysch gesehen zu haben.«[1]

Menschen, die Omsk besuchten, wurden meistens von besonderen Motiven getrieben, die fernab jeder Normalität lagen. Das war schon immer so. Es begann im Jahre 1716 und gilt bis heute.

[1] Brief an Graf Georg von Cancrin, 1829

Rund 4000 Jahre vor Christus hatte es sich in der Weltbevölkerung offenbar noch nicht herumgesprochen, dass in Sibirien keineswegs Milch und Honig fließen. Nur deshalb verirrten sich wohl einige Menschen in diese Gegend. Was sie dort hingetrieben haben mag, was sie dort suchten, und vor allem, was sie davon abhielt, sofort wieder umzukehren, wird für immer ihr Geheimnis bleiben. Auf jeden Fall müssen es besonders widerstandsfähige menschliche Exemplare gewesen sein, sonst wären sie sicher sofort ausgestorben. Während sich in Ägypten die ersten Pharaonen an lauen Sommerabenden auf gemütlichen Segelschiffchen über den Nil schippern ließen und ihnen hübsche Frauen in knappen Kleidern frische Luft zufächerten und auf der Nasenflöte süße Melodien kredenzten, mussten sich die neuen Bewohner Sibiriens nach dem Aufwachen erst einmal die Eiskrusten aus dem Gesicht schlagen. Trotzdem war es, von diesen nicht ganz unwesentlichen klimatischen Gründen einmal abgesehen, im Prinzip eine sehr gute Entscheidung, zu bleiben. Denn im Gegensatz zum feinen Ägypten, um dessen Besitz immer wieder blutige Auseinandersetzungen geführt wurden, sollten die Leute hier die nächsten 3500 Jahre ungestört bleiben. Niemand wollte mit ihnen tauschen, also ließ man sie in Ruhe.

Die ersten Besucher waren die Hunnen. Sie brachten keine Gastgeschenke mit und interessierten sich auch nicht für Land und Leute. Sie kümmerten sich nicht einmal darum, wie kalt es war, solange nur das festgefrorene Blut der Gegner auf ihren Schwertern und Äxten nicht zu schwer wurde. Keine schöne Zeit für Sibirien, das dem Reisenden von nun an vor allem wilde Horden brutaler Eroberer zu bieten hatte.

Erst im 5. Jahrhundert verschwanden die Hunnen von der Bildfläche, weil sie es zu wild getrieben hatten und – aus nachvollziehbaren Gründen – lieber Europa erobern wollten, statt weit hinter dem Ural jeden Morgen im Eis baden zu müssen. Dabei überhoben sie sich ein wenig und wurden vernichtet. Für Sibirien bedeutete das erst einmal ein paar Jahrhunderte Ruhe und friedliche Völkervermischung. Um 1200 folgten auf die wilden Hunnen die wilden Mongolen, die wiederum die wilden Tataren im Schlepptau hatten. Auch diese Fremden verhielten sich nicht gerade so, wie man es im Allgemeinen von Besuchern erwartet. Unterdrückung, Tod und Terror waren das Einzige, was sie dem Land zu bieten hatten. Doch genau wie den Hunnen einst, wurde es den Tataren wohl zu ungemütlich jenseits des Urals, und sie legten sich mit den Russen an. Nach einigen Erfolgen wurden sie im 16. Jahrhundert vernichtend geschlagen. Den Völkern Sibiriens konnte es egal sein, denn jetzt fielen zur Abwechslung die siegreichen Russen über ihr Land her. Wer sich nicht unterwarf, wurde ausgerottet.

In dieser Zeit taucht plötzlich Omsk in der Weltgeschichte auf. Russland brauchte eine sichere Festung für seine Feldzüge gegen die sibirischen Völker und legte am Zusammenfluss des Om und Irtysch eine neue Ortschaft an. Eine kurze Zeit lang schien es, dass Omsk neben der militärischen auch eine wirtschaftliche Metropole werden könnte. Die Lage war so ausgezeichnet, dass sich immer mehr Händler ansiedelten. Mitte des 19. Jahrhunderts wurde die Stadt jedoch zum Symbol für Krieg, Militär und Unfreiheit. Wen man in Moskau oder St. Petersburg loswerden wollte, den schickte man kurzerhand in die Festung Omsk am »gelben Fluss« und konnte damit sicher sein, dass er die nächsten Jahre keine Probleme mehr machen würde. So gewann die Stadt nicht gerade den Ruf, ein komfortables Ausflugsziel zu sein. Statt in luxuriösen Hotels pflegten die Ankömmlinge ihre kalten Nächte eher in Gefängnissen und Kasernen zu verbringen.

Spätestens seitdem Fjodor Dostojewski in einen der Kerker verbannt wurde, wo er vier Jahre in Ketten lag und Zwangsarbeit verrichten musste, war Omsk für den Fremdenverkehr endgültig verloren. Denn anschließend schrieb er ein Buch, das seinen eigenen Weltruhm zwar vermehrte, aber auch das negative Image von Omsk nachhaltig prägte. Was war geschehen?

Der 28-jährige Dostojewski konnte Mitte des 19. Jahrhunderts eigentlich mit sich und der Welt sehr zufrieden sein. Nach seinem Roman *Arme Leute* galt er in der St. Petersburger Literaturszene als begnadeter Newcomer und wurde von allen, die etwas auf sich hielten, wie ein Star gefeiert. Vielleicht fühlte er sich etwas zu sicher und überschätzte seinen Einfluss. Auf jeden Fall beteiligte er sich an einem Debattierclub des Beamten Petraschewski, der es wagte, das in Russland völlig unumstrittene System der Leibeigenschaft zwar nicht in Frage zu stellen, aber doch immerhin zu diskutieren. Dem russischen Zaren gefielen solche Frechheiten überhaupt nicht, zumal in Europa gerade ein paar gefährliche Revolutionen stattfanden. Deshalb ließ er den gefeierten Dostojewski 1849 kurzerhand festnehmen. Die Richter machten im wahrsten Sinne des Wortes kurzen Prozess mit ihm, verurteilten ihn zum Tode, ließen ihn aufs Schafott führen und begnadigten ihn erst im Angesicht des Henkers zu vier Jahren Verbannung in Sibirien. Dostojewski wurde sofort nach Omsk deportiert und lebte dort bis 1854 unter Folter und menschenunwürdigen Verhältnissen in Gefangenschaft.

In dieser Zeit entstanden seine *Aufzeichnungen aus einem Totenhause*, die seine Leidenszeit literarisch beschreiben. Bis heute gibt es in der Stadt bei den Einwohnern eine Mischung aus Stolz und Scham über die Tatsache, dass einer der bedeutendsten Schriftsteller Russlands ausgerechnet bei ihnen in Verbannung sitzen musste. An fast jeder Straßenkreuzung erinnern Hinweistafeln an den Aufenthalt Dostojewskis, als ob er wie ein Ehrengast behandelt worden wäre. Er selbst behielt Stadt und Land bis ans Lebensende in außerordentlich positiver Erinnerung, was ein wenig überrascht, wenn man weiß, wie es ihm dort ergangen ist und dass er zu allem Überfluss auch noch in Gefangenschaft von Epilepsie befallen wurde. Doch der Mann ließ sich nicht beirren und unterschied zwischen Tätern und Bewohnern: »Das Klima ist ausgezeichnet; es gibt viele außerordentlich reiche, gastfreie Kaufleute, auch viele sehr wohlhabende Leute unter den Angehörigen der dortigen Fremdvölker. Die jungen Damen blühen wie Rosen und haben äußerst strenge moralische Grundsätze. Das Federwild fliegt in den Straßen umher und stößt von selbst auf den Jäger. Champagner wird in enormer Menge getrunken; der Kaviar ist von wundervoller Güte. Die Ernte bringt in manchen Gegenden das Fünfzehnfache der Aussaat. Überhaupt, es ist ein gesegnetes Land; man muss es nur zu benutzen wissen, und in Sibirien versteht man, es zu benutzen.«[2]

Trotz aller Euphorie nahm er nach Ablauf seiner Verbannungs- und einer sechsjährigen Militärzeit 1859 schleunigst die erste Postkutsche nach St. Petersburg und ward weder in Omsk noch sonst wo in Sibirien jemals wiedergesehen.

Omsk entwickelte sich im Laufe der nächsten Jahrhunderte zu einem militärischen Zentrum, in dem für wohlhabende Kaufleute, leckeres Federvieh auf den Straßen und keusche Jungfrauen nicht mehr allzu viel Platz blieb. Als in Russland die Oktoberrevolution wütete, bekam die Stadt noch einmal eine historische Bedeutung. Der zarentreue Weißgardist Admiral

2 Fjodor Dostojewski, Aufzeichnungen aus einem Totenhause, Insel Verlag, Leipzig 1921

Koltschak floh 1920 mit den Goldreserven des Staates in die Festung, erklärte Omsk zur Hauptstadt Russlands und versuchte von dort die Konterrevolution zu organisieren. Ein Unterfangen, das ihm gründlich misslang und den Bewohnern in den folgenden Jahrzehnten nicht gerade zum Vorteil gereichte.

Während des Kommunismus wurde aus der ehemaligen Handelsmetropole vor allem eine Produktionsstätte für Waffen. Atomare Sprengsätze und die gefürchteten Symbole des Kalten Krieges, wie zum Beispiel die russischen Mittelstreckenraketen SS 20, wurden zumindest in Teilen hier produziert und stationiert. Für Ausländer war der Ort tabu. Aus Omsk wurde die »geschlossene Stadt«. Erst in den neunziger Jahren, nach dem Zusammenbruch der Sowjetunion, wurden die Pforten für Besucher aus anderen Staaten wieder geöffnet, aber der Andrang hielt sich in Grenzen. Deshalb fehlt den Bewohnern auch eine gewisse Routine im Umgang mit Fremden. Wer allein durch die Stadt geht, muss sich daran gewöhnen, nicht gerade von freundlich lächelnden Menschen umgeben zu sein. Die mit Sicherheit vorhandene Herzenswärme der Omskoviter verbirgt sich zunächst sicher behütet hinter starren Blicken und regungslosen Mienen.

Ganz Sibirien ist auch ein atomares Zentrum, was den Besuch nicht gerade verlockender macht. Niemand bestreitet inzwischen, dass es viele Jahre lang Atomwaffentests in der Region gegeben hat. Ebenso unbestritten ist, dass es einige Unfälle gab und weite Landstriche radioaktiv verseucht wurden. Und selbst die Tatsache, dass es mit der Entsorgung radioaktiver Materialien aus Kernkraftwerken und ihrer Lagerung große Schwierigkeiten gab, wird heute von offizieller Seite nicht mehr geleugnet.

Aber das Land hat noch andere Gemeinheiten zu bieten, die eine Reise nicht gerade attraktiver erscheinen lassen. Es sei denn, man hat mal wieder Lust auf eine richtig schwere Krankheit. Dann sollte man sich im Sommer dorthin begeben. Neben der gefährlichen Frühsommer-Enzephalitis, die von den massenhaft auftretenden Zecken übertragen wird, hat der Reisende jederzeit die Chance, Tollwut, Hepatitis B, Typhus oder, mit viel Glück, sogar die Pest zu bekommen. Am leichtesten fängt man sich allerdings eine Krankheit über das Trinkwasser ein. Nirgends sollte man den Mund so sehr geschlossen halten wie unter der Dusche. Während das Wasser über die Haut läuft und sich der penetrante Gestank der Flüssigkeit in die Nase setzt, rinnen vermutlich höchst aggressive Erreger über den Körper eines Menschen, die in anderen Ländern längst ausgestorben sind und die er sich bisher nicht einmal in seinen schlimmsten Alpträumen hat vorstellen können. Wer dieses Gebräu einmal gerochen hat, wird mit Sicherheit nicht auf die Idee kommen, auch nur einen einzigen Tropfen davon in den Mund eindringen zu lassen. Spätestens im nächsten Restaurant stellt sich jedoch die Frage, aus welcher Flüssigkeit wohl der köstlich schmeckende Tee gekocht wurde. Es bietet sich an, solche Gedanken zumindest während des Essens zu verdrängen.

Omsk hat knapp zwei Millionen Einwohner und ist die Hauptstadt der Region Omskaja Oblast, das mit 140 000 Quadratkilometern ungefähr so groß ist wie Schleswig-Holstein, Niedersachsen, Hamburg, Bremen, Nordrhein-Westfalen und Hessen zusammen. Obwohl die Arbeitslosenquote gerade mal bei einem Prozent liegt, befindet sich die Stadt keineswegs in wirtschaftlicher Blüte. Denn wer Arbeit hat, muss deswegen noch lange kein Geld verdienen. Entsprechend groß ist die Korruption. Für viele Bereiche gibt es größere und kleinere Mafiaorganisationen, die das öffentliche Leben kontrollieren. Trotzdem schauen die Bewohner mit Entsetzen und Furcht nach Moskau oder St. Petersburg, weil sie die dort ausgeprägte Form von Kriminalität aus ihrer Gegend nicht kennen.

Wer nach Omsk kommt, sollte sich die in allen anderen Städten der Welt üblichen und reizvollen Sightseeing-Touren lieber sparen. In dieser Stadt gibt es außer dem gigantischen Zusammenfluss der beiden sibirischen Ströme Om und Irtysch nicht viel zu sehen. Im Winter lohnt sich vielleicht noch eine lustige Kutschfahrt in einem der zahlreichen Eisparks, aber sehr lange macht auch das keinen Spaß. Was nutzt der schönste Ausflug, wenn man nichts sieht, weil die Augen zugefroren sind. Architekturliebhaber finden in Omsk zahlreiche, meist heruntergekommene Bauten aus dem 19. Jahrhundert, die dem Stadtbild insgesamt einen recht filigranen Ausdruck verleihen. Allerdings reicht dafür auch ein Trip durchs Internet. Unter *http://www.univer.omsk.su/omsk/im/om_len.avi* saust man einmal über die wichtigste Straße der Stadt und spart sich die mühsame Anreise. Wer eher auf Plattenbauten und Trabantensiedlungen steht, muss sich nur aus dem Stadtzentrum herausbewegen und wird reichlich bedient.

Die größte kulturelle Identität empfinden die Omskoviter weniger beim Besuch in einem der zahlreichen Theater als vielmehr beim Verzehr von Wodka. In dieser Beziehung kann man in der Gegend einiges lernen. Vor allem, dass man ihn niemals auf der Straße bei ominösen Händlern kaufen sollte. Denn oftmals befindet sich in den manipulierten Originalflaschen keineswegs hervorragender Wodka, der höchstens 40 bis 45 Prozent Alkoholanteil besitzen darf, sondern für den Verzehr nicht unbedingt zu empfehlender selbst gebrannter Samogonka. Die Einheimischen nennen ihn auch »sprit«, denn in Wirklichkeit handelt es sich dabei um Spiritus mit bis zu 95 Prozent Alkohol …

Die sportlichen Vorbereitungen

In Sibirien einen Marathon laufen zu wollen, hört sich toll an. Wem auch immer ich davon erzählte, zweifelte zwar an meinem Verstand, konnte mir aber einen gewissen Grad an Respekt nicht versagen. Außerdem wurde ich so etwas wie ein Sympathieträger – nur harmlose Spinner konnten auf so eine Idee kommen. Doch noch hatte ich gar nichts erreicht. Ich hatte mich lediglich entschlossen, das Projekt anzugehen und offen darüber zu reden. Je mehr Leuten ich davon erzählte, desto weniger konnte ich kneifen. Nachdem die Entscheidung gefallen war, bestimmte sie fortan mein Leben. Ab sofort gab es kein Zurück mehr. Ich befand mich in der Wettkampfvorbereitung.

Wer bei minus 30 bis minus 50 Grad laufen möchte, muss seinen Körper darauf vorbereiten. Mit anderen Worten, ich musste trainieren. Und wenn es irgendetwas gibt, was ich hasse, dann ist es Training. Doch wer den Sibirienmarathon überstehen will, kommt daran nicht vorbei. Es gibt einfach keine Möglichkeit, den eigenen Körper so zu betrügen, dass er ohne mühsame Übungsstunden bereit wäre, am Ende der Welt stundenlang durch eisigen Frost zu laufen.

Ich erinnerte mich an die Tour de France 2000, als Jan Ullrich wohl nur deshalb nicht als Sieger in Paris eingefahren war, weil er in der Vorbereitung geschlampt hatte. Über Weihnachten hatte er bei seiner Familie herumgelungert und eine Ente gegessen. Vielleicht sogar etwas Schokolade, hieß es in der Presse. Die grauenhaften Folgen waren für jeden sichtbar. Der Ex-Modellathlet wog fast ein Kilo mehr als bei seinem historischen Sieg im Jahre 1997. Kein Wunder, dass er bei einem solchen amateurhaften Verhalten das gelbe Trikot nur von hinten sehen durfte.

Mein Kampfgewicht lag zum Zeitpunkt, an dem ich beschloss, nach Sibirien zu fahren, bei etwa 86 Kilogramm, verteilt auf 1,86 Meter Körper. Das ist zwar nicht gerade fettleibig, aber jeder Amateurläufer würde bei solchen Werten sofort auf Schlammcatchen umsteigen. Außerdem hatte ich seit Monaten nicht mehr anständig trainiert. Meine Kondition reichte gerade aus, um morgens bis zum Auto zu laufen. Die absolute Obergrenze beim Joggen lag für mich bei 7,5 Kilometer. Das entspricht genau einer Runde um die Hamburger Außenalster.

Für jeden Jogger dieser Stadt ist das die offizielle Lauf-DIN-Norm. Wer diese Distanz nicht schafft, wird zum Wandern geschickt, wer zwei oder sogar drei Runden übersteht, gilt als Fortgeschrittener. Bei schönem Wetter wälzen sich Massen von Läufern um den See, und wer dort nur spazieren geht, begibt sich ernsthaft in Gefahr, umgerannt zu werden. Andererseits sorgen viele der Jogger sogar bei Fußgängern für Staus, weil sie zwar schicke Trainingsanzüge tragen, aber in der Beschleunigung nur mühsam mit einem Bollerwagen mithalten können.

Es ist einfach eine Frage der Selbstachtung, wenigstens ein paarmal im Jahr an der Alster laufen zu gehen. »Ich laufe fast jeden Tag«, gehört in Hamburg zu den Begrüßungsfloskeln. Jeder weiß, wie er darauf zu reagieren hat. Obwohl mich solche Gespräche langweilen, stelle auch ich aus Höflichkeit meistens die entsprechende Nachfrage. Das macht man einfach so in Hamburg. So wie man in anderen Städten auf die Frage »Wie geht's?« mit der Floskel »Danke, gut« antwortet, heißt es hier: »Wie lange brauchst du denn?«

Die Antwort entscheidet darüber, welchen gesellschaftlichen Stellenwert man genießt. Meistens heißt es: »Ach, ich laufe nur so, ich messe nie meine Zeit«, was so viel bedeutet wie: »Ich bin bisher einmal gelaufen, habe aber mit Mühe die Hälfte geschafft und möchte jetzt lieber wieder über das Wetter reden.«

Es kann aber auch passieren, dass plötzlich eine Antwort kommt, die jedem Durchschnittsläufer garantiert den Tag verdirbt. Es ist so, als ob jemand den sozialen Konsens aufkündigt, indem er auf Floskelfragen, etwa »Wie geht's?«, mit überschäumendem und detailliertem Optimismus antwortet: »Ach, weißt du, mir geht es gut, meine Frau liebt mich, ich moderiere bald meine eigene Fernsehshow, meine Villa in St. Tropez hat 34 Zimmer mit Meerblick und meine Aktien sind die einzigen am Neuen Markt, die nicht gefallen sind. Ich bin ganz zufrieden.«

Niemand will so etwas hören. Es ist einfach die falsche Antwort. In Hamburg, besonders unter Läufern, ist es ein lapidares, leicht nach vorn gebeugtes und eigentlich für den Nachbartisch bestimmtes, lässig und näselnd ausgesprochenes »Unter 26 Minuten«, das keiner wissen will.

Diese Aussage ist aus zwei Gründen eine Zumutung. Zum einen sind 26 Minuten für 7,5 Kilometer bei einer Durchschnittsgeschwindigkeit von 17 Kilometern in der Stunde unanständig schnell. Als 14-Jähriger hatte ich mal ein Mofa, das war langsamer.

Viel schlimmer ist allerdings, dass es als Drohung zu verstehen ist. Wer so etwas sagt, will über seine läuferischen Leistungen reden und bewundert werden. Deshalb sind gute Läufer auch so langweilig. Sie kennen einfach keine spannenden Themen. Ihr Horizont begrenzt sich auf Zeiten und Zahlen: 17 in 60, für 42 höchstens 2,5, Puls niemals über 140 usw.

Auf jeden Fall stand fest, dass ich die nächsten Wochen viel Zeit an der Alster verbringen musste. Ich hatte eine Aufgabe zu bewältigen, die eigentlich weitab meiner Leistungsgrenzen lag. Da ich dieses Ziel um jeden Preis erreichen wollte, akzeptierte ich es als meine Pflicht, in den nächsten drei Monaten intensiv trainieren zu müssen. Es war Anfang Oktober und noch fühlte ich die wohligen Sonnenstrahlen des Herbstes auf meiner Haut. Winter in Sibirien? Wird schon nicht so schlimm sein!

Hoch motiviert und wild entschlossen wollte ich nach einem ausgeklügelten Trainingsplan den sportlichen Triumph wissenschaftlich erzwingen. Ich wollte mich strategisch in Form bringen. Aber nicht so fanatisch, wie es jener einst übergewichtige Grünen-Politiker getan hatte, bevor er wenige Monate später deutscher Außenminister wurde. Zwar gab ihm der Erfolg Recht, als er den Hansemarathon in Hamburg ziemlich leichtfüßig unter 4 Stunden abtänzelte und scheinbar nebenbei auch noch sein Gewicht mindestens halbierte, aber sein Enthusiasmus über diese Erfolge trieb ihn zu einer furchtbaren Verblendung und Geschmacklosigkeit. Er wagte es, eine religiöse Huldigung über das Laufen zu verfassen. Und was mich daran am meisten entsetzte: Er hatte auch noch Erfolg damit. Wie die Lemminge folgte eine ganze Nation seinen verklärenden Theorien. Doch statt sich wenigstens still und heimlich von Klippen ins Meer zu stürzen, rannte die Menge durch unschuldige Wälder und Auen. Zurück blieb ein Aroma kalten Schweißes. Eine gewaltige Masse Irregeleiteter glaubte tatsächlich, den Pfad der Selbstfindung gefunden zu haben. Doch es reichte nicht, ihn zu gehen, nein, er musste gelaufen werden. Manager, Künstler, Schüler und sogar Antisportler wie der nordrhein-westfälische Ministerpräsident Wolfgang Clement beteiligten sich an der Massenpsychose. Ihre Gesichter hatte ich oft genug mit Angst und Schrecken an mir vorbeihuschen sehen, wenn ich locker umhertrabte. Seelenlose Fratzen mit tiefen Furchen und salzigem Schweiß, der ihnen und mir das Leben sauer machte. Freudlos stocherten sie durch das Gehölz. Man sah ihnen an, wie sie sich wünschten, endlich wieder im Auto zu sitzen, gemütlich die kuschelige Heizung aufzudrehen, um mit vollem Gebläse und flotter Geschwindigkeit dem trostlosen Waldgebiet schleunigst zu entrinnen. Aber jeder noch so große Laufstümper, egal wie mühsam er über die Äcker gehumpelt war, behauptete nach dem Baden – denn zum Duschen sind die meisten nach den Anstrengungen zu schwach –, er liebe das Laufen.

Die Wahrheit ist natürlich, dass sie es alle hassen. So wie es auch jener griechische Läufer gehasst haben dürfte, der 490 v. Chr. von Attika nach Athen rennen musste, um den dekadenten Bewohnern der Stadt den Sieg Miltiades' über die Perser zu verkünden. Er starb mit dem Wort »Sieg« auf den Lippen. Der moderne Mensch der Jetztzeit hat aus dem Ableben des Griechen nichts gelernt. Gelaufen wird noch immer.

Das liegt auch daran, dass den Menschen immer wieder etwas von Glückshormonen vorgeschwafelt wird, den so genannten Endorphinen. Dabei handelt es sich angeblich um Stoffe, die der Körper freisetzt, sobald er ein wenig in Bewegung kommt. Doch hinter der Mär der Glückshormone steckt in Wirklichkeit die Sehnsucht nach der ersten kostenlosen und legalen Droge. Läufer sind eigentlich nichts anderes als eine Horde von Junkies, die mit kleinen Pupillen und zitternden Beinen durch den Wald hetzen und sehnsüchtig darauf warten, von ihrem Hormonhaushalt einen Schuss gesetzt zu bekommen.

In Wahrheit gibt es bestimmt gar keine Endorphine. Sie sind vermutlich eine Erfindung der millionenschweren Fitnessindustrie, die mit einer besonders verlockenden Illusion Vermögen anhäuft, weil sie ihre Klienten mit dem Versprechen einer übersinnlichen Erfüllung bei Laune halten und dazu bringen will, auch weiterhin teures Laufequipment zu kaufen. Ein Hormon, das sich durch Anstrengung vermehren soll – wer glaubt denn so was? Millionen Jogger natürlich.

Ich jedenfalls kann reinen Gewissens behaupten, in meiner langen Laufkarriere noch kein einziges Endorphin kennen gelernt zu haben. Entweder die anderen lügen oder ich bin ein medizinisches Phänomen. Vielleicht bin ich auch so eine Art Joggingchinese. Ich besitze zwar im Gegensatz zu den Asiaten ein Enzym zum Milchabbau, dafür fehlen mir die Grundstoffe des Endorphins.

Vielleicht ist es aber auch nur die Euphorie, endlich aufhören zu dürfen, die viele mit Glückshormonen verwechseln. Es ist doch klar, dass jemand, der eine Stunde gelaufen ist und davon 60 Minuten unglücklich war, am Ende glaubt, glücklich zu sein. Glücklich, weil die Leiden ein Ende haben. In solch einer Situation fühlt sich selbst ein Kreislaufkollaps gut an. Aber ob die Verkünder der endorphinen Trance tatsächlich diesen Zustand meinten, wage ich zu bezweifeln.

Autoren wie Joschka Fischer lassen in ihren Büchern nicht davon ab, ihre überschwänglichen Emotionen während des Laufens zu verkünden. In Wirklichkeit beteiligen sie sich an einer gewaltigen Überhöhung eines einfachen Phänomens: Wer läuft, hat Komplexe. Zu dick, zu wabbelig, zu hässlich sind die Schlagwörter, die den Wunsch nach Bewegung wirklich beschreiben. Die Leute wollen abnehmen, damit sie besser aussehen. Nicht mehr und nicht weniger.

Eigentlich bestätigte sich für mich in der psychologischen Überhöhung einfacher Phänomene im berühmten Fischer-Lauf-Almanach nur eine fundamentale Grundregel: Wenn Politiker etwas gut finden, sollte man die Finger davon lassen. Das war immer meine Devise gewesen und eigentlich bin ich damit bisher sehr gut gefahren. Immerhin schloss ich endgültig mit dem Gedanken ab, Fischers Buch zu kaufen, als ich hörte, der österreichische FPÖ-Politiker Jörg Haider habe in New York das Ziel lange vor dem deutschen Außenminister erreicht. In meiner Phantasie tobt seither ein unappetitlicher Gedanke. Wie viele Kilo Endorphin mochten sich bei Haider im Hirn angesammelt haben, als er von seinem Triumph über den Deutschen erfahren hatte? Schon deswegen war ich kurz davor, das Laufen endgültig aufzugeben. Nur die Gewissheit, dass einer wie Haider schon aus politischen Gründen niemals freiwillig nach Sibirien fahren würde, hielt mich davon ab. Keine Gulags mehr da, keine Kriegsgefangenen, nicht mal die Kommunisten waren mehr an der Macht – wie soll er denn da noch provozieren können? Die Reise konnte er sich sparen.

Ganz wollte ich bei meinen Vorbereitungen allerdings nicht auf den Rat von Fachleuten verzichten. Deshalb besorgte ich mir ein paar professionelle Laufbücher. Möglichst ohne esoterische Gesänge von Selbsterfüllung und Glückseligkeit bei einem Puls von 140. Doch so etwas gibt es wohl nicht. Komischerweise steht in allen Büchern das Gleiche. Von Menschen ist da die Rede, die endlich den engen Zusammenhang zwischen Bewegung, Gesundheit und Gut-drauf-Sein erkennen. Viele von ihnen, so behaupten die Laufprediger, glauben jetzt endlich, was sie da Gutes übers Joggen hören: Dramatische Veränderungen an Körper und Seele seien die Folge regelmäßigen Laufens. Es mache nicht nur fit und schlank, sondern auch frischer und lebenslustiger. Überhaupt falle vieles leichter. Und das Schönste daran: Laufen sei doch so einfach.

In einem hatten die Autoren Recht. Es werden tatsächlich immer mehr, die an die Ammenmärchen vom gesunden Laufen glauben. Die Folgen sind niederschmetternd. Fast alle Freizeitläufer quälen sich mit etlichen Malaisen herum, die sie vor ihrer aktiven Zeit nicht einmal vom Namen her gekannt hatten. Das größte Leiden sind die Dermatomykosen, vor allem der gemeine Fußpilz. Stundenlanges Schwitzen in Polyesterschuhen schafft einen paradiesischen Sud für die Sporen der größten Geißel des menschlichen Körpers von der Wade abwärts. Mindestens jeder dritte Mensch in diesem Land leidet unter dieser widerlichen Krankheit. Bei den Läufern dürfte der Anteil weit höher liegen. Oftmals wandert der Pilz auf die Fußnägel und frisst sich immer weiter in den Körper hinein. Wessen Blick sich je nach einem Volkslauf in einer Sammelkabine auf die nackten Zehen der Teilnehmer verirrt hat, der wird nicht nur nach dem Anblick der abgewarzten Nägel für die nächsten Tage keinen Appetit mehr verspürt haben, er wird vor allem nie mehr behaupten, Laufen sei gesund. Jedenfalls nicht für den Körper. Schon gar nicht fürs Auge.

Dabei ist Fußpilz nur eine von Hunderten Gefahren, die dem Jogger gierig auflauern. Blasen, Hautablösungen oder Plattfüße sind ständige Begleiter. Immer wieder leiden Läufer unter Fersenspornen – hässliche Knochenverwachsungen, die meist unter der Hacke für höllische Schmerzen sorgen und besonders in Sportarztpraxen dieses Landes gern gesehene Gäste sind. Kein Wunder, dass gerade in dieser Medizinerbranche besonders eifrig am Märchen vom gesunden Laufen gebastelt wird. Als ob es noch nie Zerrungen, Verspannungen, Muskelfaserrisse, Ermüdungsbrüche, Rücken- oder Kniebeschwerden gegeben hätte. Blutende Brustwarzen, die stundenlang an den vom Schweiß hart gewordenen Hemdfasern regelrecht zerrieben wurden, gehören zum Alltag der Jogginggeneration. Besonders beliebt bei Männern ist auch der Wolf im Schritt. Einmal eine falsche Unterhose getragen oder nicht genug eingecremt, und die Oberschenkelinnenflächen, wenn nicht sogar empfindlichere Körperteile, mutieren unter Schmerzen zur knöternen Drachenhaut.

Bis heute hält sich übrigens standhaft das Gerücht, Laufen sei nicht gerade gut für die Libido. Ich bin mir sicher, es stimmt. Die Frage ist allerdings, für wen. Für die Läufer oder die Partner? Der Anblick einer modernen, sich eng um das fleischig-sehnige Männerbein wickelnden bunten Laufhose wird jedenfalls nur noch vom deutschen Freizeitfuß in einer braunen Männersandale unterboten. Interessanterweise tragen die meisten Läufer die Hose beim Sport und anschließend die Sandale beim Freizeittreff. Wie soll da die Libido der Freundin funktionieren?

Von den Todesfällen beim Laufen will ich gar nicht reden. Ein kleiner Grippevirus im Blut, etwas zu lange gelaufen – und schon sitzt er im Herzmuskel, der Virus. Wer sich nicht rechtzeitig behandeln lässt und weiterläuft, macht dann schon mal Schlagzeilen, wenn er im Ziel eines 10-Kilometer-Laufes in irgendeinem Provinzkaff tot umfällt. Mehr Glück hatten da im Jahr 2000 die beiden Toten des Berlin-Marathons, die immerhin für überregionale Aufmerksamkeit sorgten.

Doch warum über das Schlimmste sprechen? Reichen die Abermillionen Fälle von Muskelkater in allen Regionen der unteren Gliedmaßen nicht aus, um das Gerücht vom medizinisch wertvollen Ausgleichssport für immer ins Reich der Massenpropaganda zu verbannen? Immer mehr Menschen laufen durch immer weniger erträgliche Gegenden, mitten durch verpestete Städte oder zeckenverseuchte Waldgebiete und glauben tatsächlich, dass 140 bis 160 Atemzüge schlechter Luft in der Minute ihrer Gesundheit gute Dienste verrichten würden. Ein Irrglaube. Eine Schachtel Zigaretten wirkt wie eine Erholungskur für die Lunge im Vergleich zum Joggen in deutschen Innenstädten. Solche Fakten will jedoch keiner hören.

Ich las weiter in meinen Trainingsbüchern. Vergessen, logen sich die Autoren kollektiv in Rage, sei der Stress, seien die Termine der nächsten Tage und die Alltagssorgen. Man solle doch seinen Körper spüren, durchatmen und das Laufen einfach erleben. Und als letztes Argument priesen sie das Laufen in Gruppen als kleine Gemeinschaftstherapie in freier Natur. Gemeinsames Laufen sei ein immer wiederkehrendes Erlebnis aus Sport, Wettkampf und vor allem Kameradschaft, hieß es da. Niemals zuvor hatte ich solchen Unsinn gelesen.

Ich war oft genug durch die Gegend gehechelt und konnte es wirklich beurteilen. Laufen mochte vielleicht, mit viel gutem Willen, für den ein oder anderen Adrenalinabbau bedeuten, aber eine Gemeinschaftstherapie in freier Natur war es mit Sicherheit nicht. Laufen ist in erster Linie Quälerei. Und eine ziemlich einsame noch dazu. Selbst wer in einer Gruppe läuft, beschäftigt sich nach kurzer Zeit ausschließlich mit den Schmerzen der eigenen Lunge, Luftröhre, Beine und Füße. Nichts ist schlimmer als ein ruhig atmender und überhaupt nicht angestrengter Laufpartner, der, ohne nach Luft zu ringen, allerlei Kurzweiliges zu erzählen hat. Aber selbst der ist nur damit beschäftigt, einen geordneten Rhythmus zu finden, seinen Puls zu halten und möglichst schnell ins Ziel zu kommen.

Von wegen Miteinander. Wer jemals gelaufen ist, kennt das Gefühl, auf offener Strecke von einem leichtfüßig daherkommenden 60-Kilo-Zwerg überholt und allein gelassen zu werden. Es ist eine immer wiederkehrende Respektlosigkeit. Man selbst erkämpft jeden Meter, frisst sich die Strecke entlang, gräbt sich regelrecht in den Boden, um seine sportlichen Ziele zwischen zwei Geschäftsterminen zu erreichen, während durchtrainierte Studenten, die den ganzen Tag nichts anderes zu tun haben, als sich Gedanken über das Thema der nächsten Hausarbeit zu machen, mühelos das Doppelte an Strecke und Geschwindigkeit zurücklegen. Jeden Dilettanten, den sie vorführen, speisen sie gierig in ihr Selbstbewusstsein ein und wachsen daran ein paar Millimeter. Da aber gute Läufer meist unter 1,60 Meter groß sind, nutzt ihnen das nicht viel.

Die beschönigende Joggingpropaganda reichte mir jedenfalls. Ich beschloss, einen eigenen Trainingsplan auszuarbeiten. Für die Konditionsarbeit wollte ich meinen alten Bekannten Mike Rümpler verpflichten. Allein sein

Aussehen verleiht ihm eine unzweifelhafte Trainerkompetenz. Wie eine Raubkatze trägt er seinen kräftigen Körper geschmeidig durch den Alltag. Irgendwie scheinen seine robusten Muskeln stets angespannt zu sein und sein klarer, freundlicher Blick schafft viel Vertrauen. In seinem Gesicht trägt er meist ein Lächeln und seine gescheitelten Haare repräsentieren den Anspruch an Perfektionismus in allem, was er tut. Er leitet den Fitnessbereich in Hamburgs bester Mucki-Bude, der KAIFU-LODGE, und war mir in der Vergangenheit allein dadurch positiv aufgefallen, dass er niemals auf den massenhaft aufgestellten Laufbändern trainiert hatte. Überhaupt machte er auf mich den Eindruck, Laufen nicht besonders ernst zu nehmen. Er war genau der Richtige, um meinen Körper individuell auf den Eis-Marathon einzustellen.

»Mike«, lächelte ich ihn in meiner charmantesten Art an, »du musst mich trainieren, ich will in Sibirien einen Marathon laufen!«

Mike war Kummer gewöhnt. Er hatte sich einen Job ausgesucht, der vor allem darin besteht, immer ernst zu bleiben. Ich hatte ihn dafür bewundert, mit welch professionellem Gleichmut er alle Wünsche der Mitglieder anhörte, um dann, in sehr verbindlicher Art, jede noch so dusselige Frage kompetent zu beantworten. Für Mike war es nichts Besonderes, einem drahtigen Musicaltänzer Tipps zu geben, wie denn bitte schön der vordere linke Schultermuskel etwas nachdefiniert werden könne, weil der, beim genaueren Hinsehen, wirklich ein wenig unästhetisch herabhinge und schon auf der Haut unappetitliche Falten werfe.

Mike ist nicht nur ein exzellenter Trainer, der den menschlichen Körper besser kennt als die meisten Pathologen, er ist vor allem Seelenretter. Wer nie miterlebt hat, wie eine verzweifelte, junge Frau mit angsterfülltem Blick auf ihren nicht ganz perfekten Bauch zeigt und mit zitternder Stimme erfahren möchte, ob die täglichen 30 Crunches vor dem Frühstück schon Wirkung gezeigt hätten, der ahnt nichts von der wirklichen Verantwortung eines Fitnesstrainers. »Crunches«, säuselt seine Stimme dann ganz weich und vertrauenerweckend, »trainieren die Bauchmuskeln und die sehen schon ganz toll aus bei dir. Jetzt müssen wir noch ein bisschen Ausdauer trainieren und es dauert nicht mehr lange, bis die Fettzellen darüber auch weg sind.«

Es sind die lachenden Augen seiner Gesprächspartner, die mich immer fasziniert haben.

Nun war ich sein Sorgenkind. Noch immer blickte er mich an. Langsam kroch ein Grinsen in sein Gesicht. »Tom, du bist Buffer, Bolzer, aber kein Läufer, du bist Saunagänger, kein Eistaucher, und bei deiner Kondition würde höchstens noch ein Nandrolon-, Frischblut- und Ecstasy-Cocktail helfen. Ich bin aber gegen Doping. Lass es!« Diese Offenheit hatte ich nicht erwartet.

»Wir haben noch drei Monate«, entgegnete ich ihm unsicher.

Mike sagte nichts. Aber ich spürte seine Gedanken: Tom, das ist gefährlich, du wirst dort deine Gesundheit ruinieren. Das ist nichts für Dilettanten! Doch er sprach es nicht aus. Er schaute mich nur an. Für einen Moment meinte ich, Sympathie in seinen Augen zu entdecken. Aber vielleicht hatte ich sie auch falsch gedeutet und in Wirklichkeit waren sie voller Enttäuschung darüber, dass nun auch ich im Wohlstandsdschungel durchgedreht wäre. Endlose Momente vergingen, bis Mike die richtigen Worte gefunden hatte.

»Warte hier!«

Hoffnung keimte auf. Wenn er sich um mich kümmern würde, könnte ich es vielleicht schaffen. Er ging durch den Trainingsraum an einen Schrank und holte ein Blatt Papier heraus. Ich war seit gut fünf Jahren Mitglied in diesem Club, aber weder den Schrank noch das Papier hatte ich jemals vorher wahrgenommen.

»Weißt du, was das ist?«, fragte er mich ernsthaft, während er vor meiner Nase damit herumfuchtelte. Ich hatte keine Ahnung. In der KAIFU-LODGE gibt es eine herrliche Sommerterrasse, viel zu viele Kraft- und Ausdauergeräte, aber immerhin welche, die sogar einen Internetzugang haben, und einen leckeren Buttermilch-Shake im Restaurant. Ansonsten sind die Duschen gerade renoviert worden und während des ganzen Jahres gibt es die Möglichkeit, bis Mitternacht draußen zu schwimmen. Aber das, was Mike da in der Hand hielt, war bisher meiner Aufmerksamkeit entgangen.

»Das ist ein Trainingsplan«, verkürzte er meine quälenden Bemühungen, eine Antwort zu finden. Auch das noch. Ich hasste Trainingspläne. Immerhin war dieser nicht mit einem Laufbuch vergleichbar. Es war mehr so eine Art Multiple-Choice-Vordruck, auf dem Mike bereits erste Notizen festhielt. Was sollte das?

»Deine Gesamtkondition ist so miserabel, dass wir dich erst einmal richtig aufforsten müssen.« Mein Blick auf seine Liste erspähte Wörter wie Klimmzüge, Beinpresse, obere Brustmuskulatur oder Bankdrücken. Mike hatte am Rand bereits Notizen gemacht. Da stand etwas von »fünf Sätze à 12« oder »70 Kilo Anfang, steigernd auf 90« oder bei Beindrücken ein »?, vielleicht 5 × 60 kg?«. Nirgends stand etwas von Laufen.

Was das alles zu bedeuten hatte, begriff ich in diesem Moment nicht. Aber ich spürte eine unendliche Zuneigung für diesen Mann. Er würde mich auf den Marathon vorbereiten, mir einen maßgeschneiderten Trainingsplan ausarbeiten und mich kein einziges Mal laufen lassen. Er war ein Trainingsgott. Ich begann, echte, tiefe Liebe für ihn zu empfinden. Dann sagte er leider das Falsche:

»Ich hasse Laufen genau wie du. Laufen ist eine Last, kein Sport. Aber wenn du unbedingt in Sibirien einen Marathon schaffen willst, müssen wir ernsthaft arbeiten.« Noch war ich gefasst, doch dann kam es: »Ich denke, drei Laufeinheiten in der Woche sind das Minimum, dazu werden wir etwa zwei- bis dreimal Kraft bolzen.«

Mein Puls erhöhte sich. Hatte ich mich verhört? Oder machte er Witze? Nein, der lügt, beruhigte ich mich. Er lachte nicht.

»Soll das heißen«, erwiderte ich entgeistert, »dass wir Kraft bolzen und ich zusätzlich noch mein komplettes Laufprogramm absolvieren soll?«

Mike machte eine Pause, blickte mich ein wenig abfällig an, vielleicht auch nur mitleidig, und sprach ganz leise und beiläufig das Urteil: »Wenn du in Sibirien gesund die Startlinie erreichen willst, wird dir wohl nichts anderes übrig bleiben. Willst du sogar ins Ziel kommen, sollten wir sofort anfangen!«

Wieso hatte ich diesen Fanatiker bloß angesprochen?

In der Tat spielt die Oberkörpermuskulatur beim Laufen eine größere Rolle, als es der gesunde Menschenverstand sich vorzustellen vermag. Die Arme unterstützen den Bewegungsrhythmus und ersparen den Beinen bei perfektem Einsatz viel Kraftaufwand. Die Rückenmuskeln sorgen gemeinsam mit den Bauchmuskeln für die richtige Körperhaltung, die vor allem gegen Ende eines Laufes vom ehemals aufrechten Gang in die Form eines hängenden Mehlsacks wechselt. Die Bauchmuskulatur und der Schulterbereich sind ständig im Einsatz, um dem ganzen Bewegungsablauf Struktur zu verleihen, und ein bisschen Krafttraining für die Beine schadet beim Laufen auch nicht wirklich. Mike machte Ernst. Ums Laufen sollte ich mich weitestgehend selbst kümmern, aber für die körperlichen Rahmenbedingungen würde er schon sorgen. Wenigstens hatte ich jetzt einen wirklichen Fachmann an meiner Seite.

Das Schönste daran war eigentlich, dass ich mich bei Mike richtig über das Laufen ausheulen konnte. Er ist selbst ein Typ, der nur deshalb regelmäßig Ausdauertraining betreibt, weil er abends mit Genuss sein Weizen trinken will. Im Herzen ist er Ballsportler wie ich, wenn auch nur ein Handballer. Die Liebe zum Spiel treibt ihn zum Laufen an. Einfach so stundenlang herumzurennen ist ihm zuwider.

Wir trainierten in der Tat ziemlich hart. Die berühmten großen Muskelgruppen lernte ich auf diese Weise auch mal kennen. Rücken, Bauch und Brust sind voll von diesen faserigen Fleischmassen, die wir nun einmal brauchen, wenn wir uns bewegen wollen. Mike achtete darauf, dass ich nicht zu schwer wurde. Jedes Kilo Muskelkraft, das wir aufbauten, musste ich um den Bauch herum abbauen.

Am Ende des Trainingsprogramms hatte ich tatsächlich etwas Masse aufgebaut und konnte beim Blick in den Spiegel stolz Ansätze eines athletischen Oberkörpers entdecken. Zum Glück reichte der Spiegel nur bis zu den Brustwarzen.

»Und du meinst wirklich, das hilft mir in Omsk?«, blickte ich Mike etwas skeptisch an – nicht ohne die Erwartung, er würde meinen Astralkörper noch einmal ausdrücklich belobigen. Doch Mike hatte sich längst wieder abgewendet.

»Warte ab, du wirst schon sehen!«

Wer in Sibirien ins Ziel kommen will, der braucht vor allem Willenskraft. In dieser Kälte wird die Moral kontinuierlich eingefroren. Schon nach kurzer Zeit tritt die Phase der Einsamkeit und Angst ein. Was passiert, wenn ich jetzt weiterlaufe? Trage ich Erfrierungen davon oder sind vielleicht längst lebenswichtige Teile an mir abgestorben? Wer sich mit solchen Gedanken zu lange beschäftigt, scheitert. Wer sich damit nicht beschäftigt, erleidet eventuell schwerste Verletzungen. Ich wollte meinen Körper sowohl auf die Belastungen vorbereiten als auch meinen Willen stählen.

Der *Siberian Ice Marathon* ist vor allem eine Extremsportart des Willens. Am ersten Trainingstag wollte ich zum ersten Mal spüren, was es heißt, extremer Kälte ausgesetzt zu sein. Die innere Einstellung stimmte. Gedanklich war ich mitten in Omsk. Langsam und ruhig atmend durchquerte ich meine Küche. Mit unglaublicher Konzentration öffnete ich meinen Kühlschrank, baute mich davor auf, atmete noch einmal tief durch und legte meine rechte Hand ins Gefrierfach. Mit der linken setzte ich meine Stoppuhr in Gang.

Noch heute fühle ich die Spannung, die in diesem Moment lag. Man hätte eine Stecknadel fallen hören können. Was allerdings auch ein wenig daran lag, dass meine Nachbarn an diesem Tag in Urlaub gefahren waren.

Nach genau fünf Minuten und 13 Sekunden zog ich ein tiefgefrorenes Stück Haut und Knochen aus dem Fach. Die letzten 30 Sekunden hatte ich den Schmerz kaum noch ertragen, der mich unentwegt aufgefordert hatte, das Weite und Warme zu suchen. Erst als ich nichts mehr spürte, befreite ich mich von Tiefkühlpizza und Bofrost-Eiskrem. Es dauerte einige Zeit, bis ich merkte, dass mein Blut langsam wieder abtaute. Doch die Schmerzen interessierten mich nicht. Ich hatte zum ersten Mal erlebt, wie es war, sich gegen Kälte erfolgreich aufzulehnen. Meinen ersten Trainingstag hatte ich triumphal bestanden. Auch wenn ich zugegebenermaßen ein paar Tage lang meine Finger nicht mehr fühlte.

In der Folgezeit hielt ich meine Hand etwa einmal in der Woche ins Eisfach. Ich schaffte es nicht, die Verweildauer besonders zu verlängern, aber ich verlor den Respekt vor Kälte. Ich gewöhnte mich sozusagen daran, zu gefrieren.

Was ich damals noch nicht wusste: In jedem handelsüblichen Kühlfach ist es nicht halb so kalt, wie es später in Sibirien sein sollte. Und was noch viel schlimmer war:

Ich hatte wirklich vergessen, dass es keineswegs gegen die Wettkampfregeln verstoßen würde, in Sibirien Handschuhe zu tragen. Wenn man wollte, sogar zwei Paar.

Ich hatte vor, einen großen Teil des sportlichen Trainingspensums gemeinsam mit Jay Tuck zu absolvieren. Er war ein Jahr zuvor in Sibirien als erster Amerikaner beim *Siberian Ice Marathon* gestartet. Darauf war er besonders stolz. Die Russen hatten ihn damals gefeiert wie einen Volkshelden. Keine Radiostation, keine Zeitung, kein Fernsehsender ließ sich die Story vom durchgeknallten Yankee in dieser Gegend entgehen. Fünf Tage lang war Jay ein Star. Davon zehrte er noch immer. Zu Recht, wie ich fand. Bisher hatte überhaupt erst ein Dutzend Ausländer den Weg zu diesem Hardcore-Event angetreten. Selbst Kasachen, Ukrainer oder Tschetschenen, die alle nur wenige tausend Kilometer entfernt lebten, hatten sich bisher dort nicht blicken lassen.

Jay ist ohnehin eine besondere Variante der Spezies Mensch. Bis zu seinem 50. Lebensjahr hatte er kaum Sport getrieben, dafür aber umso mehr geraucht. Er arbeitet bei den ARD-*Tagesthemen* und war einer der wenigen Journalisten, die beim Einmarsch der Amerikaner in Kuwait live dabei sein durften. Obwohl als Korrespondent für die ARD im Einsatz, halten sich noch immer Gerüchte, er hätte sich zu gern selbst am Kampfgeschehen beteiligt. Ein echter Abenteurer, der immer wieder seine Grenzen kennen lernen muss, um sie dann anschließend kraftvoll zu sprengen. Ein paar Jahre nach seinem Einmarsch in Kuwait hatte er sich zum ersten Mal in seinem Leben Joggingschuhe gekauft und war gleich den Berlin-Marathon gelaufen. Weil er ihn überlebt hatte, meinte er, nun sei er reif für Sibirien.

Jay hatte ziemlich kranke Arbeitszeiten, die er mir immer als Vorteil verkaufen wollte. Die *Tagesthemen* beginnen bekanntlich jeden Abend um 22.30 Uhr und enden um 23.00 Uhr. Mit Nachbesprechung und Abschied kam Jay selten vor Mitternacht aus dem Sender heraus. »Das ist eine tolle Zeit zum Laufen«, versuchte er mich schon seit Jahren dazu zu überreden, mit ihm durch die dunkle Nacht zu rennen. Ein einziges Mal hatte ich mich breitschlagen lassen und wusste ziemlich schnell, dass ich so etwas freiwillig nicht wieder tun würde. Der von Fastfood, Autoverkehr und Hightech künstlich am Leben gehaltene zivilisierte Mensch aus der Großstadt trägt zwar tief in seinem Innern nicht unbedingt eine Seele mit sich herum, aber ein Rest von natürlichem Biorhythmus ließ sich bis heute nicht vertreiben. Ein zähes und unverwüstliches Gen sorgt vermutlich seit Millionen Jahren dafür, dass sich bestimmte physiologische Abläufe einfach nicht ändern lassen. Und sosehr es sich beim modernen Menschen auch in den Hintergrund verziehen musste, beim Joggen in der Nacht meldet es sich mit klaren Ansagen zurück. Zumindest tat es das bei mir: »Tagsüber, wenn es hell ist, hast du zu funktionieren«, sendete es meinem Bewusstsein unmissverständlich zu, »nachts, wenn du nichts mehr siehst und hörst, erhole dich! Saufen, Tanzen, Sex akzeptiere ich vielleicht noch nach Sonnenuntergang, aber beim Sport hört die Toleranz auf.«

Für Jay gilt diese Regel natürlich nicht, denn er ist in New York groß geworden. Dort haben die Menschen keine natürlichen Gene mehr. Sie laufen sogar durch den Central Park. Deshalb konnte er auch nicht glauben, dass ich nach unserem Mitternachtslauf tagelang unter Kreislaufproblemen und Schlafstörungen gelitten hatte. Irgendwie war mein Ökosystem völlig durcheinander geraten. Noch einmal, hatte ich damals geschworen, würde mir so etwas nicht passieren.

Nun hatte sich allerdings die Situation entscheidend verändert. Wir wollten ja nicht nur laufen. Wir mussten uns akklimatisieren. Nachts wurde es damals in Hamburg schon beinahe kalt, manchmal sogar fast null Grad. Wir beschlossen deshalb, unsere »gefühlte Temperatur« künstlich weiter nach unten zu senken. Kurze Hose und leichtes Baumwolltrikot sollten dabei helfen, unsere Hautoberfläche schneller auskühlen zu lassen. Nur so konnten wir unsere Wärmerezeptoren täuschen und auf die Bedingungen in Omsk vorbereiten. Das war jedenfalls der Plan.

Als wir uns zum ersten Kältelauf trafen, hatte ich bereits 20 Minuten auf Jay gewartet. Verabredungsgemäß trat ich in T-Shirt und kurzer Turnhose auf. An der Hamburger Außenalster weht meist ein ungemütlicher Wind, den es nach unseren Recherchen nicht einmal in Omsk geben würde. Dementsprechend kalt war mir inzwischen geworden. In meiner Hand klapperten meine Hausschlüssel wie beim Eiermann die Bimmel. Als ich aber meinen hartgesottenen amerikanischen Freund endlich aus seiner auf Zimmertemperatur wohlig beheizten Luxuslimousine aussteigen sah, stieg in mir blitzartig die Hitze auf.

Er trug eine kuschelige Langlaufhose, die allerdings so ausgebeult war, dass ich mir ziemlich sicher sein konnte, darunter befinde sich noch eine lange Unterhose. Auf dem Kopf hatte er eine Wollmütze tief über die Ohren gezogen und unter der gefütterten Windjacke war deutlich ein Rollkragenpullover zu erkennen. Natürlich hatte er auch nicht auf Handschuhe verzichtet. Mir war völlig schleierhaft, wie er mit solch dicken Klamotten laufen wollte. War er etwa doch nicht der harte Draufgänger, für den ich ihn immer gehalten hatte? Auf jeden Fall war er ein Verräter. Ich stand dort mit blauen Beinen und steifen Händen, zitterte von oben bis unten, und der feine Herr hatte dafür gesorgt, dass er schwitzte wie in der Karibik. Plötzlich fand er unsere Idee, mit leichten Sachen zu laufen, für völlig irregeleitet und reklamierte für sich, seine Ausrüstung testen zu müssen.

»*It'll be bloody cold there*«, erklärte er mir freundlicherweise noch einmal die Bedingungen im tiefsten Sibirien, »*and when I say cold, I mean cold, you know, really cold!*«

Aha, alles klar, dachte ich mir. Logisch! Deshalb muss er jetzt auch mit mir im Eisbärpelz um die piefige Alster laufen, obwohl wir verabredet hatten, unsere Körper abzuhärten.

Unterwegs hielt ich nur mühsam den Anschluss. Meine Muskeln waren nicht mehr durchblutet, die Füße drohten zu zerspringen und meine Moral war am Tiefpunkt. Jay nahm das alles nicht wahr. Lang und breit erklärte er mir sein ausgeklügeltes Equipment. Besonders auf sein mehrschichtiges Unterhemd-Pullover-Jacken-System war er mächtig stolz.

Es funktionierte in der Tat prächtig. Schon nach zehn Minuten lief ihm der Schweiß in Sturzbächen über das

Gesicht. Meine Ausrüstung wirkte da etwas zurückhaltender. Immerhin musste ich nicht schwitzen. Als wir am Ziel ankamen, zog sich Jay mit einem mitleidigen Blick die Handschuhe aus. Er legte seine Riesenpranke tröstend auf meine Schulter und ich spürte ihre Wärme auf meiner durchfrorenen Haut.

»Tom, du musst dir dringend anständige Klamotten kaufen«, riet er mir wohlwollend. »In dem Aufzug schaffst du's in Sibirien nicht einmal bis zur Kabinentür!« Immerhin, Umkleidekabinen schien es also dort zu geben. Jay lächelte: »Ja, die gibt es. Schade nur, dass sie nicht beheizt werden.« Bis heute frage ich mich, ob er an diesem Tag einen Clown gefrühstückt hatte. So witzig hatte ich ihn noch nie erlebt.

Im Nachhinein bin ich ihm allerdings dankbar. Denn natürlich bin ich nie wieder in einem solchen Aufzug angetreten. Ich habe mir anständige Sachen gekauft und sie unter unseren deutschen Bedingungen ausprobiert. Genau wie Jay es gesagt hatte. Später in Sibirien lernte ich dann noch den Unterschied zwischen Theorie und Praxis kennen.

Unsere kleine Laufgruppe war damit allerdings erst einmal aufgelöst. Warum sollte ich nachts laufen, wenn ich mich umso wärmer anziehen musste? Erst in der Endphase, als auch in Hamburg Schnee fiel, traten wir ein- oder zweimal in der Nacht zusammen an. Eigentlich wären das für unsere Zwecke optimale Trainingsbedingungen gewesen, denn wann liegt in dieser Stadt schon einmal Schnee? Leider war es so rutschig, dass wir nur schliddern konnten. Schließlich beendeten wir diese

Ausflüge schon nach ein paar Minuten, weil wir uns nicht kurz vor dem Rennen verletzen wollten.

Im Nachhinein bin ich natürlich schlauer. Die Kälte in Sibirien ist nicht zu trainieren. Selbst an unseren kältesten Tagen lagen die Temperaturen in Hamburg mindestens 30 Grad über denen, die uns in Omsk erwarten sollten. Es gibt keine Möglichkeit in Deutschland, so etwas kennen zu lernen.

Eine Zeit lang hatten wir ernsthaft in Erwägung gezogen, in der Kühlhalle eines Schlachthofes zu trainieren. Jene Bilder von Rocky Balboa (alias Sylvester Stallone) beschäftigten mich ohnehin seit meiner Kindheit, als er sich in einer Schlachter-Kühlhalle auf seinen Kampf gegen Apollo Creed vorbereitet und dabei Hunderte von Rinderhälften malträtiert hatte. Oft hatte ich mir vorgestellt, selbst gegen blutiges Fleisch zu boxen, weil es einfach cool war. Nun hätte ich endlich einen Grund gehabt, mir diesen Traum zu erfüllen. Doch es wäre nicht das Gleiche gewesen. Ich wollte ja nur joggen und nicht boxen. Wie würde das denn aussehen? Die unerotischste Sportart seit Erfindung der Olympischen Spiele vor 2500 Jahren im gleichen Ambiente zu betreiben, in dem sich ein Sylvester Stallone unsterblich gemacht hatte. Außerdem hätte ich es geschmacklos gefunden, zwischen toten Tieren zu trainieren – schließlich bin ich Vegetarier.

Drei Trainingseinheiten in der Woche waren laut Plan Minimum. Eine lange Strecke von etwa 15 bis 20 Kilometern am Wochenende, eine mittlere, so um die zehn, und einmal fünf Kilometer möglichst schnell. Schön – auf dem Papier. Doch am Anfang wäre ich niemals in der Lage gewesen, solche Strecken durchzuhalten. Also musste ich improvisieren. Ich lief einfach morgens und abends jeweils die Hälfte. Als ich bemerkte, wie viel private Zeit ich dafür sinnlos verschwendete, lief ich lange Zeit gar nicht. Abends beim Krafttraining verriet ich Mike natürlich nichts davon. Er sollte nicht wissen, dass ich ihn hinterging.

Die Zeit rannte mir davon. Bald war es Mitte November und meine Form war eine reine Katastrophe. Statt drei Einheiten waren es höchstens zwei pro Woche geworden. Die lange Distanz war ich noch kein einziges Mal gelaufen.

Eigentlich sollten schon etwa 200 gelaufene Kilometer auf meinem Guthaben stehen. In Wirklichkeit waren es vielleicht insgesamt 80, bestenfalls 100.

Jeder, der sich schon einmal auf einen Langlauf vorbereitet hat, weiß, wie wichtig die Zahl der zurückgelegten Kilometer ist. Die Muskulatur ist unglaublich träge. Bis sie endlich Kraft aufgebaut hat, vergehen endlose Trainingseinheiten. Hat der Muskel dann etwas zugelegt, muss er spätestens nach drei Tagen wieder belastet werden. Falls nicht, bildet er sich in seine Ausgangslage zurück. In meinem Fall gab es allerdings nichts zurückzubilden. Meine Oberschenkel und Waden taten sich schon schwer, wenn sie drei Etagen Treppen steigen mussten. Nicht ganz unberechtigt, begann ich mir ernsthafte Sorgen zu machen, ob es überhaupt noch Sinn machen würde, in Sibirien an den Start zu gehen. Dann kam mir eine Idee. Wenn nichts mehr hilft, dachte ich mir, begibt sich der Sportler ins Trainingslager. Und genauso wollte ich es auch machen.

Zwei Tage mussten reichen. Mehr Zeit hatte ich nicht. Vor allem aber keine Lust. In meiner Jugend hatte ich mit meiner Fußballmannschaft einmal ein Trainingslager besucht. Wir hatten uns für die Endrunde um die deutsche Meisterschaft qualifiziert und wurden eine Woche in die hessische Sporthochschule Grünberg gesperrt. Es gab keine Mädchen, kein Fernsehen und auch sonst keine Abwechslung. Es war furchtbar.

Mein Trainingslager lag in Ostfriesland. Meine Eltern leben dort, und wenn ich schon nichts anderes als rennen durfte, wollte ich wenigstens gut bekocht werden. Obwohl sich mein Vater inzwischen einen Internetanschluss zugelegt hatte, der mich schon zu Hause erfolgreich von der Arbeit abgehalten hatte, war ich zuversichtlich, intensiv trainieren und in Bestform nach Hamburg zurückkehren zu können. Als mein Sohn hörte, was ich vorhatte, wollte er mich zu »seiner Omi und seinem Opi« begleiten. Allerdings nicht unbedingt nur meinetwegen, sondern vor allem wegen der riesigen Modelleisenbahn auf deren Speicher. Umso besser, dachte ich mir. Allein seine Anwesenheit würde mich zu phantastischen Trainingsleistungen antreiben.

Genauso kam es dann auch.

Es war ungefähr sechs Uhr, als ich auf meinem Bett einen kleinen blonden Kopf erblickte. Sam war gerade aufgewacht und hatte wie immer gute Laune.

»Papi, gehst du jetzt joggen?«

In solchen Momenten verfluchen Väter jedes Versprechen, das sie ihren Kindern einmal gegeben haben. Irgendwann sagte mir jemand, ein Versprechen, allemal eines an den eigenen Sohn, sei heilig. Es zu brechen sei der höchste Verstoß gegen den Ehrenkodex eines Mannes. Bis heute verfluche ich diesen Mann, denn bevor er mir diese Weisheit mit auf den Lebensweg gegeben hatte, ahnte ich nicht einmal, dass es überhaupt einen Ehrenkodex für Männer gab. Nachzufragen, was darin noch so an Pflichten aufgelistet sein könnte, verbat mir zum Glück meine Intelligenz. Mir reichte es vollkommen aus, wegen eines mir bisher nicht bekannten Kodexes einen Marathon am Ende der Welt laufen zu müssen, nur weil ich es meinem Sohn bei seiner Geburt versprochen hatte. Mehr Herausforderungen brauchte ich wirklich nicht mehr. Obwohl, gelten Ehrenkodexe überhaupt bei Säuglingen? Mein Verstand sagte nein, aber mein Anstand nickte mitleidig.

Um halb sieben stand ich in Turnschuhen am ostfriesischen Deich. Es regnete, es war kalt, es war stockfinster. Ich stellte mir kurz vor, wie mein Sohn wieder eingeschlafen war. Leider wurden meine Beine davon nicht leichter. »*It's not cricket*«, sagen die Engländer in solchen Momenten und stellen sich mannhaft ihrem Schicksal. Genauso wollte ich es auch machen.

Die ersten Schritte taten sehr weh. Ich hatte mir vorgenommen, mindestens 20 Kilometer zu schaffen. Immer am Deich entlang, von Campen bis Pilsum und zurück – das war die Aufgabenstellung. Mit anderen Worten: unendliche Weiten, unendliche Zeiten, unendliche Langeweile.

In Hamburg hatte ich ein ganzes System entwickelt, um für etwas Abwechslung beim Laufen zu sorgen. Jede

Runde um die Außenalster teilte ich in fünf Etappen. Ich begann immer auf der so genannten »schönen Seite«. Die hatte ihren Namen bekommen, weil es dort viele Liegewiesen gibt, die im Sommer von besonders vielen schönen Frauen bevölkert werden. Irgendwann fragte mich einmal jemand, wo ich denn starten würde bei meinen Läufen, ob auf der Pöseldorfer oder Uhlenhorster Seite.

»Auf der schönen Seite!«, gab ich reflexartig zur Antwort. Erst viel später erfuhr ich durch Zufall, dass es die Pöseldorfer Seite ist. Dort geht es also immer los.

Ich brauche für die gesamte Runde etwa 35–40 Minuten. Als Zeitvertreib führe ich auf der ersten Etappe eine Statistik. Es geht darum, Punkte zu sammeln. Wie viele ich bekomme, hängt davon ab, wer mir entgegenkommt. Für eine besonders hübsche Frau darf ich mir fünf Punkte gutschreiben, eine mittelhübsche bringt drei und eine sympathische immerhin noch einen. Hässliche Männer führen zu drei Punkten Abzug. Unsympathische Männer bringen zehn Minuspunkte. Intelligenz wird nicht bewertet.

Im Sommer laufen dort so viele Menschen herum, dass es besonderer Leistungen im Kopfrechnen bedarf, die Statistik korrekt zu führen. Ich habe ernsthaft erwogen, immer etwas zum Schreiben mitzunehmen, damit ich mir Notizen machen kann. Doch diese Methode birgt Risiken. Während ich beim Schreiben auf den Block schauen würde, könnte ich eine »5-Punkte-Frau« übersehen. Deshalb verlasse ich mich bis heute lieber auf meine Rechenkünste. Vor allem auf meine mathematische Schnelligkeit. Manchmal gehen nämlich zwei sehr

Hübsche mit einer Sympathischen spazieren, während sie einen unattraktiven Mann überholen. Macht immerhin acht Punkte, die mich meinem persönlichen Punkterekord ein erhebliches Stück weiterbringen könnten. Meine geringe Laufgeschwindigkeit hat so wenigstens auch etwas Gutes. Das Mitrechnen fällt einfach leichter.

Die höchste jemals von mir erreichte Punktzahl lag übrigens bei plus 56. Ich hatte Glück, offensichtlich traf ich auf eine Modelagentur beim Picknick. Die schlechtesten Werte notierte ich, als mir beim Laufen die Mannschaft vom HSV entgegenkam.

Da ich immer im Uhrzeigersinn laufe, beginnt die zweite Etappe an der Krugkoppelbrücke. Inzwischen habe ich etwa drei Kilometer hinter mir und das Zählen fällt mir zusehends schwerer. Wenn der Verstand schwächelt, hilft nur noch die Kunst. Die Strecke bis zur Langenzugbrücke, etwa anderthalb Kilometer lang, bekam von mir den verheißungsvollen Namen »Mona Lisa«. Die Aufgabenstellung in diesem Bereich ist einfach: Mindestens einen Menschen muss ich zum Lächeln bringen. Allerdings darf das Lächeln nicht meinem Laufstil gelten. Sprechen und Kasperkram sind verboten. Lediglich der Einsatz mimischer Mittel ist erlaubt. Löse ich die Aufgabe, ist der Tag gerettet. Wer nie gelaufen ist, ahnt nicht, wie viel Kraft ein aufmunterndes Lächeln eines fremden Menschen in die Muskeln pumpen kann. Seine Wirkung ist auch nicht viel schlechter als die berühmte *la ola* in den Stadien dieser Welt. Genauso zieht es einen allerdings herunter, wenn niemand reagiert. Herabhängende Mundwinkel sind definitiv schlimmer als völlig leere Ränge.

Leider ist es in Hamburg eher der Normalfall, nicht angelächelt zu werden. Meine Laune sinkt dann auf den Nullpunkt und nicht selten breche ich den Lauf ab.

Die nächste Etappe nenne ich »Sightseeing«. Sie beinhaltet ein Geschicklichkeitsspiel. Hamburgs wichtigste Postkartenstraße trägt den Namen »Schöne Aussicht« und ist ein beliebter Haltepunkt für Touristenbusse. Die Besucher erfreuen sich am herrlichen Blick über den See. Allerdings nur so lange, bis sie die zahlreichen Eis-Autos am Straßenrand entdecken und anschließend gierig die Bürgersteige blockieren, um letztlich mit sabbernden Zungen alle Wege für vorbeilaufende Jogger zu versperren. Aus der Not habe ich eine Aufgabenstellung gemacht: Durchquere bei konstantem Tempo das Krisengebiet ohne Feindberührung! Erreiche den Etappenendpunkt ohne Vanille- oder Erdbeerflecken auf der Kleidung! Lasse dich auch nicht von witzigen »Hopp, hopp, hopp«- oder »Eins, zwei, eins, zwei«-Rufen provozieren. Gelingt es dir nicht, so wirst du mit einer Strafrunde belegt! Das erhöht den Druck und die Spannung. »Sightseeing« ist die Etappe mit der höchsten Nervenbelastung. Eine Strafrunde bedeutet immerhin siebeneinhalb Kilometer zusätzlich. Schon beim Anblick der Busse aus der Ferne macht sich bei mir die blanke Panik breit. Inzwischen kann ich keinem Bus weltweit mehr vorurteilsfrei begegnen. Überhole ich mit meinem Auto einen dieser rollenden Touri-Bomber, macht sich gleich ein nervöses Ziehen in meiner Magengrube breit. Komme ich unberührt daran vorbei?

»Sightseeing« ist also beileibe keine Routineaufgabe. Ich habe erfahrene Läufer gesehen, die sich im Menschenknäuel eines Reisebusses hoffnungslos verfingen und fortan nur noch auf dem Laufband trainierten.

Der vorletzte Streckenabschnitt heißt »Mahlzeit«, weil ich dort am Ende ein Stück Traubenzucker essen darf. Die Vorfreude darauf macht mir für ein paar Minuten das Leben leichter, zumal es in der Gegend ziemlich öde ist. Genau wie der Name der Straße, der jemand den originellen Namen »An der Alster« gab. Darüber kann ich mich jedes Mal aufregen und überlege mir neue Namen. Auch das bietet ein wenig Abwechslung vom Laufen.

Zum Schluss muss ich nur noch die Kennedybrücke überqueren. Weil es sich dabei um höchstens 300 Meter handelt, habe ich diesen Abschnitt »Schlussspurt« getauft. Zugegeben, ein verwegener Name für eine Strecke, die ich selten unter drei Minuten zurücklege.

Mein labiles Laufsystem ist genau an die Alster angepasst. Hier fühle ich mich geborgen und traue mich, das zu tun, wovor ich mich eigentlich fürchte. In einer anderen Umgebung zu joggen ist für mich hingegen eine furchtbare Strafe. Ich kann mich nicht an den neuen Eindrücken erfreuen. In mir steckt eine tiefe, archaische Angst, mich zu verlaufen und womöglich länger zu brauchen, als ich eigentlich geplant hatte.

Das fremde Terrain in Ostfriesland machte mich dementsprechend nervös. Ich hatte keine Namen für Streckenabschnitte, der Deich sah überall gleich aus und morgens fehlte mir einfach die Phantasie, meine trostlose Situation mit lustigen Gedanken aufzupeppen. Manchmal beim Joggen stelle ich mir auch vor, es gebe einen Fernsehsender, der meinen Lauf live übertragen würde. Dann spüre ich den positiven Druck der Nation, die mich anfeuert, die Daumen drückt und durch mich eine emotionale Identität erlebt. Kann ich es verantworten, jetzt aufzuhören?, frage ich mich bei solchen Gedanken. Die traurigen Augen der Chips-fressenden Faulpelze vor den Monitoren könnte ich nicht ertragen. Also laufe ich weiter. Oft wundere ich mich selbst über meine Einfalt, aber solche banalen Phantasien funktionieren eben bei mir. Einfach nur herumzurennen geht nicht. Ich muss einen Sinn finden.

Doch an diesem Morgen fand ich keinen. Es gab einfach keinen.

Irgendwo da in der Unendlichkeit war Pilsum, und wenn ich daran vorbeilaufen würde, wovor ich mich am meisten fürchtete, müsste ich die ganze endlose Strecke auch noch wieder zurücklaufen. Ein einziger Gedanke, der ausreichte, mir das Laufen zur Qual zu machen. Kein Mensch kam mir entgegen. Niemand, den ich mit Punkten bewerten konnte oder den ich nicht berühren durfte. Traubenzucker hatte ich natürlich auch vergessen.

Ich fragte mich alle paar Minuten, wie weit es wohl noch sei. Das ist überhaupt das Schlimmste, nicht zu wissen, wie weit es noch bis zum Ziel ist. In einer solchen extremen Notsituation musste ich auf das letzte Hilfsmittel zurückgreifen. »Zeitvertreib mit Zahlen«, nenne ich es oder auch »Graf Zahl«. Ich zähle ganz schlicht so langsam wie möglich bis 60. Je langsamer, desto besser. Zähle ich schnell, habe ich maximal eine Minute gebraucht. Was ein schlechtes Ergebnis ist, weil ich dem Ende dann nur unwesentlich näher gekommen bin.

Zähle ich aber gaaaaaaanz langsam, kann es schon mal sein, dass ich eine Stunde gelaufen bin, bis ich die 60 erreicht habe. Um meine Ungeduld zu zähmen, setze ich mir meist Zählmale. Erst wenn ich den nächsten Baum erreiche zum Beispiel, erlaube ich mir, im Geiste weiterzuzählen, oder beim nächsten Haus, beim nächsten Fußgänger oder was weiß ich, wo.

Doch am Deich von Ostfriesland gibt es nichts, keine Bäume, keine Menschen, keine Häuser. Nur Deich, viele Schafe und noch mehr Windräder. Die zu zählen bringt aber nichts, weil man dann ruck, zuck bei 60 wäre.

An diesem Morgen schien sich also alles gegen mich verschworen zu haben. Trotzdem lief ich weiter. Ich spürte die eiskalte, feucht-neblige Luft in meine Lunge strömen und hielt tapfer Ausschau nach einem Dörfchen, das Pilsum heißen könnte. Meine Augen konnten fast nichts sehen und ich redete mir ein, dass es in Sibirien genau so aussehen würde. Auch dort musste es grau sein wie hier, einsam und statt Wind und Nieselregen gebe es dort Schnee und Eis.

Für einen Moment war ich unsicher, ob ich nicht schon da wäre. Also besser weiterlaufen, dachte ich. Wer in Sibirien stehen bleibt, erfriert schließlich nach wenigen Minuten. Das hatte Jay immer wieder mit erhobenem Zeigefinger gepredigt: »Wenn du dort ausspuckst«, erzählte er mir mindestens einmal täglich, »landet ein kleines Eiskügelchen auf der Straße. Wenn ein Läufer dort stehen bleibt«, fügte er dann mit lässiger Stimme hinzu und schaute dabei stets gleichgültig an mir vorbei, »liegt nach ein paar Minuten ein ziemlich großer Eisklotz auf der Straße. *Never stop running there!* Kannst du dir vorstellen, wie schnell ein Mensch auskühlt, wenn er schwitzt und plötzlich bei diesen Temperaturen stehen bleibt?«

Nein, ich konnte es mir nicht vorstellen. Auch deshalb nicht, weil Jay mir bis heute eine konkrete Angabe schuldig blieb. Auf jeden Fall reichten seine Schilderungen aus, um mir gehörig zu imponieren. Seine Worte hallten so deutlich in meinen Ohren wider, dass mich auch jetzt der kalte Nordseewind nicht stoppen konnte.

Kurz vor meinem Ostfriesland-Trainingslager hatte ich einen älteren Herrn kennen gelernt, der als Soldat in Russland gekämpft hatte. Er war fasziniert von meinem Vorhaben, in Sibirien einen Marathon zu laufen. Und wie es sich gehört, fiel ihm auch gleich noch eine Geschichte aus seinem breiten Erfahrungsschatz dazu ein.

»Es war im Winter 43«, berichtete er noch ohne die kleinsten Anzeichen von Dramatik. »Es war damals sehr kalt, aber lange nicht so kalt, wie es bei Ihnen in Sibirien sein wird«, baute er langsam etwas Spannung auf. »Wir kamen an eine Lichtung und sahen dort eine Gruppe russischer Soldaten stehen. Obwohl sie uns längst bemerkt haben mussten, machten sie keine Anstalten, zu kämpfen oder wegzulaufen. Sie bewegten sich nicht einmal, sondern standen einfach so herum.« Ich ahnte, worauf er hinauswollte, und fragte mich, ob Jay die Formel kannte, um auszurechnen, wie lange sie dort wohl schon gestanden haben mochten.

»Als wir uns vorsichtig näherten und sich immer noch keiner aus der Gruppe bewegte, sahen wir etwas, von dem wir nicht glauben konnten, dass es wirklich möglich wäre. Die Männer waren tatsächlich im Stehen eingefroren. Durch eine dicke Eisschicht konnten wir noch in ihre Gesichter schauen. Es war das furchtbarste Bild, das ich während des ganzen Krieges ertragen musste.«

Der Mann tat mir Leid. Bis heute hatte er den Anblick nicht verwunden. Aber irgendwie tat auch ich mir Leid. Die Vorstellung, in Jogginghose im sibirischen Nirgendwo als Eissäule zu enden, gefiel mir nicht besonders. Ein Grund mehr, endlich vernünftig zu trainieren.

Inzwischen war ich mir sicher, dass ich auch hier in Ostfriesland sofort erfrieren würde, wenn ich nur einen Moment stehen bliebe. Ein Gedanke, der mich unglaublich antrieb. Kleine-Jungen-Phantasien beherrschten meine Gedanken. Ich sah mich allein im endlosen ostfriesischen Eis nach einem Flugzeugunfall. Alle Passagiere waren schwer verletzt, nur ich konnte Rettung holen. Schnell weiter, sagte ich mir, du musst sie alle retten. Wie in Trance rannte ich immer weiter, während die anderen mir vertrauten. Dafür lohnte sich die Strapaze und ganz nebenbei hatte es den angenehmen Nebeneffekt, dass ich der Erste sein würde, der sich in einer warmen Versorgungsstation mit Kaffee verwöhnen lassen konnte, während die armen Schwerverletzten noch Stunden in dem eiskalten Flugzeug auf die Rettungskräfte warten müssten. Wer weiß, wie viele das nicht überleben würden. Aber an mir hätte es nicht gelegen. Ich hätte mein Versprechen gehalten.

Da war es wieder, mein krankhaftes Verhältnis zu Versprechen jeder Art. Ich konnte sie einfach nicht brechen. Bei nächster Gelegenheit wollte ich dagegen etwas tun.

Je länger ich am Deich herumlief, desto mehr versuchte ich mir vorzustellen, ob diese Gegend vielleicht wirklich Ähnlichkeit mit Sibirien haben könnte. Ich versuchte alle möglichen Bilder abzurufen, die ich aus verschiedensten Filmen, Büchern, Zeitungen oder Fotografien von diesem Land in mein Vorstellungsvermögen downgeloaded hatte.

Aber je intensiver ich mich bemühte, mir Sibirien wirklich, real vorzustellen, desto mehr stellte ich fest, dass ich dazu nicht in der Lage war. Ich hatte einfach keine Ahnung von dieser Gegend. Ich wusste nichts, wirklich nichts. Ich versuchte es anders:

»Kannst du dir ein Haus in Sibirien vorstellen?«, fragte ich mich. Nein, konnte ich nicht. Keine Ahnung, ob die Häuser dort aus Stein oder Holz, groß oder klein waren und welche Form sie hatten.

»Stell dir eine Stadt vor, wenigstens aus der Ferne, stell dir den Himmel vor oder die Luft.« Fehlanzeige.

»Wie sieht es wohl aus, wenn in Sibirien Menschen über die Straße gehen, welche Geräusche machen dort die Autos?« Ich hatte keine Ahnung. Zum ersten Mal wurde mir klar, dass Sibirien für mich eine vollständig fremde Welt war. Nicht einmal von den alltäglichsten Dingen konnte ich mir ein Bild machen. Ich nahm mir vor, irgendetwas zu finden, von dem ich eine Vorstellung hatte. Es gab nichts. Wo kaufen die Leute dort ein? Sehen die Supermärkte aus wie hier oder gibt es gar keine? Wie spricht eine Mutter dort mit ihrem Kind? Haben die Straßen Ampeln? Tragen die Leute Mützen? Ziehen sie beim Busfahren die Handschuhe aus?

Moment! Mützen – da gab es doch etwas in meinem Erinnerungsapparat? Trugen nicht alle Russen dieselbe typische Kopfbedeckung? Ja, die Fellmützen der Russen, die konnte ich mir vorstellen. Ich sah einen Mann mit einem braunen Mantel und einer Fellmütze. In der Hand trug er eine Tüte. Aber wie sollte die Tüte aussehen? Würden die Menschen eher Jutesäcke mit sich tragen oder Plastiktaschen? Und warum überhaupt eine Tüte? Ich wunderte mich über meine kranken Assoziationen. Am Ende blieb mir nur die Kopfbedeckung. Ich war im Begriff, in eine Region zu fahren, von der ich mir nicht mehr als eine Fellmütze vorstellen konnte. Ausgerechnet in diesem Land wollte ich einen Marathon laufen. Bei minus 30 Grad oder weniger. Mir wurde klar, dass ich mir nicht nur nicht diese Temperatur vorstellen konnte, sondern vor allem, dass ich nicht ganz dicht sein konnte.

Natürlich war ich, derart in Gedanken, an Pilsum vorbeigelaufen. Ich landete in Greetsiel. Hier war der Traum beendet. Dass hier nicht Sibirien war, war wirklich nicht zu übersehen. Wohnmobile mit deutschen Kennzeichen, Fahrradfahrer mit Helmen auf dem Kopf und durchsichtigem Windschutz am Lenker ließen keinen Zweifel daran, dass ich mich in Ostfriesland befand. Solche Geschmacklosigkeiten durfte es in Russland einfach nicht geben. Sonst wäre ich erst gar nicht losgefahren.

Ich war ungefähr 18 Kilometer gelaufen und hatte keine Ahnung, wie ich wieder nach Hause kommen sollte. Zurücklaufen kam nicht in Frage. Dafür war ich viel zu müde. Busse gab es hier nicht, Taxis schon gar nicht, und Anhalter werden nicht mitgenommen, jedenfalls nicht so verschwitzte wie ich. Plötzlich stand mein

Vater vor mir. An seiner Hand mein Sohn. Beide lachten. Sie hatten mich die ganze Zeit heimlich aus dem Auto beobachtet und begleitet. Auf einmal war mir klar, dass meine Idee, in Sibirien einen Marathon zu laufen, doch nicht so schlecht gewesen war.

Drei Generationen männliche Ockers waren für einen Moment untrennbar miteinander verbunden. Noch nie in meinem Leben zuvor hatte ich solch ein Liebesglück gefühlt. Anschließend fiel mir das Laufen etwas leichter. Mein Trainingslager hatte mich nicht nur fit gemacht, es hatte mich auch motiviert. In der Folgezeit lief ich mindestens drei Einheiten in der Woche. Für einen mittelmäßigen Amateurläufer ist das natürlich kein Problem. Für mich Laienjogger war es eine Meisterleistung. Ich hatte meinen inneren Widerstand einigermaßen überwunden.

Warum die meisten Jogger nicht abnehmen
Die kleine Trainingsfibel

Die meisten Jogger wollen in Wirklichkeit gar nicht laufen, sondern nur abnehmen. Das ist der wahre Grund, warum sie durch Wälder und Auen rennen, obwohl es ihnen keinen Spaß macht. Unglücklicherweise wissen nur die wenigsten von ihnen, wie schwer es ist, die verhassten Schwabbelzellen zu überlisten, um sie von den Hüften wegzubekommen. Der menschliche Körper scheint von der Natur nämlich regelrecht darauf abgerichtet zu sein, mit allen Mitteln zu verhindern, seine prallen Fettspeicher auch nur im Geringsten zu reduzieren. Wer die verhassten und überflüssigen Energiereserven loswerden will, braucht schon eine Menge Sachverstand und Hintergrundwissen, um das komplizierte Sicherheitssystem der zivilisierten Bauchschwarte zu überwinden. Ohne hoch qualifiziertes Medizinerteam ist es schwierig, wer es allein versucht, ist chancenlos. Theoretisch kann ein Jogger täglich stundenlang rennen, ohne auch nur ein einzelnes Gramm Fett dabei zu verlieren. Das ist auch der Grund, warum die meisten Späteinsteiger trotz aller Bewegungseuphorie ungebremst bis ans Lebensende unter Übergewicht leiden.

Das Deprimierendste daran ist die Tatsache, dass der durchschnittliche Antisportler genügend Fettreserven besitzt, um locker 25 Marathonläufe hintereinander abzuspulen. Ohne Pause, versteht sich. Manche Menschen sind so fett, dass sie eigentlich mühelos mehrmals um den Globus laufen könnten. Doch Fett allein reicht dafür leider auch nicht aus.

Das Problem ist die Energiegewinnung in den Muskeln. Statt sich des Speckgürtels rings um den Bauch als Brennstoff zu bedienen und auf diese elegante Weise die schlimmsten Gewichtsprobleme auf die Schnelle zu beseitigen, greifen unsere Muskeln bei größeren Belastungen lieber auf eine andere Nahrungsquelle zurück: die Kohlenhydrate. Denn während Fett nur sehr langsam mit Sauerstoff verbrannt werden kann, lassen sich Kohlenhydrate schnell und unkompliziert in Energie umwandeln. Der einzige Nachteil liegt darin, dass bei diesem Prozess Laktat entsteht. Die Folgen sind der berüchtigte Muskelkater und ein unveränderter Bauchumfang.

Gemeinerweise bewirkt die Verbrennung von Kohlenhydraten ein ausgesprochenes Hungergefühl, was der Läufer meist hoffnungsfroh als erfolgreichen Fettverlust fehlinterpretiert. Also nimmt er anschließend die doppelte Menge seiner normalen Essensrationen zu sich und bildet sich auch noch ein, sein Gewicht würde sich trotzdem reduzieren. In Wirklichkeit nimmt er zu, bekommt beim nächsten Blick auf die Waage einen Schock und wird in den folgenden Jahren unter doppelten Depressionen leiden. Zum einen, weil er unter den Anstrengungen beim Joggen leidet, und zum anderen, weil er trotz aller Mühen viel zu dick bleibt.

Der Ursprung dieser scheinbaren Widersprüche liegt im Unterschied zwischen aerober und anaerober Verbrennung. Diese beiden Begriffe, die Teilnehmer an offiziellen Marathonläufen gerne angeberisch in ihre Gespräche einfließen lassen, bedeuten nichts anderes als »mit Sauerstoff« und »ohne Sauerstoff«. Und da liegt des Rätsels Lösung. Eigentlich ist es für den Körper viel komfortabler, ganz entspannt Energie aus den reichlich vorhandenen Fettreservoirs zu verbrennen. Jeder Mensch hat davon mehr als genug und als Abfallprodukte bleiben nur Wasser und Kohlendioxid übrig, und die atmen sich ganz nebenbei diskret in die weite Welt hinaus. Leider lässt sich Fett aber nur verbrennen, wenn es genügend Sauerstoff in den Zellen gibt. Den aber müssen unsere Lungen rechtzeitig dort anliefern und genau da liegt der Haken. Denn der Weg von der Lunge zum Muskel dauert viel zu lange. Außerdem reicht die Menge oft nicht aus. Also atmen wir schneller und unser Puls steigt immer höher. Langsam, aber sicher gehen wir vom aeroben in den anaeroben Stoffwechselvorgang über. Das ist das Ende der Fettverbrennung. Denn je höher der Puls, desto höher ist auch die Belastung. Der Muskel braucht immer schneller immer mehr Energie und kann nicht mehr darauf warten, bis endlich der Sauerstoff in seinen Zellen ankommt. Also schickt er das Fett zurück in die Bauchdecke, schnappt sich die Kohlenhydrate in der Nähe, verbrennt sie in atemberaubender Geschwindigkeit und kann so die abgeforderte Leistung erbringen.

Deshalb muss die Belastung beim Laufen sehr gering bleiben, wenn es überhaupt zur Fettverbrennung kommen soll. Man spricht im Allgemeinen von höchstens 70 Prozent der maximalen Durchschnittslaufgeschwindigkeit. Das ist aber so langsam, dass der normale Jogger Gefahr läuft, von seinem eigenen Schatten überholt zu werden. Eine Erfahrung, die dem Selbstbewusstsein nicht gerade zuträglich ist.

Außerdem müsste man ewig laufen, um irgendwann endlich die ein oder andere Kalorie aus den Fettzellen auf der Strecke gelassen zu haben. So viel Geduld hat nicht einmal der langweiligste Langläufer. Deshalb empfehlen Sportmediziner eine Mischung aus Fett- und Kohlehydratverbrennung, die sich meistens bei einer Belastung von etwa 85 Prozent der normalen Laufgeschwindigkeit einstellt.

Grundsätzlich entsteht ein Trainingseffekt beim Laufen niemals früher als nach etwa 30 Minuten. Das ist exakt die Zeit, die man benötigt, um die Kalorien eines winzigen Schokoriegels abzubauen. Wer sich einbildet, er könnte mal eben zehn Minuten in vollem Tempo sprinten und hätte damit etwas für seine Ausdauer oder Fettverbrennung getan, sollte sich die Mühe in Zukunft sparen. Außer einem Haufen Laktat im Muskel wird bei dieser Trainingsmethode nicht viel herauskommen.

Richtig interessant wird es beim Joggen ohnehin erst ab 60 Minuten Laufdauer. Dann wird die Anstrengung so groß, dass selbst beim langsamen Laufen die Fettverbrennung nicht mehr nachkommt. Also schaltet der Körper auf anaerobe Energiegewinnung um. Da wir aber nur begrenzte Reservoirs an Kohlenhydraten haben, stellt sich sehr schnell der berühmte Mann mit dem Hammer vor. Er macht uns klar, dass in unserem Körper nun keinerlei Brennstoffe für unsere Muskeln mehr zur Verfügung stehen und wir schleunigst aufhören sollten, uns weiter zu bewegen. Spätestens in diesem Moment, vor allem auch, wenn der Blick auf die Unmengen an Fett im Gewebe fällt, wird jedem klar, dass der Fehler nicht darin lag, zu lange, zu schnell oder sonstwie gelaufen zu sein, sondern überhaupt erst damit angefangen zu haben.

Das große Suchen und die letzten Vorbereitungen

Eins war schon mal klar, und zwar direkt nach meinem Versprechen an meinen Sohn: Wenn ich mich schon zu einem solchen Projekt hinreißen lassen würde, dann nur gegen Bezahlung. Einfach nur so durch die Kälte zu rennen, ohne dafür Geld zu bekommen, kam nicht in Frage. Es war einfach eine Frage des Images. Einer wie ich läuft nicht zum Spaß. Der Gedanke, die Leute könnten glauben, die ganze Aktion wäre reines Business, gefiel mir dagegen. Ein Sponsor wäre eine würdige Rechtfertigung auf der Brust, nach dem Motto: »Ich jogge zwar, aber es stecken reine Geschäftsinteressen dahinter!«

Andererseits war es schon ziemlich kühn, ernsthaft darauf zu hoffen, einen Geldgeber zu finden. Schließlich war ich nicht mehr als ein unterdurchschnittlicher Freizeitjogger, der in einem der abgelegensten Winkel der Erde einen Volkslauf bestreiten wollte. Nicht einmal qualifizieren musste ich mich dafür. Aber war nicht auch der legendäre »Eddy the eagle« nur deshalb Millionär geworden, weil er sich bei den Olympischen Winterspielen 1988 in Calgary im Skispringen als Vertreter Englands todesmutig von einer echten Sprungschanze gestürzt hatte und mit der kleinsten jemals gesprungenen

Weite zwar deutlich Letzter, aber eben auch weltweiter Sympathieträger geworden war? Er hatte etwas Verrücktes getan und er hatte es überlebt. Darauf kam es an. Und die Hoffnung, den Lauf in Sibirien zu überleben, hatte ich eigentlich immer noch nicht ganz aufgegeben.

Es gab andere Beispiele. Das afrikanische Schwimmtalent Eric Moussambani aus Äquatorialguinea, das bei den Sommerspielen in Sydney 2000 über 100 Meter Freistil zwar fast ertrunken wäre, sich aber mit letzter Kraft bis zum Ziel gerettet hatte und deshalb von allen Zuschauern auf diesem Globus als Held gefeiert wurde, konnte sich anschließend vor TV-Angeboten schließlich auch nicht mehr retten.

Im Prinzip hatte ich nichts anderes vor. Als »Tom the siberian eagle« würde ich in die Sportgeschichte eingehen. Die ganze Sache war doch ein Selbstgänger. Wen interessieren heute noch Sieger? Es kommt nur auf die Message an, aufs Image, auf die Verkaufsstrategie. Ein cleverer Manager würde mich mit Leichtigkeit der Industrie vermitteln können.

Zum Glück brauchte ich mich gar nicht umzusehen. Solche Aufgaben konnte nur einer erledigen. Mein Freund Kai Goebel würde diesen Job übernehmen müssen. Selbstbewusst trat er stets in schwarzen Anzügen auf, die ihn schon von weitem als alten Agenturhasen erkennen ließen. Sein kahl geschorener Kopf passte zwar nicht so recht zu den großen, warmen und treuen Augen, die es ihm mit Leichtigkeit ermöglichten, sofort und allumfassend Vertrauen zu gewinnen. Trotzdem gab es viele Menschen, die sich nicht nur wegen seines beißenden Spotts vor ihm fürchteten, sondern vor allem wegen seiner gigantischen Größe und seines auffallend aufrechten Ganges. Was auch passierte, diesen Mann konnte einfach nichts beugen.

Für Kai sprachen verschiedene unbestreitbare Fakten. Vor allem qualifizierte ihn die Tatsache, dass er vor rund 30 Jahren mit mir in der E-Jugend beim Düsseldorfer Sportclub am selben Tag in derselben Mannschaft angefangen hatte, Fußball zu spielen. Noch heute hängt ein Foto davon in meinem Wohnzimmer. Kai besaß damals nicht einmal ein Trikot und konnte froh sein, dass die Vereinsfarben Schwarz und Weiß waren. So reichte auch ein Feinrippunterhemd seines großen Bruders.

Mein Vater war Trainer. Manchmal ließ er uns 20 Runden um den Platz rennen und holte keinen einzigen Ball aus dem Kabinenschrank. Die Flüche während dieser Läufe über meinen eigenen Vater, der mich zu Hause doch immer so liebevoll behandelt hatte, werden Kai und mich auf ewig verbinden. Wie konnte ein Fußballtrainer seine Spieler einfach nur laufen lassen, wie konnte er so grausam sein? Wir wollten auf Tore schießen, wünschten uns das Gefühl, den Keeper am Boden liegen zu sehen und den Ball im Netz. Doch im Training hieß es immer wieder laufen. Ich will nicht so weit gehen, von frühkindlicher Frustrationsprägung zu reden, aber wie soll man es eigentlich sonst nennen, wenn Achtjährige mit erwartungsfrohem Kribbeln in den Beinen und Fußballschuhen an den Füßen wie die Leichtathleten von Sechzehner zu Sechzehner rennen müssen? Leider wurden diese Trainingsmethoden auch noch belohnt. In den kommenden fünf Jahren wurde unsere Mannschaft dreimal Düsseldorfer Stadtmeister.

Je mehr wir laufen mussten, desto größer wurde die Liebe zu Bällen. Sie waren unser Fetisch. Es reichte nicht, sie einfach nur mit dem Fuß hochzuhalten, zu stoppen, zu köpfen oder irgendwohin zu schießen, sie mussten virtuos genau an den Punkt fliegen, den wir für sie auserwählt hatten. Alles, was im Weg lag und einigermaßen rund war, wurde von uns weggeschossen.

Wenn am Rosenmontag der Karnevalszug durch die Stadt rollte, wollten wir keine Bonbons fangen. Uns interessierten ausschließlich kleine Gummibälle. Manche von ihnen waren hart und eigneten sich nicht zum Spielen, und es gab welche, die fast genauso sprangen wie ein für uns unbezahlbarer Tennisball. Das waren die Juwelen unter den Bällen. Die Vorstellung, ein solches Wertstück mit nach Hause zu nehmen und schon bald damit stundenlang an Häuserwänden Hochhalten oder Köppen spielen zu können, verschaffte uns ein für den gemeinen Dauerläufer unvorstellbares Glücksgefühl. Wahrscheinlich ist es der Neid auf diese Momente, der die Jogger dieser Erde die Endorphine erfinden ließ.

Jahre später traf ich Kai durch Zufall beim Rosenmontagszug in Düsseldorf. Wir lebten inzwischen in anderen Städten und kämpften uns mehr oder weniger erfolgreich durchs Berufsleben. Er hatte eine gute Freundin an seiner Seite, die er, so schien es mir, näher kennen zu lernen nicht abgeneigt gewesen wäre. Als Kai einen herrlichen roten Vollgummiball fing, leuchteten seine Augen.

»Schau mal, was ich gefangen habe!«

Sie war begeistert. Dieser Mann hatte wie verrückt »Helau!« gebrüllt, um schließlich einen kleinen Ball zu fangen.

»Schön«, murmelte sie und steckte den Ball in die obligatorische Rosenmontags-Sammel-Plastiktüte. Auf dem Heimweg nahm das Unglück seinen Lauf, als Kai eine an sich harmlose Bitte äußerte: »Zeig mir doch bitte noch einmal den Ball!«

Manchmal ist es nur eine kurze Stille, die ein böses Unheil ankündigt. In diesem Fall war es ein winziges Zögern, bevor Kai eine Antwort bekam: »Welchen meinst du?«, fragte sie scheinbar ahnungslos.

»Natürlich den roten, den ich gefangen habe!«

»Ach den. Den habe ich einem kleinen Jungen geschenkt!«

Kai begriff nicht sofort. »Das meinst du nicht ernst, oder?« Er lächelte sie ruhig an.

»Doch, natürlich! Er stand vor mir und hat mich traurig angeschaut, weil er noch gar nichts gefangen hatte!«

Kais Gesicht verzerrte sich. Diese Frau hatte seinen Ball verschenkt. Ich konnte nachempfinden, was jetzt in ihm vorging. Jeder, der als Kind schon einmal in der johlenden Menschenmenge eines Karnevalszuges gestanden hatte, um eines dieser herrlichen Objekte zu erhaschen und dafür durch Bierlachen und klebrigen Bonbondreck gekrabbelt war, wusste, was diesem Mann gerade widerfahren war.

Nur diese Person begriff es nicht. Als wir in den späten 60ern den Existenzkampf um Bälle gefochten hatten, hatte sie wahrscheinlich gerade mit Barbiepuppen gespielt und mit Ken gekuschelt. Vielleicht war sie aber auch im Leichtathletikverein.

»Hol den Ball wieder!«, giftete Kai sie an. Sie lachte etwas verunsichert.

»Ich will meinen Ball wiederhaben!«, brüllte er. »Los, hol den Ball wieder!«

»Mach dich nicht lächerlich, Kai, das war ein kleiner Junge, dem ich diesen blöden Ball geschenkt habe.«

Natürlich hatte sie Recht. Es war absolut lächerlich. Kai hätte gar nicht mit ihr darüber reden dürfen. Er hätte lieber die Zeit sparen und sofort die Verfolgung aufnehmen sollen. So hätte er wenigstens noch eine winzige Chance gehabt, dem Bengel den Ball wieder abnehmen zu können. Stattdessen diskutierte er. Ein Ball, der längst ein Symbol geworden war für das Lebensgefühl unserer Generation, für eine Idee, für eine ganze Sportphilosophie. Doch sie wollte es einfach nicht begreifen. Sie war im Herzen leider eine Joggerin.

Natürlich haben sich die beiden einige Zeit später für immer aus den Augen verloren.

Die Schande, die ich empfand, seit ein paar Jahren nur noch Läufer zu sein, konnte also niemand besser nachfühlen als Kai. Inzwischen lebte auch er in Hamburg und hasste nichts mehr, als um die Alster zu joggen. Weil der NDR leises Interesse an einer kleinen Story über unsere Reise bekundet hatte, fragte ich ihn, ob er wenigstens als Chronist, Fotograf und Hobby-Kameramann nach Sibirien mitfahren wolle. Wir saßen gerade in seiner Wohnung und warteten auf ein Pizzataxi. Zu meiner Überraschung zögerte er keine Sekunde. Ausgerechnet Kai, den ich in den letzten Jahren meistens mit den Füßen auf dem Tisch unter einer Wolldecke auf seinem Sofa sitzen gesehen hatte, erklärte sich spontan bereit, in die Eiseskälte nach Sibirien mitzureisen.

»Bist du sicher?«, fragte ich etwas ungläubig nach.

»Warum denn nicht?«, antwortete er nur, stand auf, schaute aus dem Fenster, um nach dem Essen Ausschau zu halten, und drehte dabei wie selbstverständlich seine Heizung etwas höher. Damit war das Thema für ihn beendet. Er hatte eine Entscheidung getroffen. Eine Entscheidung, die er später noch bitter bereuen sollte.

Noch waren wir in Deutschland und Kai sollte Werbepartner finden. Für ihn durfte das eigentlich kein Problem sein, schließlich hatte er lange Jahre eine Promotion-Firma geleitet.

»Ich dachte so an Microsoft oder Langnese oder etwas Ähnliches«, gab ich ihm wertvolle Tipps, »also einfach Unternehmen, die ein bisschen mehr Kohle haben. Du weißt schon. Mach mal! Du kennst die ja alle!«

Kai liebt es, wenn Leute ihm erklären, wie er seinen Job zu machen hat. Außerdem war er längst aus seiner PR-Agentur ausgestiegen und baute gerade eine Filmproduktion auf. »Erstens«, blaffte er mich gleich mal an, »kenn ich aus der Branche keinen mehr und zweitens kann ich mir einfach nicht vorstellen, dass Microsoft demnächst ein neues Betriebssystem Sibirien 2001 herausbringen will.« Nach ein paar Sekunden fuhr er fort: »Wir brauchen viel Presse und Fernsehen, dann kriegen wir auch Sponsoren. Sorg du dafür, ich mach den Rest!«

Kai gehörte zu den Witzbolden in meiner Bekanntschaft. Wenn es schon schwierig war, einen PR-Deal über die Bühne zu bringen, wie schwer sollte es dann erst werden, TV, Presse und Radio für unsere Sache zu begeistern?

»Jay hatte letztes Jahr doch auch etliche Berichte über

seinen Sibirientrip in den Zeitungen«, wurde zur Abwechslung nun einmal ich belehrt. Obwohl ich es genauso hasste, mir gute Ideen von anderen anhören zu müssen, statt selbst darauf zu kommen, musste ich zugeben, dass der Einwand zumindest berechtigt war. Jay würde uns tatsächlich in die Medien bringen, daran bestand gar kein Zweifel. Niemand beherrscht das Geschäft der Pressearbeit besser als er. Schließlich muss er sich als *Tagesthemen*-Redakteur jeden Tag der Werbegags der PR-Profis erwehren. Er kennt einfach alle Tricks in diesem Geschäft. Ich rief ihn gleich an und fragte, ob es schwierig sein würde, uns in die Presse zu bringen.

»*It's not difficult, it's bloody simple!*«, beruhigte er mich. Allerdings hätte er das auch gesagt, wenn ich ihn gefragt hätte, ob es schwierig wäre, als Gast bei David Letterman eingeladen zu werden oder dafür zu sorgen, in Hollywood einen Kinofilm über uns drehen zu lassen. Wenn Jay Lust auf etwas hatte, dann gab es für ihn keine Schwierigkeiten. Vor allem zu Fotografen und Nachrichtenagenturen, die als Multiplikatoren unersetzbar sind, hatte er sehr gute Kontakte.

Jay ging die ganze Sache wie ein Profi an. Er war schließlich Amerikaner.

Folgerichtig bekam er den Job des *Siberian Ice Marathon*-PR-Managers übertragen, aber auch den Bereich des Action Marketing und Product Development. Kai machte in Sponsoring, Chronicle Achievement und Creative Collection. Außerdem leitete er das gesamte Back Office. Meine Aufgabe lag im Running Consulting, Concepting of Physical Treatment und Emotional Incentive Directing. Mit anderen Worten: Langsam, aber sicher drehten wir durch. Unsere Reisegruppe war eine Werbeagentur geworden, die nur ein Produkt verkaufen wollte: sich selbst.

Sämtliche Einnahmen wollten wir teilen. Und jeder Sponsor sollte mit jedem Deal die Brust von uns allen kaufen.

Zu diesem Zeitpunkt traf ich den Patenonkel meines Sohnes, der sich kurz zuvor einer Herausforderung angenommen hatte, gegen die unsere, nämlich in Sibirien einen Marathon zu rennen, bestenfalls ein leichteres Aufwärmtraining war. Während wir dort nur einmal kurz laufen würden, um dann schnell wieder ins komfortable Hamburg zurückzukehren, hatte Heinz Glässgen für seinen Job als Intendant bei RADIO BREMEN keine Ausstiegsklausel im Vertrag. Die nächsten Jahre müsste er wohl oder übel einen Sender mit rund 650 Mitarbeitern und keiner müden Mark im Budget leiten. Nicht mal die beschönigende Bezeichnung Krisenmanager passte auf diese Tätigkeit. Denn die Krise war eigentlich längst vorbei. Hier ging es nur noch ums blanke Überleben. Den vier Stadtmusikanten ging es auch nicht schlechter, als sie nach Bremen zogen. Aber die konnten wenigstens musizieren und hatten ein paar Passanten als Publikum. Das Programm von RADIO BREMEN beachteten hingegen höchstens noch die vielen eigenen Mitarbeiter.

Nur die unfreiwillige Hilfe der anderen ARD-Anstalten hielt den Betrieb noch am Leben. Immer wieder gab es Vorstöße, den Sender aufzulösen und ihn zum Regionalstudio des NDR zu degradieren. Doch die Bremer sind eigenwillige Menschen. Auch wenn sie das Programm nicht hören oder sehen – ihr RADIO BREMEN dem NDR zu übergeben wäre für sie ungefähr so schrecklich, wie das Weserstadion an den HSV zu verschenken.

Also musste der marode Laden um jeden Preis gerettet werden. Allerdings hatte kein Mensch Lust dazu. Es gibt Aufgaben, die neben der Tatsache, dass sie miserabel bezahlt werden, vor allem darunter leiden, dass sie nicht zu erfüllen sind. RADIO BREMEN ist eben eine öffentlich-rechtliche TV-Radio-Anstalt. Und für die ist es schwerer, sich auf neue Bedingungen einzustellen, als für die Dinosaurier, einen Meteoriteneinschlag zu überleben.

Trotzdem ließ sich Heinz Glässgen überreden, den Job anzunehmen. Er war bisher Kulturchef und Vize-Programmdirektor beim großen Bruder NORDDEUTSCHER RUNDFUNK gewesen und ist eigentlich ein schlauer und gebildeter Mann.

Zur Begrüßung musste er bei seinem neuen Arbeitgeber 50 Millionen Mark im Jahr einsparen, weil die übrigen ARD-Anstalten keine Lust mehr hatten, einen Stadtsender mit einem Fernseh- und vier Radioprogrammen künstlich am Leben zu erhalten. Der große Nachbar NDR und verschiedene private Anstalten hatten längst einen dichten Belagerungsring an Programmen in Stellung gebracht, so dass praktisch für jeden Bremer eine eigene Sendung produziert wurde. Diese Stadt hatte mehr Medienjobs als Einwohner. Mit anderen Worten: Selbst Roland der Riese wäre für diese Sendeanstalt nicht in die Schlacht gezogen. Heinz Glässgen schon.

Ich stelle mir sein Einstellungsgespräch ungefähr so vor:

»Herr Glässgen, retten Sie RADIO BREMEN!«

»Das ist eine schwierige Aufgabe!«

»Nein, sie ist nicht schwierig, sie ist unmöglich!«

»Okay, wann soll ich anfangen?«

Als wir uns kurz nach seiner Amtsübernahme trafen und er mich nach seinem Patenkind ausfragte, kam mir die Idee, ihm anzubieten, für mich als Sponsor aufzutreten. Wer sonst sollte für meine Wahnsinnstat im Namen des Kindes Verständnis haben, wenn nicht er? Ich entschied mich allerdings aus strategischen Gründen, den Intendanten in ihm anzusprechen: »Dein Sender braucht dringend PR. Ich helfe euch. Meine Brust kann ich dir nicht anbieten, so viel Geld habt ihr nicht in Bremen, aber wenn du willst, dürft ihr euer Logo auf meine Mütze nähen!«

Heinz hatte natürlich nur auf solch ein Angebot gewartet. Er hatte ja sonst keine Probleme. Ein Verrückter, der für seinen Sender in Sibirien Werbung machen wollte, fehlte noch in seinem Panoptikum bremischer Kuriositäten. Und bei seinen unbegrenzten finanziellen Möglichkeiten konnte es ihm doch wohl nicht schwer fallen, für ein solch sinnvolles Projekt Geld auszugeben.

»Wenn euer Image, anders zu sein, auch noch verloren geht«, bohrte ich in seinen Wunden, »kannst du gleich das Licht ausmachen.«

In mir stieg die Scham auf; nun begann ich auch noch zu lügen: »Ganz Deutschland liebt deinen Sender, weil ihr euch auch mal außergewöhnliche Dinge traut, weil ihr gegen den Strom schwimmt. Aber wie lange noch?

Unsere Aktion in Sibirien könnte ein Symbol für eure Ideale werden. Unterstütze uns und zeig der ARD, dass RADIO BREMEN leben will!«

Die Faust geballt, die Stimme erhoben, die Augen gen Himmel stand ich kampfbereit vor ihm, für einen kleinen Minderheitensender in den Unabhängigkeitskampf zu ziehen.

Der Mann musste Hunderte Existenzen retten und ich stand wie ein Bündnispartner neben ihm. Unser Volkslauf in Omsk würde sein RADIO BREMEN wieder stark machen. In diesem Augenblick glaubte ich selbst, was ich sagte. Und er lachte mich nicht aus. Ihm gefiel die Idee sogar.

Auch Heinz Glässgen hat manchmal masochistische sportliche Anwandlungen. Einmal im Jahr besteigt er mit Freunden die Hochalpen zum Skiwandern und jagt tollkühn abseits der Pisten von Gletscher zu Gletscher. Die größten Anforderungen an seine Ausdauer erprobt er jedoch bei seinen regelmäßigen Theaterbesuchen. Manchmal geht er sogar zum Ballett. Wer das aushält, den kann auch ein Sibirienmarathon nicht beeindrucken. Heinz liebt Menschen, die bereit sind, für eine Idee zu leiden. Deshalb liebt er auch seine Mitarbeiter so, die vor allem bereit sein müssen, unter seinen Ideen zu leiden.

»Wie viel willst du denn haben?«, fragte er nur.

Eigentlich eine schlichte Frage. Ich zögerte. Aus Mitleid mit RADIO BREMEN hätte ich gar nichts nehmen dürfen. Aber mein Mitleid war gerade nicht anwesend. Also spuckte ich einfach irgendeine Zahl in die Luft: »Mindestens 1000 Mark plus Mütze!«

Heinz grinste mich an. So übergeschnappte Forderungen stellte nicht einmal sein Personalrat. Wie sollte er eine solche Summe seinen Kontrollgremien erklären? Gar nicht, denn er hatte längst beschlossen, den Deal auf eigene Rechnung durchzuführen. Ich tat einfach so, als ob ich es nicht merkte.

»600 und du kaufst dir selbst eine Mütze. Wir besticken sie!«

Er hatte angebissen. Wir hatten unseren ersten Sponsor. Ab sofort war ich Profi. Hätte er mir fünf Mark angeboten, ich wäre ihm genauso um den Hals gefallen.

Übrigens: Hatte ich schon erwähnt, wie wichtig Radio Bremen für die deutsche Fernseh- und Hörfunklandschaft ist? Dieser vorbildliche, hocheffiziente Sender mit seinem tollen Programm darf nicht sterben!

Inzwischen war auch Kai aktiv geworden. Irgendwie hatte er Kontakt zur Ausrüsterfirma Globetrotter aufgenommen, die vor allem Klamotten und Utensilien für Abenteuer- und Extremsportreisende anbietet. Ursprünglich wollten wir uns dort nur lebenswichtige Kleidung kaufen, die wir dringend für den Aufenthalt in Sibirien brauchen würden. Doch warum kaufen?, dachte sich Kai, wir lassen uns lieber sponsern. Bisher hatte Globetrotter allerdings nur äußerst wenige Adventurereisende unterstützt. Rüdiger Nehberg gehörte zu den Auserwählten oder die Bundesligamannschaft vom VfL Bochum bei ihrem (gescheiterten) Versuch, nicht aus der Ersten Liga abzusteigen. Mit anderen Worten: Die Firma setzte durchaus auf extreme Herausforderungen. Allerdings nur bei ebenso extrem bekannten Leuten, die extrem echte Profis waren. Und vor allem tat sie es extrem selten. Natürlich alles keine Gründe, uns als Partner abzulehnen, aber andererseits hätte es mich auch nicht gerade gewundert, wenn man unsere Frage nach Sponsoring freundlich zur Kenntnis genommen hätte und mit dem Satz »*Don't call us, we call you!*« in den nächsten Papierkorb geworfen hätte.

Kai hatte seine persönliche Herausforderung gefunden. Er nannte es »Extreme-Dreisting«. In Wirklichkeit war es nichts anderes als die hohe Kunst der Überzeugungskraft. Begeistere einen Menschen von einer Idee, dessen Sekretärin dich normalerweise bestenfalls in die Endlosschleife verbinden würde.

Kai wurde direkt ins Chefbüro gestellt. Welche Zauberformel er vorher ins Ohr der Vorzimmerdame gesäuselt hatte, gehört zu seinen süßesten Geheimnissen. Fest steht jedenfalls, dass es ihm gelang, den Handel einzufädeln. Für einen Moment fühlte ich mich mindestens so bedeutsam wie Sir Edmund Hillary.

Es war ein erhabenes Gefühl, als VIP durch das riesige, mehrstöckige Adventure-Geschäft in Hamburg-Barmbek gehen zu dürfen und die notwendigen Sachen für den Alltag in Sibirien einfach so – kostenlos – einzusammeln. Wir begannen bei den Füßen. »Auf der ganzen Welt gibt es nur einen Schuh, der in Sibirien einen längeren Aufenthalt im Freien erlaubt!«, legte sich der Verkäufer sofort fest. »Er stammt aus Kanada und wurde für winterliche Holzfällerarbeiten entwickelt.« Stolz hielt er mit zwei Händen einen mülleimergroßen braunen Stiefel in die Luft. Es gelang ihm nicht, seine Arme ruhig zu halten. »Wo der Dominator hintritt, schmilzt der Schnee«, ächzte er, während aus seinen kraftvollen Oberarmen die Adern hervorquollen. Schnell reichte er den Schuh an mich weiter. Er besteht eigentlich aus mehreren vollwertigen Stiefeln, die ineinander gestapelt werden. Dazwischen sollen Fellschichten für die nötige Wärmeregulation sorgen. Außen und innen garantieren verschiedene Isolierschichten Schutz bis mindestens minus 70 Grad Celsius. Mit dem Dominator an den Füßen scheint man über den Boden zu schweben, während seine Sohle wie ein Presslufthammer auf den Boden hämmert. Ein leichtes Federn und Schwingen über den weichen, etwa zehn Zentimeter dicken Sohlen erinnert ein wenig an das Gefühl, über ein Trampolin zu gehen. Anders würde man die Füße wahrscheinlich auch gar nicht heben können bei der Größe und dem Gewicht der Schuhe. Von den Dimensionen her erinnert der Dominator an das Schuhwerk der Astronauten, der Fußabdruck im Schnee entspricht größeren Spuren im Jurassic Park und er sieht aus wie ein gigantischer Nilpferdfuß.

Weil wir nichts dafür bezahlen mussten, war es auch egal, dass unser ausgewachsenes Nilpferdstiefelpaar nicht unter 400 Mark zu haben war. Über den Transport machten wir uns noch keine Gedanken.

Wir gingen in die nächste Abteilung.

»Welche Hose sollten wir denn in Sibirien anziehen, wenn wir mal spazieren gehen wollen?« Der Verkäufer schaute uns kurz an. Er war selbst Extremsportler, fuhr mit dem Kanu regelmäßig über die Ostsee und konnte sich nicht vorstellen, dass wir tatsächlich so wenig Ahnung hätten.

»Von einer Hose kann nicht wirklich die Rede sein«, brach es aus ihm heraus. »Bei diesen Temperaturen hilft nur ein komplexes Mehrschichtsystem!«

Natürlich hatte ich damit gerechnet, dass ich vermutlich neben einer festen Jeans auch eine lange Unterhose bräuchte, aber dass es gleich ein kompliziertes System von Hosen sein müsste?

Der Fachverkäufer war in seinem Element. »Ihr braucht eine hervorragende lange Unterhose, die sehr atmungsaktiv ist. Das Schlimmste wäre, wenn die Beine schwitzen und die Feuchtigkeit an der Haut bleibt. Darüber solltet ihr eine synthetische, gefütterte Hose tragen, die teils aus Polyester, teils aus Baumwolle besteht. Und als Außenhaut rate ich, eine Spezialanfertigung mit Daunen der Eiderente zu nehmen!«

Warum nicht auch noch eine Fellhose drüber?, fragte ich mich.

»Die Eiderente hat die wärmste Daune der Welt. Außerdem werden die Tiere nicht umgebracht. Man muss nur ihre Federn aus den Nestern sammeln.«

Mir wurde schlecht. Die Vorstellung, dass die armen Küken nun ohne den Schutz der mütterlichen Daunen in einem zugigen Nest auf Futter warten müssten, gefiel mir nicht. Andererseits fand ich die Vorstellung, mit einer furchtbaren Gänsehaut durch Omsk laufen zu müssen, noch unattraktiver. Die Entscheidung zwischen Gans und Eider fiel mir leicht.

»Wir nehmen die Eiderentenfedern und verzichten auf die Gänsehaut«, antwortete ich, ohne dass jemand den Witz verstanden hätte. Wir fühlten uns euphorisch, weil wir glaubten, einen riesigen Etappensieg errungen zu haben. Alle Körperzonen unterhalb des Bauchnabels waren mit absoluter Sicherheit vor Kälte geschützt. Unsere größte Angst, schon am Flughafen von Omsk kurz nach der Landung zu erfrieren, war beseitigt.

»Zivilisation besiegt sibirischen Winter«, gab ich unserem Einkaufsbummel zum Spaß eine griffige Schlagzeile. Doch je größer die Schlagzeile, desto weniger Wahrheit. Unser Verkäufer stand eher auf seriöse Hintergrundberichterstattung. Also fügte er noch eine Kleinigkeit hinzu.

»Ihr dürft nur eins nicht vergessen: Bei den sibirischen Temperaturen halten auch diese Sachen nicht ewig warm. Vor allem dürft ihr niemals stehen bleiben. Wer sich nicht bewegt, kann anziehen, was er will, er wird innerhalb kürzester Zeit frieren.«

Kais Gesicht verzerrte sich. Er war es, der filmen und fotografieren sollte, der also die meiste Zeit relativ bewegungslos am Rand stehen würde und dessen Kleidung perfekt sein musste. Kai hatte wohl die gleichen Gedanken.

Dementsprechend verheerend wirkte sich die nächste Bemerkung des Verkäufers aus: »Länger als maximal eine Stunde werdet ihr euch ohnehin nicht im Freien aufhalten können. Das geht gar nicht. Es sei denn, wir packen euch in Pelze und Felle und Decken!«

Kai hat eigentlich einen glatten, schönen Teint und meistens einen entspannten Gesichtsausdruck. Doch jetzt glotzte mich eine angsterfüllte, zerknitterte Fratze an. Ich versuchte es mit erster Hilfe:

»Na ja, so schlimm wird es schon nicht werden!«

Kai blieb regungslos. Er war schlichtweg paralysiert. Ich warf den Rettungsring:

»Du musst doch nicht die ganze Zeit drehen. Kannst ja auch mal ins Warme gehen.«

Ich ertappte mich dabei, dass mir der Gedanke nicht gefiel, er könnte sich tatsächlich zwischendurch in die warme Stube verziehen, während ich in der Kälte einen Marathon lief. Kai sagte nichts. Er verweigerte sich schlichtweg. Man hätte den Eindruck haben können, seine Gefühle waren gerade eingefroren. Erst nach ein paar Minuten, als wir längst in einer anderen Abteilung waren, taute er wieder auf:

»Ich geh nicht ins Warme, während ihr lauft. Ich bleibe auch draußen!«

Nun hatte also auch er ein Versprechen gegeben. Er ahnte nicht, was er sich damit angetan hatte. Auch für ihn galt der Ehrenkodex, ein Versprechen niemals brechen zu dürfen, wie ein unumstößliches Gesetz. Von diesem Moment an wusste ich, dass sich Kai lieber zu den eingefrorenen russischen Soldaten gesellen würde, als einen von uns in der Kälte zurückzulassen. Wie konnte man nur so dumm sein? Er war irre. Und dafür liebte ich ihn.

Unser Einkauf war noch lange nicht beendet. Inzwischen waren wir schon gut drei Stunden in dem Geschäft und es hatte sich bei Angestellten und Kunden herumgesprochen, was wir planten.

»Ich fahre nach Tampere«, sprach uns ein älterer Herr an. »Da sind auch so um die 25 Grad minus, aber Sibirien ist natürlich noch mal was ganz anderes«, gab er seiner Bewunderung offen Ausdruck. Selbst Leute, die in Kanada Helikopter-Skiing machen wollten, sich auf eine Bergexpedition im Himalaja vorbereiteten oder eine Tour zum Südpol planten, konnten eine gewisse

Ehrfurcht vor unserem Marathon in Sibirien nicht verbergen. Warum hatten all diese Leute solchen Respekt vor uns? Oder war es Mitleid? Auf jeden Fall wurde mir plötzlich klar, dass wir etwas wirklich Außergewöhnliches vorhatten. Unser Projekt war ziemlich elementar und nicht vergleichbar mit einem dieser Vollpension- und Shuttleservice-Marathon-Veranstaltungen à la New York. Während man dort schon von der Strecke abkommen und sich alleine in die Bronx verirren musste, um etwas halbwegs Interessantes zu erleben, war bei uns der Überlebenskampf fester Bestandteil des Programms.

Langsam, aber sicher kroch die Angst in meinen Nacken. Wenn solche Typen wie diese harten Einzelkämpfer hier schon große Augen machten, wenn sie von unseren Plänen hörten – war die ganze Aktion dann vielleicht nicht doch eine Nummer zu groß für meinen untrainierten Körper? Würde ich überhaupt eine Chance haben, ohne gesundheitliche Schäden davonzukommen? Oder musste ich gar um mein Leben fürchten? Zum ersten Mal dachte ich ernsthaft über die Risiken nach. Und was dabei herauskam, gefiel mir nicht. Die Reise war gefährlich. Noch gefährlicher würde sie allerdings werden, wenn wir nicht endlich die restliche notwendige Kleidung finden würden. Also Schluss mit Zweifeln und Ängsten. Vernunft ausschalten und weiter in die nächste Abteilung.

Bei den Mützen bekamen wir zur Begrüßung den Standardsatz zu hören. Inzwischen schockte er uns nicht mehr. »Mehr als minus 20 Grad schafft keine Mütze.« Inzwischen konnten wir schon mitreden.

»Ihr braucht eine Jacke mit Kapuze, die euren Kopf schützt. Darunter tragt ihr dann eine Mütze.«

»Wo sind denn die Jacken?«

Der Verkäufer lachte laut. Was war an dieser Frage nur so komisch? Jede alltägliche Einkaufsregel schien auf den Kopf gestellt zu werden.

»Wie kommt ihr darauf, dass es mehrere Jacken gibt? Es gibt nur eine, die für euch in Frage kommt, nur eine, die wirklich *safe* ist.«

Natürlich, es gab weltweit nur eine einzige Jacke, die für unsere Reise in Frage käme. Langsam nervte Sibirien etwas. Ich fühlte mich wie ein Legionär, der eine perfekte Kampfausrüstung suchte. Niemals zuvor hatte ich nach einem Kleidungsstück suchen müssen, das *safe* sein sollte.

»Na ja«, verbesserte sich der Verkäufer, »zumindest für *ihn* sollte sie *safe* sein.«

Sein Blick auf Kai wirkte irgendwie mitleidig. Doch der hatte seinen Schock überwunden und wollte keine Zweifel aufkommen lassen, dass es ihm durchaus wichtig sei, ab sofort verstärkt auf Sicherheit zu achten. »Okay, ich nehme sie!«, platzte es aus ihm heraus.

Offensichtlich sind sich Kanada und Sibirien ziemlich ähnlich. Denn auch diese Jacke stammt aus dem Land der Rocky Mountains. Sie muss wirklich etwas Besonderes sein. Zum ersten Mal empfahl uns der Verkäufer etwas ohne Einschränkungen:

»Die könnt ihr auch bei einer Antarktisexpedition tragen!«

Die Jacke besteht aus etlichen Daunen- und Steppschichten, hat eine Kapuze mit Fellbesatz. Im Futter sind insgesamt vier Taschenöfen eingebaut und eigentlich könnte man sie auch nackt tragen, ohne jemals zu frieren. Sie ist einzigartig. Kai nahm sie sofort mit. Ich zögerte. Immerhin kostete sie weit über tausend Mark und ich wollte unseren Sponsor nicht über Gebühr ausnutzen. Kai brauchte die Jacke dringender als ich. Meine alte Lederjacke würde sicher auch reichen. Ein paar Pullover drunter und die Sibirier würden Augen machen, wie hart ich bin. Also nahmen wir nur ein Exemplar mit.

Am Abend machte ich es mir zwischen meinen neuen Kleidungsstücken gemütlich. Ich sortierte mehrere Haufen von Pullovern, Hosen, Unterhosen und Socken, drapierte als ästhetischen Höhepunkt die Dominator-Schuhe dazu und merkte gar nicht, wie ich langsam hinter riesigen Stapeln Wäsche verschwand. Plötzlich klopfte es am Fenster meiner Souterrainwohnung.

»Hallo, Tom, bist du da?«

Ich erkannte die Stimme meiner Vermieterin. Bettina ist eine alte Freundin und wohnt direkt über mir. Ab und zu kam sie auf einen Kaffee vorbei und entriss mir dabei gnadenlos und wohltuend meine Sibirienscheuklappen. Sie sprach mit mir über Kunst, Politik, das Leben im Allgemeinen, aber niemals über Sport. Es war die reinste Erholung, mit ihr zu reden. Hinter meinem Schutzwall hörte ich sie zwar, sah sie aber nicht. Ich hatte mich zugebaut. »Einen Augenblick«, morste ich zurück und versuchte aus meinem Gefängnis von Winterklamotten auszubrechen.

Nachdem ich ihr endlich Einlass gewähren konnte, schritten wir langsam um mein Reisegepäck herum.

Dieses Mal gab es für sie kein Entkommen. Ich erklärte ihr sämtliche Funktionen und Wirkungsweisen jeder einzelnen chemischen Faser, die sich in irgendeiner meiner hochmodernen Neuerwerbungen verbarg. Sie erfuhr, wann ich sie wo wie bei welcher Gefahr in welcher Kombination anzuwenden gedachte und warum ich nun endlich für meine große Expedition perfekt ausgerüstet sei. Bettina musterte alles interessiert durch ihre große, rote Brille, die sie auffällig unter ihren kurzen blonden Haaren trug. Zu meiner Verunsicherung legte sich sehr bald ein leichtes Grinsen auf ihr Gesicht, das mit der Zeit immer stärker wurde. Wahrscheinlich hielt sie mein Equipment für völlig übertrieben. Nach einiger Zeit war ich völlig irritiert. War es wirklich nötig, in dieses arme Land, in dem sich die Menschen wahrscheinlich von dem Geld, das einer meiner Stiefel kostete, einen Monat lang ernähren mussten, mit dieser Masse an Spezialkleidung einzufallen? Noch nie zuvor hatte ich mir drei Hosen gleichzeitig gekauft. Jetzt wollte ich sie sogar gleichzeitig anziehen. Ich kam mir plötzlich vor wie ein Sylt-Urlauber. Der nahm drei Autos mit nach Kampen, ich wollte in Omsk drei Hosen anziehen.

Doch Bettina amüsierte sich aus anderen Gründen über mich: »Welche Jacke willst du denn bei dieser Saukälte da anziehen?« Sie war nicht nur eine Freundin, sie war meine Vertraute. Nach der Trennung von meiner Ehefrau hatte sie mich in ihrem Haus aufgenommen und mir das Gefühl gegeben, ein kleiner Teil ihrer Familie zu sein. Deshalb hatte sie jetzt auch das Recht, meine Einkäufe zu kritisieren. Ich hatte in der Tat keine Jacke gekauft, das war nicht von der Hand zu weisen. Deshalb fiel meine Antwort auf ihre Frage auch relativ einsilbig aus. Sie würde es nicht verstehen können, denn von Winterjacken für extrem niedrige Temperaturen, da war ich mir sicher, würde sie keine Ahnung haben.

»Komm mal mit nach oben!«, befahl sie, führte mich über die an mein Apartment angrenzende Holztreppe in ihren Flur, öffnete dort einen riesigen Schrank, kramte ein paar Minuten in Unmengen von Sachen herum und zerrte plötzlich einen Stoffballen hervor. Ich war gerührt von ihrer Mühe, auch wenn ich nicht wirklich damit rechnete, dass sie mir etwas Sibirientaugliches anbieten könnte. Nur aus Höflichkeit schaute ich genauer hin. Sie hielt etwas dunkelgrünes Zerknautschtes in den Händen, an dem sich irgendwo ein Fellkranz befand. Irgendwie kam mir das bekannt vor. Dann schüttelte sie den Knäuel in ihrer Hand mit kräftigen Armbewegungen aus. Ich kam mir vor wie in einer Zaubershow. Aus dem unförmigen Etwas entstand ein mir wohl bekanntes Kleidungsstück. Ein Wunder war geschehen. Vor mir befand sich plötzlich eine jener Jacken, die ich mittags aus Bescheidenheit nicht gewagt hatte, aus dem Geschäft mitzunehmen.

»Die müsste reichen. Sie gehört Diether, nimm die mit!«

Diether war ihr Mann. Anfang des Jahres war er verstorben. Er war einer der geradlinigsten und bewundernswürdigsten Menschen, die ich gekannt hatte. Seine Jacke würde mich schützen. Vor allem aber würde sie ein Antrieb für mich sein. Der Marathon in Omsk sollte genau einen Tag nach seinem ersten Todestag stattfinden. Bettina hatte mir eine sehr persönliche Erinnerung an ihn übergeben.

Während mich dieses Erlebnis beflügelte, spürte ich langsam den wachsenden Druck, der sich auf unser kleines Abenteuer legte. Wir hatten tatsächlich zwei Sponsoren gefunden. Sosehr ich mich darüber freute, es beunruhigte mich auch. Was für eine Horrorvorstellung, bei Radio Bremen oder Globetrotter darüber berichten zu müssen, versagt zu haben. Es war einfach kein schöner Gedanke, den Status des frischgebackenen Superprofis gegen den eines Ultradilettanten eintauschen zu müssen. Das Unternehmen *Siberian Ice Marathon* durfte einfach nicht scheitern.

Doch zum Nachdenken blieb keine Zeit. Die Ereignisse nahmen ihren Lauf. Jay hatte tatsächlich einen Fotografen gefunden, der unsere Story in die Presse bringen wollte. Wir machten ein paar Fotos und prompt landeten wir ein paar Tage später in der *Hamburger Morgenpost*, dem *Hamburger Abendblatt* und der *Bild*-Zeitung. Nun wussten es alle. Wenn es bisher noch ein theoretisches Zurück gegeben hatte, jetzt war der Weg versperrt.

Es war gerade mal Anfang November und ich schrieb eine Liste: Sponsoren da, Presse da, nur keine Kondition da. Mir wurde schlecht.

Ich erzählte Mike von meinen Alpträumen, die mich in letzter Zeit immer wieder heimsuchten. Ein von oben bis unten mit Werbung zugepflasterter Soldat mit meinem Gesicht steht erfroren, allein und bewegungsunfähig, aber bei vollem Bewusstsein, in der sibirischen

Landschaft, während er von vorwitzigen russischen Kindern mit eishartem Katzendreck beworfen wird und zuschauen muss, wie Hunderte von lachenden Joggern an ihm vorbeilaufen.

Mike versuchte mich zu beruhigen: »So schnell friert ein Mensch nicht ein. Und selbst wenn, er wird auf jeden Fall vor der Kältestarre ohnmächtig. Die Kinder würde er also gar nicht mehr wahrnehmen.«

Wie beruhigend. Ich erzählte Mike die Geschichte von den erfrorenen russischen Soldaten und wollte von ihm wissen, ob so etwas überhaupt möglich sei.

»Unwahrscheinlich«, sagte er nur.

»Unmöglich?«, hakte ich nach.

»Na ja, ehrlich gesagt, habe ich auch schon mal davon gehört!«

»Aber du hast es doch nicht geglaubt?«, flehte ich ihn an, jetzt bitte die richtige Antwort zu geben. Er gab die falsche:

»Doch! Bei extremer Kälte kann so was schon mal passieren.«

Mike ist ein hervorragender Trainer, vielleicht sogar der beste. Er hat nur einen Fehler: Er kann nicht lügen. Ich wollte das Thema wechseln.

»Sag mal, wollt ihr uns nicht zufällig sponsern?«

Irgendwie hatten mich die Erfolge der letzten Tage wagemutig gemacht. Zu meiner Überraschung war Mike sofort hellauf begeistert. Wahrscheinlich wollte er mich nur von den eingefrorenen Soldaten ablenken. Gleich morgen wolle er mit dem Geschäftsführer der KAIFU-LODGE sprechen und ihn von der Idee überzeugen: »Wir haben schon öfter verrückte Extremsportler unterstützt. Und ganz normal seid ihr ja auch nicht«, stellte er ganz nüchtern fest.

Ein cleverer Schachzug, dachte ich, denn wahrscheinlich würde jede Zeitung der Welt mein Bild abdrucken, wenn ich kurz vor der Ziellinie mit seinem Firmenlogo auf der Brust eingefroren und bewegungsunfähig durch eine Eisschicht im Gesicht in Kais Kameraobjektiv grinsen würde. Ich fragte mich, ob es für die Kaifu-Lodge eher imagefördernd oder -schädigend sein würde, den ersten zugefrorenen Marathonläufer der Welt gesponsert zu haben.

48 Stunden später saßen wir jedenfalls im Büro des Geschäftsführers und machten den Handel klar. Wir hatten den dritten Partner im Boot. Langsam reichte der Platz nicht mehr auf unserer Brust. Viele Geldgeber konnten wir uns nicht mehr leisten.

Damit wir die Logos aber auch aufnähen konnten, brauchten wir erst einmal die richtige Sportbekleidung. Im Gegensatz zur normalen Freizeitausstattung, die uns ja komplett von unseren Sponsoren zur Verfügung gestellt worden war, mussten wir uns bei den Laufsachen alleine ausrüsten. Davor graute mir spätestens seit dem Abend, als ich frierend, mit nur einer kurzen dünnen Hose bekleidet, neben Jay herzulaufen versucht hatte. Der kleinste Fehler bei der Auswahl der Sportkleidung konnte in Sibirien zu verheerenden gesundheitlichen Schäden führen. Ich wusste zwar nicht genau, welche das sein würden, aber meiner Phantasie wäre es nicht schwer gefallen, auf Anhieb einige hochgradig unangenehme Szenarien auszuarbeiten. Ich verbot es ihr mit Nachdruck!

Jay hatte im Jahr zuvor unschätzbare Erfahrungen gesammelt, die er präzise in drei Grundregeln zusammenfasste:

1. Zieh dich warm an!
2. Zieh dich noch etwas wärmer an!
3. Zieh alles an, was du hast!

Trotz seiner klaren Anweisungen bestand ich darauf, dass er mich beim Einkaufen begleiten müsste. Wir betraten das erste Sportgeschäft:

»Guten Tag, wir hätten gerne eine fachliche Beratung über Sportkleidung bei extremer Kälte.« Die Bedienung lächelte müde. Schon wieder ein paar Wichtigtuer, die ein bisschen Wintersport im Schwarzwald planten und deshalb stundenlang alle möglichen Fleecepullover anprobieren wollten.

»Was kann ich denn für Sie tun?«, zwang sich die sportliche Frau zu einer möglichst interessiert klingenden Nachfrage. Jay schaute ihr tief in die Augen.

»Wir brauchen wirklich jemanden, der sich sehr gut auskennt mit extremer Kälte!«

»Wie kalt soll es denn werden, wenn ich fragen darf?«, lächelte sie ihn provozierend an.

»Mindestens 30 Grad minus«, referierte Jay ganz selbstverständlich. »Wir werden in Sibirien einen Marathon laufen und brauchen dafür einige Kleinigkeiten!«

Erstaunlich, wie schnell ein Mensch sein Lächeln verlieren kann.

»Moment, ich hole einen Kollegen!«

Jay lachte nicht. Er fühlte sich auch nicht als Sieger. Er war einfach nicht bereit, seine Gesundheit in die Hände einer inkompetenten Verkäuferin zu legen.

Würde dieser bucklige dickere Herr da vorne seinen Ansprüchen eher Genüge tun, der humpelnd und schwer atmend auf uns zukam?

»Sie suchen Kleidung für extreme Kälte, meine Herren?«

Immerhin hatte er unser Problem begriffen. Doch obwohl er von Kälte sprach, lief ihm der heiße Schweiß über die Stirn. Jay nickte nur, ich hielt mich im Hintergrund.

»So etwas gibt es gar nicht!«, versicherte er uns.

»Wie meinen?«, fragte ich ihn vorsichtig, während ich gespannt darauf achtete, ob sich einer der Schweißtropfen, die vom Haaransatz hinab in seine rechte Augenbraue gelaufen waren, in nächster Zeit lösen würde.

»Für solche Temperaturen gibt es nichts!«, wendete er ruckartig den Kopf zu mir, entriss damit die salzige Flüssigkeit aus der sicheren Verankerung in seinem Haar direkt über den Augen und schleuderte auf diese Weise seinen Schweiß mitten auf meine Nase. Er war tatsächlich heiß und roch nach Unsicherheit. Ich ekelte mich.

Mein Blick ging zu Jay, er zuckte mit den Mundwinkeln, dann wurde seine Stimme böse. »Sie haben also auch keine Ahnung«, entfuhr es ihm wütend, während ich hektisch die Gelegenheit nutzte und unauffällig mein Gesicht trocknete. »Geben Sie es doch zu!«, maulte Jay ihn an während ich inständig hoffte, der Bucklige würde sich aus Angst nicht noch einmal zu mir drehen. Doch er schluckte nur. Noch bevor er sich verteidigen konnte, hatte Jay den Rückzug befohlen: »*Let's go!*« Grußlos verließen wir das Geschäft.

Dabei hatte der alte Mann im Prinzip sogar Recht. Keine Firma der Welt stellt Trainingskleidung her, die auf solche Temperaturen ausgerichtet wäre. Bei minus 20 Grad wird ohnehin fast jeder sportliche Wettbewerb abgebrochen. Andererseits kann man verschiedene Sachen geschickt miteinander kombinieren, um den optimalen Schutz auch für solche Bedingungen zu erreichen. Das hatten wir schließlich schon gelernt, als wir die normale Freizeitkleidung zusammengestellt hatten. Aber dafür bedarf es dann eben doch etwas mehr an Fachwissen.

Manche Tipps einiger Verkaufsexperten in anderen Geschäften waren regelrecht gesundheitsgefährdend. Jemanden nach Sibirien zu schicken mit der Empfehlung, beim Laufen Fingerhandschuhe zu tragen, ist mindestens fahrlässig, eigentlich sogar Körperverletzung. Ganz schlimme Dilettanten rieten uns ernsthaft, Baumwollhemden anzuziehen. Wer darauf hört, kann sich gleich einfrieren lassen. Baumwolle zieht Feuchtigkeit ein und die wird bekanntlich bei extrem niedrigen Temperaturen gerne mal zu Eis.

Jay hatte schon im Vorjahr die deprimierende Erfahrung gemacht, dass die so genannten Fachgeschäfte auf seine Fragen keine Antworten geben konnten. Das Richtige zu kaufen war eine Art Puzzlespiel. Man musste die korrekten Einzelteile finden, um das optimale Gesamtbild herstellen zu können. Nach quälenden Stunden der Recherche fasste Jay kurz zusammen: »Ich hatte Recht, kein einziger Verkäufer konnte auch nur im Ansatz vernünftige Ratschläge geben!«

Jay war im Grunde seines Herzens zufrieden. Endlich bekam sein exklusives Wissen aus dem Vorjahr den richtigen Stellenwert. Großzügig referierte er noch einmal die wichtigsten Punkte:

»Du brauchst eine perfekte Mütze, möglichst aus Wolle, ein Unterhemd mit Windstopper, ein Laufshirt, das die Flüssigkeit nach außen transportiert, eine Ski-Langlaufjacke mit Windstopper, eine synthetische Unterhose mit Windstopper, ebenso eine lange Unterhose, eine anständige Ski-Langlaufhose, gute Wärmesocken, normale Turnschuhe und zwei Paar Handschuhe mit Windstopper, eines davon als Fäustlinge. Außerdem musst du dringend eine alte Wollmütze mitnehmen!«

Er grinste mich an.

»Sag mal, Jay, wenn du das alles so genau weißt, warum hast du mir dann nicht einfach die richtigen Kleidungsstücke in den Geschäften gezeigt, damit ich sie kaufen kann?«

»Damit du mal siehst, wie viele Versager als Fachverkäufer eingestellt werden.«

Das war wirklich ein guter Grund, einen kompletten Nachmittag durch Hamburg zu latschen und mit leeren Händen nach Hause zu fahren. Endlich wusste ich, dass ich keinem Menschen in einem Sportgeschäft trauen konnte. Aber was war mit Jay? Konnte ich ihm trauen?

Größere Diskussionen gab es beim Thema Cremes. Jay war ein entschiedener Gegner davon. Bei seinem ersten Lauf war ihm eine Salbe regelrecht in der Haut eingefroren. Offensichtlich war der Wasseranteil darin zu groß gewesen. Jay behauptete, es gebe keine Salbe ohne Wasser. Ich glaubte ihm nicht.

»Wenn ich ohne Fettcreme laufe, bekomme ich einen Wolf, meine Brustwarzen werden bluten und mein Gesicht kann ich anschließend abschälen«, erklärte ich. »Es muss eine Creme geben.«

Jay ist ein toleranter Mensch. Wer ihm nicht glaubt, den lässt er gerne eigene Erfahrungen sammeln. Also schickte er mich in eine Apotheke. Dort empfahl man mir eine hochspezielle, extra entwickelte feuchtigkeitsfreie Hautcreme, die nach einer berühmten norwegischen Formel hergestellt wird. Jay verzichtete. Er blieb bei seiner bewährten Methode vom Vorjahr: Ein schöner langer Bart wärmt und schützt auf natürliche Art und Weise. Die ersten Stoppeln sprossen bereits in seinem Gesicht, was ihn noch verwegener aussehen ließ.

Noch hatten wir keine Laufsachen eingekauft. Die Entscheidung für eine Laufhose gestaltete sich am schwierigsten. Am Ende entschied ich mich für eine eng anliegende schwarze Langlaufhose. Es war das erste Mal, dass ich nicht nur auf Funktionalität geachtet hatte. Sie gefiel mir einfach. Deshalb kaufte ich sie. Nachdem mir in Weiß in Höhe des rechten Oberschenkels mein eigenes Autogramm aufgedruckt worden war, ahnte ich noch nicht, dass in Omsk in den Schichten genau unter dieser Unterschrift ein überraschendes, wenn auch einfaches physikalisches Phänomen zu einem meiner gefährlichsten Gegner werden würde. In diesem Moment stand ich noch stolz vor dem Spiegel und betrachtete mich in meiner exklusiven »Tom-Ockers-Collection«.

Eines Tages klingelte mein Telefon. Jay teilte mir kurz mit, dass eine gute Freundin von ihm mitfahren würde. Ich kannte Friederike Venus von einigen Trainingsläufen um die Alster. Sie war ein Energiebündel. Nicht besonders groß, mit langen blonden Haaren und strahlenden blauen Augen zog sie stets eine Menge Aufmerksamkeit auf sich. Das lag allerdings auch an ihrem sprudelnden Verstand, der zumindest nicht viele Umleitungen bis zu ihrem Mund zurückzulegen hatte. Ich liebte es, bei den wenigen gemeinsamen Läufen durch ihren Witz, ihre Geschichten und ihr erfrischendes Lachen von meinem eigenen schweren Stöhnen abgelenkt zu werden. Seit einiger Zeit hatte ich allerdings nichts mehr von ihr gehört und wunderte mich, dass sie plötzlich in unser Team einsteigen wollte.

»Ich hab sie gefragt und sie hat ja gesagt«, erklärte mir Jay kurz den Sachverhalt. In Wahrheit hatte er sie wochenlang bearbeitet, doch mitzufahren. Aber sie fürchtete sich zunächst ein wenig. Jay gab nicht auf. Immer wieder versuchte er sie zu überreden. Und er hatte viele Gelegenheiten dazu. Denn die beiden sahen sich oft. Fast immer in Joggingschuhen. Sie liebten es, sonntags morgens unmittelbar nach Schließung der Clubs und Kneipen zwei bis drei Runden um die Alster zu joggen. Manchmal begleitete Friederike Jay auch bei seinen nächtlichen Lauforgien, wenn er nach den *Tagesthemen* überschüssiges Adrenalin an der Alster loswerden wollte. Überhaupt wurde ich manchmal das Gefühl nicht los, dass den beiden Laufen wirklich Spaß machte. Zumindestens behaupteten sie es immer wieder. Jay ging sogar so weit, während des Trainings zeitweise zu lächeln, so als ob er eine neue Stufe der Bewusstseinsfindung erreicht hätte. »*I have a lot of fun*«, säuselte es dann aus ihm heraus. Dabei erinnerte er mich an ein fanatisches Mitglied einer Psychogruppe, das mit überheblichem Schmunzeln und penetrantem Ich-fühl-mich-so-gut-Gesicht neue Mitglieder zu werben versucht. War er vielleicht in die Fänge einer Laufsekte geraten? Hatte man diesen abgezockten Ami zu einem Joggingjünger umerzogen? Niemals hätte ich geglaubt, dass dieser Mann, der eines der spannendsten Bücher über weltweite Spionage geschrieben hatte, aus reinem Lauflustempfinden so dusselig grinsen konnte. Abgehoben flatterte er über den Asphalt und ergötzte sich an dem Wohlgefühl, zu später, früher oder sonst welcher Stunde an einem solchen Erlebnis teilhaben zu dürfen.

»Ich bin auch so froh, endlich mal wieder Sport zu machen«, jubilierte Friederike dann mit ihm. »Endlich mal wieder austoben, frische Luft genießen und den Frust rausschwitzen!«

Lange Zeit glaubte ich, die beiden meinten etwas ganz anderes, wenn sie über Sport sprachen. Aber so war es nicht. Sie liebten es, zusammen zu laufen, nebeneinanderher, ohne Körperkontakt und Gefühl, schlicht und ergreifend glücklich darüber, gemeinsam einen Fuß vor den anderen zu setzen. In solchen Momenten stand meine Toleranz unter erheblichem Prüfungsdruck.

Friederike hatte es sich jedenfalls anders überlegt. Zermürbt von Jays Anwerbungsversuchen, wollte sie sich auf das Abenteuer einlassen. Im Gegensatz zu Jay und mir, die noch erlebt hatten, wie die Kugel Eis zehn Pfennig kostete, hatte Friederike gerade angefangen zu studieren. Allein die Kombination Politik und Jura machte sie in meinen Augen eigentlich schon verdächtig. Sie war eine Idealistin. Was sie tat, tat sie aus Überzeugung.

Inzwischen wurde es immer kälter in Deutschland.

Manchmal waren es schon fast null Grad. Die Menschen froren und ich verachtete sie dafür. Solche Leute würden in Sibirien keine 24 Stunden überleben. Friederike indes war ganz anders als die restliche Masse. Sie ertrug lieber die schlimmste Kälte, als sich noch ein weiteres Jahr Jays Geschichten aus Sibirien anhören zu müssen. Trotzdem war ich entsetzt, als Jay mich anrief und mir die Neuigkeit mitteilte.

»Hast du jemals von einer Gruppe gehört, die mit drei Männern und nur einer Frau zu einer Expedition aufgebrochen wäre und diese lebend überstanden hätte«, versuchte ich ihn mit einer rhetorischen Frage auf seinen Irrsinn aufmerksam zu machen.

Jay lachte mich aus. »Friederike ist eine tolle Frau. Wir werden eine Menge Spaß zusammen haben. Sie liebt das Abenteuer, mit ihr kann man Pferde stehlen. Selbst im eisigen Sibirien. Aber statt dich zu freuen, denkst du immer nur an Sex!«

Jay hatte mich entlarvt. Es war mir peinlich. Ich hatte wie ein Spießer reagiert. In der Tat war Friederike eine zwar zierliche, aber dennoch robuste Frau, die kein Jammern und kein Klagen kannte. Nicht mal ihre Reisetasche würden wir ihr tragen müssen. Außerdem war sie wirklich witzig. Und wir drei waren doch viel älter als sie. Keiner würde auch nur auf die Idee kommen, sich vor ihr wie ein aufgeblasener Gockel zu benehmen. Ganz zu schweigen davon, dass sie es vermutlich gar nicht dulden würde. Es sprach also überhaupt nichts dagegen, sie mitzunehmen.

Jay organisierte ein Frühstück zum ersten gemeinsamen Meeting. Jay kannte Friederike und mich, aber Kai nur flüchtig. Friederike kannte Kai gar nicht, dafür mich nur flüchtig und ich kannte alle, aber nur Kai wirklich gut. Wir trafen uns in einem Café und waren alle furchtbar aufgeregt. Wir fühlten uns wie eine Gruppe von frisch angeheuerten Piraten, die in nächster Zeit in See stechen wollten, um ein paar Handelsschiffe auszuplündern. Die Stimmung war prächtig und wir waren voller Tatendrang. Eigentlich wollten wir alles Mögliche besprechen, aber alle redeten wild durcheinander und keiner hörte auf die anderen. Es herrschte der reinste Übermut. Friederike fragte mich, ob ich immer noch dagegen sei, dass sie mitkomme. Ich schluckte. Jay hatte mich also verraten. Mein Einwand war aber auch zu dumm gewesen. Um ihr zu beweisen, dass ich sie jetzt voll und ganz als Partner akzeptierte, bestellte ich uns einen Milchkaffee und stieß mit ihr an. Wir lachten, es gab keine Probleme. Was kostet die Welt?

Auf unserem Sibirienschiff sollte Jay das Steuer übernehmen, weil er den Weg nach Omsk am besten kannte. Friederike, Kai und ich mussten an die Ruder und Kanonen. Ich war froh, dass Jay Friederike mit ins Boot geholt hatte. Sie würde unsere Männertruppe mit ihrer frischen Ausstrahlung wohltuend auflockern. Was hatte ich nur für einen Unsinn geredet. Niemals würde einer von uns ihretwegen komisch werden. Sie war ein Teammitglied, nicht mehr und nicht weniger. Einen Unterschied zwischen Mann und Frau gab es nicht bei uns. Wir waren Teilnehmer einer Expedition nach Sibirien – fertig.

Nachdem wir uns voneinander verabschiedet hatten, klingelte bei Friederike ununterbrochen das Telefon. Jeder wollte ihr noch einmal versichern, wie sehr er sich darüber freute, dass sie nun dazugehörte. Natürlich alles reine Sympathieanrufe ohne Hintergedanken. Persönliche Avancen gab es selbstverständlich nicht. Kai fand wohl die schönsten Worte. Auf jeden Fall traf sich Friederike zur Nachbesprechung mit ihm allein. Jay und ich bekamen keine Einladung.

Die Tatsache, dass die beiden niemandem davon erzählten, darf nicht den Eindruck erwecken, sie hätten sich heimlich verabredet. Es ergab sich nur so. So wie es sich ergab, dass es bald darauf überhaupt keine Treffen mehr zwischen ihnen gab. Sie mussten sich nicht mehr treffen. Schon gar nicht heimlich. Sie blieben einfach zusammen. Tag und Nacht. Immer. Kai hatte für klare Verhältnisse im Team gesorgt. Wie nett von ihm. Jay und ich konnten uns nun voll und ganz auf den Marathon konzentrieren.

Jay war zwar letztes Jahr schon in Omsk dabei gewesen, aber ich hatte ihn nie gefragt, wie man eigentlich dorthin kommt. Am einfachsten wäre es vielleicht mit der Transsibirischen Eisenbahn, die ja sogar dort Station macht. Andererseits wäre eine Woche Anfahrtszeit doch etwas anstrengend gewesen, wenn man bedenkt, dass wir zu einem Marathon anreisen wollten. Mein Stolz verbot es mir, Jay zu fragen. Kai und ich übernahmen die Reiseorganisation. Glücklicherweise gibt es in Hamburg ein russisches Reisebüro. Die Geschäftsführerin trägt den geheimnisvollen Namen Natalia Müller und war die erste echte Russin, die ich auf dem Wege nach Omsk kennen lernte.

»Wir würden gern im Januar nach Omsk fahren«, begrüßten Kai und ich sie in fließendem Deutsch. Insgeheim freuten wir uns schon auf ihre Reaktion. Der Gedanke an ein »Sind Sie wahnsinnig, was wollen Sie denn da?« oder »Das ist aber nicht ganz einfach« oder »Meine Güte, was für ein ausgefallener Wunsch, da muss ich erst einmal schauen, ob das überhaupt geht« tat unserem Selbstbewusstsein schon im Voraus sehr gut. Wir hatten uns einfach daran gewöhnt, dass alle Leute vor Bewunderung mindestens den Mund unbeabsichtigt öffneten, wenn wir von unseren Plänen erzählten. Natalia Müller war damit jedoch nicht zu beeindrucken. Sie stand nur auf, ging in die Teeküche, brachte uns einen Tee, setzte sich wieder hin, bot uns noch ein paar Nüsse an und lächelte:

»Die Reise nach Omsk ist kein Problem. Sie fliegen entweder ab Hannover nonstop oder über Moskau. Wann wollen Sie denn da sein?«

»Wir müssen auf jeden Fall am 6. Januar da sein.«

»Verstehe, Sie wollen zum *Siberian Ice Marathon*. Laufen Sie mit?«

Der Tee war nicht zu heiß, die Nüsse sehr lecker, trotzdem verschluckte ich mich.

»Woher wissen Sie das denn?«

Eine dumme Frage. Natürlich musste sie es in der Zeitung gelesen haben, die ganze Stadt sprach doch davon.

»Letztes Jahr hatte ich hier einen Amerikaner, der ist auch mitgelaufen. Was soll man auch sonst da im Winter?«

Jay war schneller als jede Zeitung und hatte, wie überall, einen bleibenden Eindruck hinterlassen. Sie zeigte uns Fotos, die er ihr nach seiner Reise geschickt hatte. Offensichtlich gab es eine Freundin, die ihn noch immer nicht vergessen hatte. »Sagen Sie Jay, Tatjana wartet auf seinen Anruf – seit einem Jahr.« Langsam begann mich diese Reise zu langweilen. Kai lernte Friederike kennen, auf Jay wartete Tatjana und ich lief einsame Runden um die Alster. Immerhin kümmerte sich Mike um mich. Der gute Einfluss von Jay machte sich allerdings bezahlt. Niemals zuvor hatte ich eine Reise so unkompliziert gebucht wie diese. Flug? Kein Problem. Visa? Kein Problem. Krankenversicherung? Kein Problem. Hotel? Kein Problem. Noch Fragen? Nein!

Jay hatte unterdessen in Omsk die wesentlichen Eckpunkte per E-Mail organisiert. Die Veranstalter liebten ihn auch noch ein Jahr nach seinem Start. Er war der erste Amerikaner, der dort jemals gelaufen war und sogar das Ziel erreicht hatte. Also wurden vor Ort Zimmer gebucht, ein Empfangskomitee zusammengestellt, Dolmetscher organisiert und sogar spezielle Urkunden vorbereitet. Obwohl wir noch gar nicht da waren, spürten wir schon die Gastfreundschaft. Es gab einfach keine Probleme. Alles lief rund. In Hamburg kümmerte sich eine professionelle Reiseagentur um unsere Wünsche, in Omsk sorgten die Veranstalter dafür, dass wir nur anzureisen brauchten, ohne irgendetwas organisieren zu müssen. Ehrlich gesagt hatte ich mir ein Abenteuer schwieriger vorgestellt. Sollte die Reise doch nur ein Softtrip werden?

Dann gab es einen schweren Rückschlag in meinen Planungen: Ich lernte Katja kennen. Sie passte nicht ins Konzept, aber sie war plötzlich da. Neben den täglichen Besuchen bei meinem Sohn, meinem Job, den Einkäufen, der Sponsorensuche, dem intensiven Training, ein paar Freunden, dem Abwasch und den regelmäßigen Telefongesprächen mit meinem Steuerberater hatte ich nun auch noch eine Freundin. Sie ist jung, hübsch, intelligent, lebensfroh und voller Energie, also mit anderen Worten eine schwere Bürde für einen, der in Sibirien einen Marathon laufen will.

Dabei verbrachten wir trotz meines engen Terminplans unglaublich schöne Stunden miteinander, manchmal sogar zwei bis drei hintereinander. Dabei wollte ich sie ja gerne öfter sehen, aber kuscheln vorm Kamin hätte meine Vorbereitungen auf den Frost in Omsk komplett auf den Kopf gestellt.

Kurz vor Weihnachten konfrontierte sie mich mit einer überraschenden Frage: »Sag mal, Tom, wann habe ich eigentlich Geburtstag?«

Mit einer trügerischen Gewissheit vollkommener Unschuld antwortete ich:

»Am 5. Januar natürlich!« Ich war erleichtert. Einen Augenblick hatte ich mich nämlich nicht entscheiden können. War es nicht doch am 6. Januar? Nein, das war der Tag des *Siberian Ice Marathon*, das hätte ich niemals vergessen. Trotzdem fühlte ich ein unangenehmes Ziehen in der Magengrube, das mir unmissverständlich klar machte, dass diese Diskussion noch nicht zu Ende war.

»Und wann fliegst du nach Sibirien?«, fragte sie eher beiläufig, ohne mich dabei anzusehen.

Was sollte ich lange drum herum reden, Abreisetermin war der 3. Januar und an ihrem Geburtstag würde ich bereits ein paar Zeitzonen weiter östlich sein. Wieder einmal wurde deutlich, dass mir dieser Marathon wichtiger war als das Glück meiner Freundin. Sie sagte nichts. Sie drehte sich einfach nur um. Für einen Moment hoffte ich, sie würde weinen. Trösten konnte ich gut. Mit jeder Träne würden sich meine Chancen erhöhen, sie wieder zu besänftigen. Aber sie weinte nicht. Sie lachte. Genauer gesagt: Sie lachte mich aus. »Du denkst seit Monaten nur an deine blöde Lauferei. Immer nur laufen, morgens und abends. Und wenn du nicht läufst, gehst du in die Fitnessbude oder kaufst Klamotten ein. Es könnte ja zu kalt werden, du Warmläufer!«

In mir schluchzte es. War ich wirklich so tief gesunken? Tapfer bot ich ihr die Stirn: »Du weißt genau, dass ich Laufen furchtbar finde. Was soll ich denn machen?« Katja kannte kein Erbarmen. Mit angewidertem Blick und spitzen Fingern nahm sie meine neue Laufhose vom Stapel, hielt sie demonstrativ in die Luft und warf sie mir spöttisch entgegen: »Süß, diese Hot Pants! Sogar mit Autogramm. Du bist nicht einmal ein Jogger. Du bist Balletttänzer, höchstens!«

Leider fand ich ihren Vergleich wirklich gut. Die meisten Jogger sahen in ihren engen Laufhöschen in der Tat wie kümmerliche Hupfdohlen aus.

Mit einer überraschenden und geschickten Finte würde ich sie schon wieder besänftigen: »Warum kommst du denn nicht mit? Ich habe sogar schon ein Doppelzimmer reservieren lassen. Es sollte eigentlich eine Überraschung werden.«

Ich log und schämte mich dafür. Aber es musste sein!

Katja schaute mich an. Inzwischen amüsierte sie sich nur noch über mich. Sie musste denken, durchfuhr es mich, dass ich sie heimlich und gegen ihren Willen in die Kälte verschleppen wollte. Ich machte mich auf einen grußlosen Abschied gefasst. Stattdessen strich sie mir schon fast liebevoll mit ihren warmen weichen Händen über die Wangen, bis aus ihrem Munde leise, aber messerscharfe Wörter stachen: »Hast du denn auch Hosen und Mäntel für mich reservieren lassen?« Mit einer abfälligen Kopfbewegung blickte sie auf den Haufen Kleidung, den ich bereits für mich zur Seite gelegt hatte. Was ich auch versuchte, sie behielt die intellektuelle Oberaufsicht. Leider auch die emotionale. Während ich langsam verzweifelte, blieb sie ganz lässig. Mir fiel keine Antwort ein.

Ich versuchte es mit einem Geständnis: »Ja, du hast Recht, ich habe gelogen, entschuldige.«

Frauen lieben es offensichtlich, wenn sich Männer vor ihnen in den Staub werfen, Katja auf jeden Fall. Also warf ich mich nieder, bis die Knie schmerzten.

»Wirst du mich an meinem Geburtstag wenigstens anrufen?«, hauchte sie mir ihren heißen Atem ins Ohr.

Ich ärgerte mich, dass ich nicht gleich die Mitleidskarte gezogen hatte. Wir hätten uns schnell vertragen, ich wäre längst an der Alster gewesen und hätte etwas laufen können. Ich war großzügig und versprach ihr diesen kleinen Gefallen. Ja, sie sollte einen Anruf von mir aus Omsk erhalten. Schon hatte ich das nächste Versprechen abgegeben. Und was ich verspreche, das halte ich auch.

Mitte Dezember beschloss ich, zum Arzt zu gehen. Auf dem Weg in die Praxis wurde mir klar, dass dies die letzte Chance für mich sein würde, einen wirklich guten Grund zu finden, doch noch zu Hause zu bleiben. Allerdings kannte ich den Arzt sehr gut und wusste, es müsste schon sehr schlimm um mich stehen, bevor er mir verbieten würde, in Omsk einen Marathon zu laufen. Dieser Mann hatte einfach höhere Grenzwerte als andere Ärzte. Als ich Dr. Christian Seevers, ein Mann von massiger Statur, vor Jahren zum ersten Mal in seiner Praxis erlebte, brüllte er gerade leicht nach vorn gebeugt einen Patienten an:

»Stellen Sie sich nicht so an. Von mir bekommen Sie keinen Gelben!«

Damals drängte sich mir nur eine Frage auf: Hatte ich mir wirklich den richtigen Arzt ausgesucht? Offensichtlich mochte er keine Patienten, die nur halb krank waren. Bei ihm musste man wirklich leiden, sonst verlor er den Respekt. Frei nach dem Motto: Nur ein toter Patient ist wirklich krank.

Jeder Besuch bei ihm erinnerte mich an meine Bundeswehr-Musterung. Wenn er mich durch seine eulengroße Nickelbrille observierte, musste ich an jenen Amtsarzt denken, der mich mit Tauglichkeitsstufe zwei abserviert hatte, obwohl ich ihm erstklassige Dokumente über Rückenschäden, Rheuma und Kreislaufprobleme vorgelegt hatte. »Wissen Sie was«, hatte er damals hinzugefügt, »so richtig gesund ist sowieso kein Mensch!«

Doktor Seevers dachte ähnlich. Für ihn war die Welt voller Simulanten.

Im Laufe der Zeit waren wir Freunde geworden, was für ihn aber noch lange kein Grund war, auch nur das leiseste Jammern bei mir zu dulden. Als ich seine Praxis im November 2000 betrat, um den obligatorischen Siberian-Medical-Check-up machen zu lassen, stand er zufällig am Empfang.

»Ich hab den Laden voll, tu mir einen Gefallen und nerv mich nicht mit irgendwelchem Kleinkram.«

»Ich habe einen Termin. Es geht um Leben und Tod!«

»Setz dich ins Sprechzimmer und halt den Mund!«

»Darf ich atmen?«

»Wenn du atmen kannst, bist du auch nicht krank.«

Eigentlich wollte ich nur mal aus kompetentem Munde hören, was meine Bronchien eigentlich so zu erwarten hätten in Sibirien. Am meisten freute ich mich aber auf Christians Gesicht, wenn er hören würde, was ich vorhatte. Wahrscheinlich würde er ausrasten. Ich liebte es, wenn er die Nerven verlor. Es war geradezu rührend, wie er versuchte, seine Besorgnis auf diese Weise zu überspielen. Ich erwartete mindestens ein »Du spinnst!« oder »Die Krankenkasse soll dann wieder alles bezahlen, nicht wahr?« von ihm.

»Ich will in Sibirien einen Marathon laufen. Ist das okay?«, versuchte ich ihn möglichst unauffällig zu provozieren. Innerlich zählte ich erwartungsfroh die Sekunden bis zu seinem nächsten Wutausbruch. Doch Christian enttäuschte mich.

»Wenn du meinst, dass ich mich darüber aufrege, hast du dich geschnitten«, lehnte er sich lässig in seinen Sessel zurück. »Du bist doch auch einer von diesen *midage urbans*. Die schocken mich nicht mehr. Den ganzen Tag hängt ihr orientierungslos in euren Agenturen rum und leidet darunter, dass es keine Mammuts mehr zum Jagen gibt. Ihr leidet unter dem maximalen Verlust an *thrilling moments*, verstehst du? Mir doch egal, bitte schön, sucht euch von mir aus moderne Ersatzleiden. Mir ist das schnuppe. Aus medizinischer Sicht habe ich keine Bedenken!«

Wie langweilig. Dieser Arzt verdarb einem jede Freude.

»Aber kann mir denn gar nichts passieren?«, bettelte ich um eine kleine Aussicht auf Risiko.

»Meines Wissens ist Sibirien nicht gerade dafür erfunden worden, dort im Winter sinnlos herumzulaufen«, antwortete er. Dann verschränkte er die Hände über dem Bauch. »Es ist eine Frage der Grundkondition, ob die Sache gefährlich wird. Du bist doch ganz gut drauf!«

Mein Mund stand offen. Er war zufrieden und grinste.

Dr. Christian Seevers hat eine Schwäche für Irre. Dabei ist er Lungenarzt. Das liegt natürlich vor allem daran, dass er selbst komplett verrückt ist. Jedes Jahr bricht er in die weite Welt auf, um extreme Radtouren zu unternehmen. Dann rast er mit 80 Stundenkilometern Abhänge herunter, fährt zig Alpenpässe an einem Tag ab oder jagt bei Gewitter stundenlang rings um Mallorca. Wer ihn jemals auf seinem Rennrad mit verkniffenem Gesicht durch Blankenese hecheln sah, weiß, dass dieser Mann obsessiv ist. Wenn es jemanden gab, der unter dem Verlust von *thrilling moments* litt, dann war er es selbst. Vor allem gehört er zu der Sportgruppe der Selbstbestrafer. Wer sich nicht quält, bringt nichts! Offensichtlich meinte er, ich wäre genauso verkorkst wie er. Dabei war das Ziel, das ich erreichen wollte, höherwertig. Als ob mein edles Versprechen, oder besser Gelübde, mit seinem platten Sadomasogehabe vergleichbar wäre. Lächerlich! Christian empfand Sympathie für meinen Plan. Das machte mich etwas unruhig.

»Ich kenne diese liebevolle Bosheit gegen den eigenen Körper. Sie muss einfach sein, um ekelhafte Alterserscheinungen zu verhindern. *I wanna be in good shape!* Mein Körper soll mir gefälligst nicht entgleiten. Und deshalb muss ich meinen Kopf zum liebevollen, aber streng erziehenden Fronherren eines disziplinlosen Organismus machen. Der Körper will geleitet werden, er hat es ganz gern, wenn man ihn antreibt. Denn er weiß, es ist zu seinem Besten.«

Christians Theorie gefiel mir, obwohl sie genauso krank war wie seine Patienten. Aber immerhin mal kein Selbstbetrug, sondern ehrliche Worte. Unser Körper ist ein fauler Sklave, der zwar unter Peitschenhieben stöhnt und leidet, aber ohne sie freiwillig keine Leistung bringt. Trotzdem hatte ich noch kleinere Bedenken: »Ich hasse Laufen und vor allem würde ich es hassen, wenn mir in Sibirien meine Lunge einfrieren würde. Kann das passieren?«

Christian lachte. Offensichtlich glaubte er, dass ich Witze machte. Immerhin stellte er mir eine Gegenfrage: »Was glaubst du eigentlich, warum wir eine Nase haben?«

Ehrlich gesagt, hatte ich mir noch nie Gedanken darüber gemacht, was meine Nase eigentlich für einen Sinn hatte. Abgesehen davon, dass sie mir nicht gefiel und viel zu groß war, konnte sie immerhin ganz gut riechen. Christian schien meine Gedanken zu lesen: »Glaub bloß nicht, wir hätten dieses riesige Gebilde im Gesicht, weil wir sonst nicht riechen könnten.«

»Natürlich nicht«, entfuhr es mir, »aber warum denn dann?«

»Weil unsere Lungen keine kalte Luft vertragen. Unter 35 Grad Celsius fangen sie an zu schwächeln. Die Schleimhäute werden nicht anständig durchblutet und bringen unsere Abwehrzellen nicht dahin, wo sie den Kampf mit eindringenden Bakterien aufnehmen müssten.«

Im Leben dieses Mannes schien es nur Kämpfe zu geben. Ich begriff noch nicht, worauf er hinauswollte. Mein Arztbesuch drohte zum Quiz zu werden.

»Hast du jemals erlebt, dass es in Hamburg 35 Grad plus waren?«

Eine leichte 300-Mark-Frage. Ich lebte jetzt seit mehr als einem Dutzend Jahren in dieser Stadt. Natürlich gab es hier außer Nieselregen und Nebel auch schon den ein oder anderen Sonnentag. Aber doch nicht in diesen subtropischen Dimensionen.

Christian wartete mein Kopfschütteln nicht ab. »Trotzdem kommt die Luft mit der richtigen Temperatur in der Lunge an. Weil sie in unseren Nasen vorgewärmt wird. Außerdem wird sie von feinen Härchen gleich noch gesäubert und angefeuchtet. Das ist der einzige Grund, warum der Mensch eine Nase braucht.«

In der Tat war mir zuvor niemals aufgefallen, dass es in der Natur kein Tier mit einer solch gewaltigen Nase gab, wie sie der Mensch vor sich hertrug.

»Das Problem für euch in Sibirien wird vor allem der massive Zustrom kalter Luft sein«, kam Christian endlich zur Sache. »Das sind wir einfach nicht gewohnt. Das schafft keine Nase. Und leider wird das bei einem Marathon nicht gerade besser. Weil die Lunge immer mehr Luft braucht, atmest du durch den Mund. Die ohnehin mangelhafte Erwärmung durch die Nase fällt also komplett aus.«

In meinem Kopf tobten die Zahlen. Wir würden wahrscheinlich bei minus 30 Grad laufen, während unsere Lungen erst bei plus 35 Grad ihre Arbeit korrekt verrichteten. Das bedeutete eine Differenz von 65 Grad Celsius. Meine Nase fiel als Ofen aus, weil ich wegen der Anstrengung durch den Mund atmen müsste. Und mit jedem schnelleren Atemzug würde die Luft noch weniger vorgewärmt werden. Ich hatte gerade ein unschönes Atemluftkatastrophenszenario entworfen.

»Heißt das etwa«, wagte ich Christian mit zitternder Stimme zu unterbrechen, »dass uns die Lungen einfrieren werden?«

»Unwahrscheinlich«, beruhigte er mich, »mehr als Kälteasthma werdet ihr wohl nicht bekommen. Und das geht nach ein paar Stunden wieder weg. Eure Lungen werden das Abenteuer langfristig vermutlich einigermaßen unbeschadet überstehen.«

Wie beruhigend. Unsere Bronchien würden sich von der eiskalten Atemluft reflexartig zusammenziehen und um sich herum einen zähflüssigen Schleim produzieren, der uns das Luftholen zur Hölle machen würde. Glücklicherweise wäre das anschließende Erstickungsgefühl nur Einbildung. Zum Weiterleben würde es wohl noch reichen. Ich fand sein Verhalten unverantwortlich. Er hätte mir die Fahrt verbieten müssen. Gegen den ärztlichen Rat nach Sibirien zu fahren wäre einfach cooler gewesen.

Ankunft in Omsk

Nirgendwo lag Matsch auf dem Asphalt, selbst die Landebahn glänzte schneeweiß. Das war mein erster Eindruck von Omsk.

Es war ungefähr halb sieben und draußen wirkte alles wie ausgestorben. Im Flugzeug herrschte absolute Ruhe. Wir hatten etwa 5500 Kilometer hinter uns. Der Kapitän schaltete die Turbinen ab, die Passagiere holten ihr Handgepäck aus den Gepäckfächern und die Stewardessen lächelten ihre Gäste freundlich an. Wir sahen einen schwach beleuchteten Airport. Ein paar kleinere Maschinen und flache, unauffällige Hallen standen da wie eingefroren. Mein Sitznachbar griff nach seiner Schapka, der typisch russischen Fellmütze. Ich schaute mich um. Außer Friederike, Kai, Jay und mir hatte inzwischen jeder seine Wintermütze auf dem Kopf. Es sah ulkig aus.

In wenigen Augenblicken würde ich zum ersten Mal in meinem Leben sibirischen Boden betreten. In Deutschland war es weit nach Mitternacht.

Vier Stunden zuvor waren wir in Moskau ins Flugzeug gestiegen. Jeder hatte uns davor gewarnt, mit AEROFLOT zu fliegen. Erst kürzlich war wieder einmal ein Test veröffentlicht worden, bei dem die russische Fluggesellschaft in allen Belangen uneinholbar den letzten Platz belegt hatte. Demnach mangelte es vor allem an Ersatzteilen für die zahllosen veralteten Maschinen, was dem technischen Sicherheitsstandard logischerweise nicht unbedingt zugute komme. Außerdem leide die Manövrierfähigkeit der Flugzeuge vor allem darunter, dass sie zum Teil hoffnungslos mit Passagieren und Last überladen in die Luft gehen müssten. Überhaupt gebe es nur einen einzigen Namen, der den Zustand bei AEROFLOT richtig beschreibe, nämlich *chicken wings*, »Hähnchenflügel«. Zum einen, weil es zum Essen grundsätzlich nur zähe, alte Legebatterie-Flattermänner gebe, zum zweiten, weil die Passagiere so eng wie Hühner auf der Stange sitzen müssten, zum dritten, weil einige Fluggäste niemals ohne ihre Hühner im Käfig verreisten, vor allem aber, weil man im Falle eines nicht gerade unwahrscheinlichen Absturzes selbst wie ein Hühnchen gebraten werde.

Angesichts dieser Berichte über eine Fluggesellschaft, die zwar bis vor kurzem noch die größte der Welt gewesen war, vor der aber 1994 sogar die Internationale Vereinigung der Flugzeugpassagiere dringend gewarnt hatte, hielten sich meine Erwartungen hinsichtlich des anstehenden Fluges einigermaßen in Grenzen. Ich rechnete mit einer uralten Tupolew, die wahrscheinlich noch die Oktoberrevolution miterlebt hatte. Die Sitzplätze würden wohl aus Hartholzschalen bestehen und im Falle eines plötzlichen Druckverlustes fielen in meiner Phantasie statt Sauerstoffmasken alte rostige Schrauben und durchgebrannte Kabel aus dem Kabinendach auf die Passagiere. An Komfort oder sogar Essen wollte ich lieber gar nicht denken. Trotzdem bevorzugte ich es, mit Aeroflot nach Omsk zu fliegen. Denn natürlich würde ein erfahrener Sibirier im Cockpit das Steuer halten, einer, der es gewohnt war, das Flugzeug auch bei extremer Kälte auf einer meterdicken Eisschicht ohne Autopilot und Radar sicher auf die Landebahn zu bringen. Zwar könnte es unterwegs ein paar technische Pannen geben, aber unser routinierter Pilot würde notfalls ein gebrochenes Fahrwerk mit einem Streichholz reparieren können.

Was für eine Horrorvorstellung war dagegen der Gedanke, in einem nagelneuen Luxusflugzeug sitzen zu müssen, dessen Klimaanlage zwar wunderbar funktionierte, das aber noch niemals extremen Kältebelastungen ausgesetzt war, geschweige denn jemals ohne die Hilfe moderner Enteisungsmaschinen im sibirischen Winter gestartet oder gelandet war. Womöglich würde es von einem zwar adretten, aber völlig kälteunerfahrenen Kapitän geführt werden, der beim Anblick einer notbeleuchteten, provisorischen Landepiste bei minus 30 Grad verzweifelt in seinem *check-up-book* nach dem Punkt »Landung auf Eis ohne Technik und fremde Hilfe« suchen würde und in seinen Gedanken ohnehin schon wieder beim nächsten Streik wäre.

Es war schlichtweg eine Frage der Lebenseinstellung. Der typische Jogger wie zum Beispiel die New-York-Marathon-Läufer würden immer in das neue Flugzeug einsteigen, so wie sie nur bei Sonnenschein mit ihren weißen Schuhen und dem Pulschronometer am Arm in freiem Gelände laufen gehen, während sie sich beim kleinsten Regenschauer auf das Laufband in ihrem Fitnessclub zurückziehen, um sich bloß keinen Schnupfen einzufangen.

Siberian Ice Marathon-Teilnehmer hingegen sind in der Lage, zu improvisieren und ausgefallene Situationen mannhaft zu erdulden. Sie brauchen kein Hightech, sondern verlassen sich auf ihre Erfahrung, Widerstandskraft und mentale Stärke.

Der deutsche Pilot war ein Jogger der Lüfte, ich bevorzugte hingegen den sibirischen Abenteurer in seiner tollkühnen Kiste.

In Moskau bestiegen wir einen nagelneuen Airbus. Der Innenraum war angenehm temperiert, die Sitze großzügig und weich gepolstert, das Essen hervorragend und die Stewardessen kümmerten sich höchst zuvorkommend um ihre Gäste.

Mir brach der Schweiß aus. Vermutlich war der Pilot ein schnöseliger St. Petersburger, der in seiner Datscha abends beim Fernsehen auf dem spießigsten aller Trainingsgeräte, einem Hometrainer, saß und sich einbildete, uns mal eben so mit seinem Flieger nach Sibirien bringen zu können.

So war es dann auch. Völlig unspektakulär und ohne das winzigste Problem landeten wir auf einer zwar schneebedeckten, aber keineswegs vereisten Flugpiste und ich musste feststellen, dass Sibirien durchaus über ein funktionierendes Radarsystem und moderne Lotsentechnik verfügte und sich weder Start noch Landung auch nur im Geringsten von denen bei einem innerdeutschen Flug unterschieden. Zu meinem Bedauern musste ich zugeben, dass dies gerade eine ziemlich spießige Luxusreise gewesen war.

Endlich öffnete sich die Tür des Flugzeugs. Nun war es also so weit. Wir würden die gnadenlose Kälte Sibiriens in unseren Gesichtern zu spüren bekommen und das Gepäckband, wenn wir Glück hatten, nur mit leichten Erfrierungen erreichen. Der Überlebenskampf konnte beginnen. Todesmutig betraten wir die Flugzeugtreppe. Doch die Realität war grausam. Mickrige 18 Grad Celsius unter null begrüßten uns beim Aussteigen. Während die Sibirier wegen der Frühlingstemperaturen diskret ihre Schapkas absetzten, blickten wir uns irritiert an. Wir wollten es kalt haben. Stattdessen schwitzten wir beim Spaziergang zur Gepäckhalle in unseren kanadischen Winterjacken.

Vor dem Flughafen wartete eine kleine Delegation auf uns. Jay hatte im letzten Jahr viele Freunde gefunden, die ihn unbedingt wiedersehen wollten. Seit Stunden hatten sie neben einer spärlich beheizten Halle, nur durch einen Eisenzaun vom Rollfeld getrennt, auf ihre deutschen Besucher gewartet. Ein Auskunftsterminal gibt es in Omsk nicht. Abholer warten an der Straße auf ihre Gäste.

Wir verließen durch eine Gittertür die Landepiste und standen vor unseren Gastgebern. Plötzlich fiel mir ein, dass ich bei den ganzen Sibirienvorbereitungen vor allem eines vollkommen vergessen hatte: die Sprache zu lernen. Nicht einmal die grundlegendsten Ausdrücke wie »Guten Tag«, »Hallo Taxi« oder »Ich möchte gerne Penne arrabbiata bestellen« konnte ich auf Russisch sagen. Als ich die freundlichen Gesichter unseres Empfangskomitees sah, wurde mir erst klar, welche Unhöflichkeit es wäre, sie nicht einmal in ihrer Sprache begrüßen zu können. Mein Blick fiel auf Kai. Er wirkte gelöst und locker. Offensichtlich hatte er heimlich Vokabeln gelernt, um mit unseren Gastgebern weltmännisch parlieren zu können. Friederike blieb dicht hinter ihm und Jay machte auf mich den Eindruck, als ob er nicht in New York, sondern in Nowosibirsk aufgewachsen wäre. Mit offenen Armen begrüßte er die ganze Gruppe und seine Worte klangen tatsächlich irgendwie russisch. In Wahrheit sprachen die anderen Englisch, aber Jay schaffte es, den Eindruck zu vermitteln, er beherrsche ihre Sprache. Kai verblüffte zwar alle mit seinem fließend russisch ausgesprochenen *Strastvujtie*, aber den Rest des Gesprächs führte auch er zum Glück auf Englisch. Mir fiel ein Stein vom Herzen. Ich war nicht der Einzige, der sich nicht in der Landessprache verständigen konnte.

Delegationsleiter war Konstantin Podbelski. Er ist der Chef der Marathonorganisation *Siberian International Marathon*, SIM, in Omsk. Ich hatte auf Anhieb Respekt vor ihm. Weltweit gibt es nicht viele Leichtathletikorganisatoren, die sich mit ihm messen können. Denn neben dem kleinen *Siberian Ice Marathon* im Januar mit ein paar hundert Teilnehmern ist er auch für den gewaltigen Sommerevent verantwortlich, bei dem mehr als 16 000 Läufer mitmachen. Konstantin war Mitte dreißig und wirkte mit seinem streng gescheitelten, dunklen Haar auf mich wie ein Russe aus dem Bilderbuch. So hatte ich mir die Männer aus dem Osten immer vorgestellt. Kräftig, selbstbewusst, mit klarem Blick und dunkler Stimme, aber offenherzig und freundlich gegenüber Fremden. Von Konstantin persönlich begrüßt zu werden empfand ich in diesem Moment als mindestens so bedeutsam, wie einen Händedruck von Juan Antonio Samaranch oder Sepp Blatter zu erhalten. Im Gegensatz zu diesen beiden machte er auf mich allerdings einen integren Eindruck. Konstantin war ein echter Profi, der sonst mit Olympiateilnehmern zu tun hatte und der, immer wenn er mit uns sprach, ein unsichtbares Grinsen im Gesicht trug. Ich spürte, dass er uns mochte, aber ganz ernst nahm er uns nicht. Alles andere hätte ich ihm auch übel genommen.

An seiner Seite stand ein bescheidener, freundlich aussehender älterer Herr im Trainingsanzug. Sein Haar war schon etwas lichter und ich schätzte ihn auf Anfang fünfzig. Sein Gesicht hatte tiefe Falten, aber sein Teint wirkte trotzdem weich und jungenhaft. Wer in seine Augen schaute, spürte die Wärme, die sie ausstrahlten. Jede seiner Bewegungen war kraftvoll und kontrolliert. Alles, was er tat, besaß eine natürliche Dynamik. Er begrüßte uns wie alte Freunde, nahm jeden in seine durchtrainierten Arme und strahlte eine ungeheure Herzenswärme und Bescheidenheit aus. Ich mochte ihn sofort.

Erst später erfuhren wir, dass er an diesem Morgen etwa 15 Kilometer zum Flughafen gelaufen war, um uns abzuholen. Die Rede ist von laufen, nicht gehen. Er heißt Pavel Fedossenko, besitzt kein Auto und kaum Geld für den Bus. Deshalb läuft er immer überallhin. Morgens macht er sich auf zu seiner Arbeitsstelle und abends rennt er wieder zurück nach Hause. Wenn jemand das Prädikat Laufwunder verdient, dann er. Endlich mal ein Jogger, vor dem ich wirklich Respekt hatte.

Zu diesem Zeitpunkt ahnte ich nicht, dass er schon bald einer meiner besten Freunde sein würde. Mein Versprechen, den *Siberian Ice Marathon* nicht nur zu laufen, sondern vor allem auch möglichst gesund am Ziel anzukommen, hätte ich ohne Pavel nicht einlösen können.

Jay bestand darauf, möglichst schnell zum Hotel Majak zu fahren, in dem wir untergebracht wurden. Nicht etwa weil er sich gemütlich ins Bett legen wollte, um erst einmal ein paar Stündchen zu schlafen, sondern aus einem anderen, mir bis heute unerklärlichen Grunde. Jay wollte sofort in seine Trainingsklamotten steigen und ein paar Kilometer durch Omsk laufen.

Es war etwa sieben Uhr und noch völlig dunkel, als wir im Hotel ankamen. Die Reise hatte unsere Körper mürbe und müde gemacht, aber Jay stand schon wenige Minuten später gut gelaunt in seiner Joggingmontur in der Hotellobby und tänzelte nervös von einem Fuß auf den anderen. Er wollte so schnell wie möglich los. Der Mann war verrückt. Auch wenn es nur 18 Grad unter null waren, musste ich doch zugeben, niemals zuvor eine solche Kälte erlebt zu haben. Wie konnte jemand bei diesen Bedingungen nur auf so eine Idee kommen? Am unbegreiflichsten fand ich allerdings, dass ich selbst in Turnschuhen dastand und tatsächlich mitlaufen wollte. Pavel, der ja bereits zum Flughafen gerannt war und demnächst als Elektriker an seinem Arbeitsplatz in einer Militärkaserne erscheinen musste, erklärte sich bereit, uns zu begleiten. Ich bewunderte Friederike. Mit weiblichem Instinkt machte sie einfach das, worauf sie Lust hatte, anstatt sich an unserem Irrsinn zu beteiligen: Sie legte sich ins Bett.

Besonders hat sich in meiner Erinnerung das Gesicht

von Konstantin eingeprägt, als er uns loslaufen sah. Es war eine Mischung aus Mitleid und Verzweiflung, aber auch aus Hilflosigkeit. Er schien krampfhaft, aber vergeblich nach einem Weg zu suchen, wie er uns davor schützen konnte, schon nach einer Stunde Aufenthalt zu erfrieren. Für einen Moment hatte ich den Eindruck, er bereute es, uns vom Flughafen abgeholt zu haben. Vielleicht überlegte er aber auch nur, welches Krankenhaus für uns das beste wäre.

Es war noch immer dunkel und auf den Straßen waren nur wenige Menschen unterwegs. Die Vorstellung, die Nachricht von den durchgedrehten Gästen aus Deutschland, die eine halbe Stunde nach ihrer Ankunft durch die Grünanlagen der Stadt joggten, könnte sich rasend schnell herumsprechen und binnen weniger Augenblicke Tausende von Schaulustigen anziehen, ließ mich zwar einen Moment zögern, konnte mich aber letztlich auch nicht davon abhalten, Jay und Pavel zu begleiten. In Wahrheit achtete natürlich kein einziger Passant auf uns. Die Blicke der Einheimischen richteten sich beim Gehen eher auf den Fußboden als auf vorbeilaufende Ausländer. Das hatte auch seinen guten Grund. Denn wer hier in der Gegend herumschaute, konnte einen der gefährlichen Gullydeckel übersehen. Wer unbedingt der Kanalisation einen Besuch abstatten wollte, musste nur beherzt auf die meist brüchigen Gusseisen treten. Die Omsker Ratten freuen sich über jeden Besuch in ihrem Winterquartier. Für alle anderen gehört diese Information zu den wichtigsten Überlebensregeln für Sibirien: Trete niemals auf einen Gullydeckel!

Pavel führte uns zunächst vom Eingang des Hotels

Majak an den Fluss Om. Im Winter ist er komplett zugefroren und von einem zarten Schneesaum bedeckt. Dabei ist er auch nicht viel kleiner als der Rhein. Einige Sibirier hatten kleine Löcher in die Oberfläche gehackt und angelten. Allein für diesen Anblick hatte sich der Flug schon gelohnt. Wir liefen an den Anlegestellen der Ausflugsschiffe vorbei, die uns darauf hinzuweisen schienen, dass es hier auch ab und zu einen Sommer gab. Bis zu 40 Grad plus sind dann angeblich keine Seltenheit. Sogar Insekten und andere Tiere sollen in dieser Zeit hier leben. An diesem Morgen war es allerdings gerade sechzig Grad kälter und ich konnte mir wirklich nicht vorstellen, wie hier irgendein Lebewesen ohne Stiefel oder Heizofen den Winter überstehen wollte.

Jays Augen leuchteten und auch ich spürte zum ersten Mal in meinem Leben so etwas wie Laufgenuss. Vor uns lag eine Millionenstadt. Alles an ihr war weiß. Selbst die Hauptverkehrsstraßen. Es gab keinen Wassermatsch und keine schmutzigen Pfützen. Neben uns schlief ein Fluss und unter uns knirschte frischer, weicher Schnee. Noch immer waren kaum Menschen auf den Straßen. Die ersten Busse und Lkws fuhren an uns vorbei. Trotzdem herrschte eine dumpfe Stille. Die Kälte, das Eis und der Schnee verschluckten jedes Geräusch. Ich fühlte mich wie in einem Zauberwald. Bis ich plötzlich von meinem eigenen Keuchen aufgeschreckt wurde. So viel Schnee gibt es eben nicht, dass ich mich beim Laufen nicht selber hören würde.

Trotzdem: Ich hatte tatsächlich für einen Augenblick vergessen, dass ich lief. Leider war es nur ein kurzes Vergnügen. Pavel zeigte uns die Lenin-Straße, die wie überall in Russland die größte und wichtigste ist.

Im Hintergrund erhob sich das Schauspielhaus wie eine riesige Skischanze über die Silhouetten der Stadt. Weil es kurz vor Weihnachten war (das die Russen am 7. Januar feiern), waren teilweise kilometerlange matt schimmernde Lichterketten an Masten und Laternen angebracht worden. Noch immer war nichts los in der Stadt. Niemand verlässt hier sein Haus im Winter zu so früher Stunde. Das Leben beginnt bestenfalls um zehn Uhr.

Wir liefen über eine Brücke an das andere Flussufer. Plötzlich kam Wind auf. Und zum ersten Mal begriff ich wirklich, auf was wir uns eingelassen hatten. Vergessen war die herrliche Promenade vor unserem Hotel oder das mystische Schweigen der Luft. Von diesem Moment an wusste ich wieder, dass ich hier war, um etwas sehr Unangenehmes zu tun. Was ich bis dahin nicht gekannt hatte, war die Wirkung, die Wind haben kann.

Zwar hatte ich vorher auch schon gespürt, dass es kalt war, sehr kalt sogar, aber mit dem ersten Lufthauch fing die Luft auf meiner Haut an zu brennen. Trotz Kleidung mit Windstopper fraß sich die Kälte weiter wie ein Laserstrahl in meinen Körper. Pavel zeigte auf das Ende der Brücke. Da müssen wir hinkommen, dann wird es besser, schien er sagen zu wollen. Ich glaubte ihm und lief unwillkürlich etwas schneller. Selbst Jay verzog das Gesicht. Das sollte etwas heißen. So eine Reaktion hatte ich zuletzt bei ihm gesehen, als er sich über den sinkenden Dollarkurs aufgeregt hatte.

Ich sah am gegenüberliegenden Ufer die Zweige eines

Baumes im Rhythmus der Luft schwingen. Dies war ein untrügliches Zeichen dafür, dass wir gerade durch ein Gebiet mit Windstärke 4 liefen. In Hamburg gilt so etwas eher als Windstille, hier in Omsk war es die Hölle. Denn nach der berühmten Windchill-Tabelle senkt sich unter diesen Bedingungen die gefühlte Temperatur von minus 20 auf minus 38 Grad Celsius. Das bedeutet aber, dass beim Menschen freiliegende Haut zu erfrieren beginnt. Ich tastete unwillkürlich über die Hautpartien rings um Augen und Nase. Noch schien alles in Ordnung.

Zum Glück hatten wir die Brücke nach einer halben Minute wieder verlassen. Aber wir hatten soeben unsere nächste Sibirien-Lektion erhalten: Meide den Wind!

Als wir wieder etwas geschützter liefen, schaute ich Jay an.

»Hast du das gerade gemerkt?« Es hätte ja sein können, dass ich es mir nur eingebildet hatte.

»Du meinst den Wind, ja, hab ich!« Offensichtlich wollte Jay nicht weiter darüber reden.

Ich fragte trotzdem nach: »Was machen wir, wenn es beim Rennen auch so zieht?«

»Das darf es einfach nicht.« Jay wendete sein Gesicht von mir ab und schwieg. Pavel sprach nur Russisch, mit ihm konnte ich das Problem unmöglich ausdiskutieren. Also blieb ich allein mit meiner Angst. Warum hatte ich bloß niemals Wind trainiert? Wirre Gedanken durchfuhren mich.

Wie folgten dem gegenüberliegenden Ufer des Om bis zu dessen Mündung in den Irtysch. Ein gigantischer Anblick bot sich uns dort. Zwei vollkommen zugefrorene Flüsse vereinigten sich miteinander. Wie eine endlose Schneewüste lagen sie regungslos vor uns. Der kleine Om schien sich wie eine Gletscherzunge in den gewaltigen Irtysch zu schieben. Zum ersten Mal in meinem Leben sah ich direkt vor mir eine kilometerlange Ebene von Eismassen. Der legendenumwobene gelbe Fluss Irtysch kam uns mindestens so breit vor wie die Elbe in Hamburg. Irgendwo im chinesischen Altai-Gebirge liegt seine Quelle, von wo aus er 4248 Kilometer bis zu seiner Mündung in den Ob zurücklegt. Der Irtysch ist der siebtlängste Strom der Welt. Er ist fast viermal so lang wie unser winziges europäisches Rinnsal namens Elbe, das, kaum in Tschechien entsprungen, schon wieder unauffällig in der Nordsee verschwunden ist. Im Winter ist er vollkommen zugefroren. Ich stellte mir vor, wie ich in Hamburg von den Landungsbrücken gemütlich nach Finkenwerder spazierte, während die Schifffahrt vollständig eingestellt werden musste. Undenkbar, so was. Nicht jedoch hier in Omsk.

Unser Weg verlief am Ufer des kleinen Flusses entlang und folgte an seiner Einmündung im rechten Winkel den vereisten Gestaden des großen Bruders, bis es kaum noch Häuser gab. Langgezogene Birkenhaine und Promenadenwege machen diese Stelle zu einem der schönsten Aussichtspunkte der Stadt.

Langsam ging die Sonne auf. Weit hinter dem anderen Ufer tauchten die ersten Silhouetten einer Millionenstadt auf. Rechteckige Häuser, die sich Seite an Seite durch eine fremde Landschaft zogen. Wir durchquerten auf idyllischen Wegen einen herrlichen Park mit gewaltigen Bäumen, die sich unter der zentimeterdicken Last des Schnees krümmten. Links und rechts von uns türmten sich Schneemassen auf. Aus der Ferne sahen wir die rote Leuchtschrift unseres Hotels. Von hier aus ähnelte es einer Sportarena. Ein runder, beiger Betonklotz, vielleicht ein halbes Dutzend Etagen hoch, dessen Fenster rundherum unbeleuchtet waren. Es befand sich genau im Dreieck zwischen Om, Irtysch und dem Rest der Stadt. Friederike und Kai lagen dort jetzt im Bett und schliefen. Sie taten mir Leid. Diese Sightseeing-Tour hatten sie verpasst. Als wir später verschwitzt und frierend nach Hause kamen, machten sie allerdings nicht gerade den Eindruck, etwas vermisst zu haben. Sie schliefen noch immer.

Die ganze Stadt war weiß: Wege, Wiesen, Flüsse, Bäume, Autos, Häuser, Straßen, Ampeln, Fabriken, Kasernen, Denkmäler, sogar der Schnee. In Hamburg kannte ich ihn nur als braune, schlackige, eklige Grütze, die für ein paar Stunden an den Straßenrändern lag und dann wie Durchfall ins Abwassersystem rutschte. Noch nie hatte ich eine Stadt gesehen, die so sauber aussah wie Omsk.

Pavel musste sich ein wenig drosseln, damit wir einigermaßen Schritt halten konnten. Aus dem Park führte er uns ins Stadtzentrum. Immer wieder zeigte er auf einzelne Gebäude und erklärte uns ihre Funktion. Es war wirklich interessant. Leider verstand ich kein einziges Wort davon.

Nach einiger Zeit bogen wir wieder ab und kehrten zurück zur Promenade des Irtysch.

Pavel hatte sich eine abwechslungsreiche Strecke ausgedacht. Nach einiger Zeit verließen wir das Ufer des Irtysch wieder und bogen erneut in Richtung Zentrum ab.

Offensichtlich liefen wir einen großen Halbkreis durch die Stadt. Aus der Nähe sah ein Haus so trostlos aus wie das andere. Dabei waren es eigentlich schöne, wuchtige alte Gebäude vorwiegend aus dem 19. Jahrhundert, die aber seit dem Bau weder Farbe noch Mörtel zu sehen bekommen hatten.

Plötzlich zeigte unser athletischer Stadtführer auf eine Kaserne. »Dostojewski! Dostojewski!«, rief er aufgeregt, während er die Handgelenke verschränkte, so als ob er gefesselt sei. Hier hatte also der größte Schriftsteller seines Landes in der Verbannung im Kerker gesessen. Nicht gerade eine Ruhmestat, mit der sich Omsk da schmücken konnte, aber die Leute hier waren noch immer stolz darauf, dass er, wenn auch hochgradig unfreiwillig, vier Jahre in ihrer Stadt gelebt hatte.

Ich fragte mich, was Dostojewski dazu sagen würde, dass ich ohne Zwang in die Stadt seiner Qualen gekommen war und bei lausiger Kälte nichts Besseres zu tun hatte, als an seinem Kerker vorbeizulaufen. Ich ertappte mich dabei, nach Entschuldigungen zu suchen, ihm zu erklären, dass er es nicht persönlich nehmen sollte und ich selbst im Prinzip ja auch nichts anderes als ein Verurteilter wäre, der hier seine Strafe zu verbüßen hätte. Mein Vergehen sei ein Versprechen gewesen an meinen Sohn und die Strafe, den *Siberian Ice Marathon* zu laufen, sei auch nicht viel humaner, als läppische vier Jahre Knast in einer warmen Zelle abzusitzen.

Eines seiner Bücher heißt *Der Idiot.* Hätte er mich damals an seinem vergitterten Fenster vorbeilaufen sehen, hätte er es sicher »*Du* Idiot!« genannt. Und er hätte Recht damit gehabt.

Ein paar Minuten später passierten wir eine riesige Plakatwand mit Hunderten von Fotos. Zuerst dachte ich, die größten Künstler oder Sportler der Stadt würden hier ihre Ehrung finden, doch bei näherem Hinsehen erkannte ich, dass alle Uniform trugen. Die Tafeln präsentierten sämtliche Vorsitzende des KGB der letzten Jahrzehnte. Pavel schaute desinteressiert in die andere Richtung. Ein riesiges, dunkelbraunes Haus stand neben den Fotografien, trotzdem genauso unscheinbar und baufällig wie die meisten anderen Gebäude auch. Es war die KGB-Zentrale. Ich musste lachen. Dostojewskis Kerker kannte hier jeder, obwohl kein einziges Schild darauf hinwies, aber um die Geheimdienstchefs, die sich penetrant über die ganze Straße verteilt hatten, kümmerte sich niemand. Eine gerechte Strafe für Schnüffler und Freiheitsdiebe, fand ich.

Nach knapp 45 Minuten waren wir wieder beim Hotel. Obwohl es nicht sonderlich kalt gewesen war, jedenfalls für sibirische Verhältnisse, waren unsere Gesichter hinter einer dicken Eisschicht verschwunden. Aber wir litten nicht. Die Hände waren nicht allzu kalt, die Füße auch nicht und unsere Klamotten hatten sich hervorragend bewährt. Pavel war so langsam mit uns gelaufen, dass ich nicht einmal sonderlich erschöpft war. Nur die Atmung hatte mir zu schaffen gemacht. Die Lunge brannte furchtbar. Christian Seevers würde mir deswegen allerdings nicht einmal die Brust abhorchen. Es war ja nur ein wenig Kälteasthma. Zwei Tage später würde ich schon wieder problemlos Luft bekommen und der Husten wäre dann auch fast wieder weg.

Niemand erwartete uns bei unserer Rückkehr. Pavel lieferte uns schnell ab und rannte weiter zu seiner Arbeitsstelle. Jeden Versuch, ihm ein Taxi zu spendieren, quittierte er mit einem amüsierten Lachen. Dieser Mann hatte es einfach nicht nötig, von jemand anderem durch die Gegend gefahren zu werden.

Das Hotel hatte keine Rezeption oder Lobby im herkömmlichen Sinne. Es hatte auch kein Restaurant oder Frühstücksbuffet und leider auch keine Mini-Bar auf den Zimmern. Eigentlich hatte es gar nichts außer vielen Zimmern mit Betten drin. Es sah aus wie ein großes, graues, rundes Mietshaus. Statt Wohnungen gab es dort aber nur einzelne Räume zu mieten. Hinter der Eingangstür stand nichts außer einem kleinen hellblauen Kiefernschreibtisch. Eine ältere Dame in blauer Schürze mit dicker Steppjacke darüber und einer gehäkelten Wollmütze auf dem Kopf verteilte die Schlüssel. Erst bei der Abreise begriff ich, dass der Schreibtisch keinerlei Funktion hatte. Das Büro, in dem die Schlüssel aufbewahrt wurden, lag irgendwo in einem Seitentrakt. Nur wegen unserer Ankunft waren die Zimmerschlüssel vorher in die Halle geschafft worden. Ansonsten war der Raum leer – kein Sofa, kein Sessel, keine Rezeption. Nur irgendwo in der Ecke plärrte ein Fernseher vor sich hin. Er erinnerte an einen der altmodischen Wartesäle in einem deutschen Provinzbahnhof. Nur mit dem Unterschied, dass es dort wenigstens Sitzgelegenheiten gibt.

Direkt nebenan befand sich ein kleines fast unbeleuchtetes Kasino, vor dem nachts auffällig viele Autos mit laufendem Moter parkten. Merkwürdigerweise saßen in all diesen Fahrzeugen Frauen, die auf irgendwas zu warten schienen. Als bei einigen von uns nachts das Telefon klingelte und eine reizende Frauenstimme mit charmanten Akzent fragte, ob man nicht vielleicht Lust auf sofortigen weiblichen Roomservice habe, wurde mir die tiefere Bedeutung ihrer Tätigkeit klarer.

Den Schlüssel behielt ich stets bei mir. Während der gesamten Zeit sah ich nie wieder einen Hotelangestellten. Lediglich eine Dame saß auf jeder Etage an der Flurtreppe. Sie nahm keine Schlüssel an sich und gab auch sonst keinerlei Auskünfte. Eigentlich machte sie gar nichts. Wer eine Frage an sie richtete, erhielt ein Achselzucken zur Antwort. Nach ein paar Stunden nahm man sie einfach nicht mehr wahr. Sie wurde irgendwie unsichtbar. Ich ertappte mich einmal dabei, wie ich die Concierge vom vierten Stock, ohne es zu merken, minutenlang angestarrt hatte, als ich auf unsere Dolmetscherin wartete. Sie saß einfach auf ihrem Stuhl, so wie meine Yucca-Palme in meinem Wohnzimmer vor dem Fenster im Topf steht. Gedankenversunken hatte ich sie angesehen, ohne sie wirklich zu bemerken. Völlig selbstverständlich hatte sie sich nicht ein einziges Mal bewegt. Ich bin sicher, sie hätte es auch nicht getan, wenn ich sie gegossen hätte.

Trotzdem ist das MAJAK eines der besseren Häuser in der Stadt. Die Zimmer sind frisch renoviert und sehr sauber. Und was das Wichtigste ist, sie sind warm.

Als wir nach dem Lauf wieder im Hotel ankamen, lernte ich endlich mein Zimmer näher kennen. Nach Flug und Frühsport durch die kalte Nacht wollte ich unbedingt etwas trinken. Zu kaufen gab es hier nichts, also öffnete ich den Hahn im Badezimmer. In Deutschland gibt es nur einen einzigen Reiseführer über Sibirien zu kaufen und darin stand nichts über die Trinkwasserqualität. Also beschloss ich, sie mit einem kräftigen Schluck aus der Leitung selbst zu erforschen. Das war eindeutig ein Experiment zu viel für diesen Tag. Diesen Test hätte ich fast nicht überlebt. Die Flüssigkeit, die ich beinahe geschluckt hätte, aber in hohem Bogen durch das Badezimmer spuckte, wird für immer die Nummer eins in meiner Liste der zehn ekligsten Geschmacksrichtungen, die ich jemals im Mund hatte, bleiben. Sie schmeckte mindestens nach Tuberkulose, wenn nicht schlimmer.

Ich wurde hektisch. Zum ersten Mal begriff ich, dass ich mich nicht in Deutschland, sondern irgendwo am Rande des Universums aufhielt. Noch immer nass geschwitzt vom Laufen, beschloss ich, sofort zum nächsten Supermarkt zu gehen, um mir vernünftiges Mineralwasser zu kaufen. Ein paar Rubel hatte ich in Deutschland eingetauscht, in ein paar Minuten würde die Sache erledigt sein. So lange könnte mein Zahnfleisch die ätzende Substanz vielleicht gerade noch ertragen.

Pavel hatte uns während des Laufs die Hauptverkehrsstraße von Omsk gezeigt. Da würde ich leicht wieder hinfinden. Aus dem Hotel, am Fluss entlang, über die Brücke und einfach geradeaus, fertig. Dann schnell in einen Laden, zehn Flaschen Wasser gekauft, eine trinken, zurück ins Hotel und endlich ausruhen. Ich war mir sicher, dass dies ein guter Plan war.

Ich war schon immer ein hervorragender Theoretiker, nur mit der Praxis hapert es manchmal. Bis zur Brücke kam ich noch. Dann merkte ich, dass meine durchgeschwitzten Hemden und Hosen langsam festfroren. Weil ich noch gar nicht richtig begriffen hatte, wo ich war, trug ich noch immer meine Turnschuhe. Und bevor mein Gehirn die Lage realisiert hatte, lagen meine Füße schon im Koma.

Außerdem hatte ich noch nicht einen einzigen Laden gesehen, der auch nur im Entferntesten den Eindruck gemacht hätte, irgendetwas Trinkbares zu verkaufen. Genauer gesagt, hatte ich überhaupt noch keinen Laden gesehen.

Also raste ich zurück ins Hotel. Zum Glück waren wir nur 45 Minuten gejoggt, meine Kraft reichte noch. Vorm Duschen ekelte ich mich, weil ich noch immer diesen unglaublichen Giftgeschmack im Mund hatte. Also zog ich die steifen Trainingsklamotten aus, trocknete mich ab, zog mir mit einem angewiderten Blick auf den Wasserhahn frische Kleidung an und verließ erneut das Hotel. Inzwischen war es hell geworden und auf den Straßen liefen ein paar Menschen herum. Die Einkaufsstraße hatte ich schnell gefunden. Es gab nur ein Problem: Wo waren die Geschäfte? Nicht ein einziges Neonschild war zu sehen. Nicht einmal eins aus Emaille oder wenigstens aus Pappe. Nichts. Schaufenster oder wenigstens Schaugucklöcher gab es nicht. Die ganze Straße war eine einzige Ansammlung von Fassaden, die sich nicht einmal sonderlich voneinander unterschieden. Zu allem Überfluss waren die wenigen Fenster zur Straßenseite mit schwarzen Vorhängen abgehangen.

Plötzlich sah ich eine Menschentraube auf der anderen Seite der Straße. Vorsichtig näherte ich mich. Etwa zehn Frauen bildeten einen dichten Kreis um etwas, was ich nicht erkennen konnte. Alle waren aufgeregt und sprachen wild durcheinander. Neugierig blickte ich ihnen über die Schulter. Sie umringten eine Marktfrau mit einer alten Waage. Auf der einen Seite lag ein Gewicht, auf der anderen eine einzige verschrumpelte Zitrone. Etwas anderes gab es nicht im Angebot. Die Frauen feilschten um die begehrte Ware, als ob ihr Leben davon abhinge. Eine kleine Sekunde lang stellte ich mir vor, wie der Zitronensaft meinen verseuchten Mund desinfizieren und gleichzeitig den schlimmsten Durst löschen würde. Es war ein angenehmer Gedanke und ich spürte schon, wie sich meine Lippen zu einem für alle anderen unüberbietbaren »Five dollars!« spitzten, als eine der Frauen den endgültigen Zuschlag bekam und der Verkaufsstand mangels Angebot abgebaut wurde. Ich ärgerte mich, weil ich einen Augenblick zu lang gezögert hatte. Gemeinsam mit neun anderen frustrierten Frauen begann ich die neue Besitzerin der einzigen Zitrone von Omsk zu hassen. Und ich bin sicher, dass ich nicht der Einzige war, der zumindest kurzzeitig in dieser Situation über einen heimtückischen Überfall in einer stillen Seitengasse auf eine einsame Fußgängerin nachgedacht hatte.

Es blieb mir nichts anderes übrig, als weiter nach einem Supermarkt Ausschau zu halten. Da ich es als Journalist gewohnt bin, oftmals undurchschaubare Komplexe zu einem logischen Ganzen zusammenzufügen, besann ich mich auf meine Stärken in der Recherche. Pavel hatte uns, wenn auch nur mit Händen und Füßen, eindeutig angezeigt, dass dieses hier eine Einkaufsstraße wäre. Da er uns niemals anlügen würde – so weit vertraute ich meiner Menschenkenntnis –, musste ich nur den Trick herauszufinden, woran man in Sibirien ein Geschäft erkennen könnte. Nachdem ich die Straße etwa zweimal abgelaufen war und außer Häuserfassaden und unscheinbaren Türen nichts Besonderes entdeckt hatte, änderte ich meine Strategie. Nicht die Bauwerke sollten mich zum Ziel führen, sondern die Menschen.

Da ich niemanden ansprechen konnte, observierte ich zunächst. Sobald mehrere Personen in einen Eingang traten, folgte ich ihnen. Beim ersten Versuch landete ich in einem Theater. Da man Kunst nicht trinken kann, was mich schon immer an ihr gestört hatte, ging ich zurück auf die Straße.

Ein guter Läufer beobachtet seine Konkurrenz und hängt sich an ihre Fersen. Dann lässt er andere das Tempo machen und zieht auf der Zielgeraden an ihnen vorbei. Genau dieses Verhalten gehört zu den vielen Gründen, warum ich diesen Sport verachtete. Statt mannhaft dem Gegner ins Auge zu schauen, schlichen sich Jogger von hinten an ihre Konkurrenten heran und liefen am Ende feige vor ihnen weg. Doch in meiner Situation hatte ich keine Wahl. Dieses eine Mal würde ich ein guter Läufer sein müssen. Vier Leute gingen gleichzeitig auf eine Tür zu, an der sogar ein kleines Schild aufgeklebt war. Ich rannte hinterher. Kurz vor dem Eingang überholte ich sie und stürmte ins Innere. Erst dann schaute ich mich um. Nun wusste ich wenigstens, wo ich in Omsk eine Apotheke finden könnte.

Nach einer halben Stunde kannte ich die sibirische Bank, ein Sportgeschäft und sogar eine Art Bar. Immerhin konnte ich hier meinen Mund von innen reinigen.

Ich gestattete mir zwei, drei Gläschen Wodka auf nüchternen Magen und nahm meine Suche nach einer Flasche Wasser wieder auf. Mit der original sibirischen Heizung im Blut fühlte ich mich gleich viel besser.

Aus Frust wollte ich ein wenig Bus fahren. Ein Geschäft würde ich in dieser Gegend ohnehin nicht mehr finden. Als ich in einen der Busse stieg, erinnerte ich mich an eine weitere Grundregel für Sibirien:

Fasse niemals Metall mit bloßen Händen an!

Jay hatte mich mehrmals davor gewarnt, die eisernen Haltestangen in öffentlichen Verkehrsmitteln ohne Handschuhe zu berühren. Als ich in dem überfüllten Omnibus stand, wurde mir auch klar, warum nicht. Selbst die Scheiben waren faustdick vereist, von innen wohlgemerkt. Drinnen war es nicht wärmer als draußen. Die Metallstangen glühten geradezu vor Kälte. Ich stellte mir vor, wie ich in einer Kurve das Gleichgewicht verlieren, mit einer Wange das Metall berühren und sofort daran festfrieren würde. Spezielle Rettungstrupps müssten dann die Stange absägen und mitsamt meinem Gesicht in den nächsten beheizten Raum bringen. Als Jay mir in Deutschland erzählt hatte, dass solche Unfälle keine Einzelfälle seien, hatte ich ihn noch ausgelacht. Als ich an diesem Tag allein in einem unterkühlten Bus mitten in Omsk stand, lachte ich nicht mehr. Unauffällig zog ich meine Mütze tief ins Gesicht und wickelte meinen Schal um Mund und Nase. In meiner von Wodka angeregten Phantasie entwarf ich bereits eine Zeitungsschlagzeile, die ich niemals lesen wollte: **Au Backe! Deutscher Jogger im Bus festgefroren!**

Meine Horrorvorstellungen kannten keine Grenzen.

Als ich mir das Foto zum Artikel vorstellte, womöglich aufgenommen, als neben meinem Ohr gerade die Stange abgesägt werden sollte und ich mit halb offenem Mund und weit aufgerissenen Augen wie ein Nachtfalter am Klebestreifen hing, ergriff ich die Flucht.

Als ich an der nächsten Haltestelle ausstieg, stürzten plötzlich mindestens 20 Leute aus einem Hauseingang und drängelten sich an mir vorbei in den Bus. Sie hatten nicht an dem zugigen Halteplatz gewartet, sondern lagen hinter einer Glasdrehtür auf der Lauer, um sich dort vor der Kälte so lange wie möglich zu schützen. Nur aus Neugier beschloss ich, mir diesen beheizten Warteraum einmal anzuschauen.

Zu meiner Überraschung war es in Wirklichkeit nichts anderes als ein Supermarkt. Der Raum war zweigeteilt. Die zum Eingang gerichtete Hälfte war leer. In der Mitte zog sich eine lange Theke von links nach rechts. Dahinter standen einige Verkäuferinnen, die gelangweilt in die Runde blickten. Hinter ihrem Rücken stand die Ware auf riesigen Regalen. Es gab Brot, Butter, Fleisch, Süßigkeiten, heißem Tee sogar ein bisschen Obst und – vor allem – jede Menge Mineralwasser. Bei dessen Anblick verlor ich die Beherrschung. Gierig zeigte ich auf die Flaschen, nach denen ich inzwischen ein unstillbares Verlangen hatte. Doch keine der Damen reagierte auf mich.

Ich nahm all meine Kraft zusammen und versuchte es mit einer beherrschteren Art der Bestellung. Wieder nichts. Zuletzt bettelte ich förmlich um Hilfe. Doch offensichtlich hatte ich das Zauberwort noch nicht gesprochen. Ein wenig verzweifelt schaute ich mich um. Keiner half mir, keiner beachtete mich. Die Sibirier wirkten nicht unfreundlich auf mich, aber warmherzig wäre vielleicht auch nicht das richtige Wort gewesen. Doch wer könnte das bei diesen Außentemperaturen auch ernsthaft von ihnen erwarten?

Unsicher bewegte ich mich durch den Raum, bis ich eine wichtige Entdeckung machte. Niemand gab den Verkäuferinnen Geld, stattdessen wurde stets nur ein Zettel gereicht. Kurze Zeit später begriff ich das System. Zunächst schaut sich der Kunde im Laden um. Während er mühsam damit beschäftigt ist, nichts von all dem zu vergessen, was er kaufen möchte, geht er an ein kleines, im dunkelsten Winkel des Raumes verstecktes Kassenhäuschen, muss dort eine längere Schlange anderer Kunden ertragen, bestellt und bezahlt dann all das, was er bis dahin nicht vergessen hat und gleich gern mitnehmen möchte, geht dann mit seinem Bon zurück an die Theke und bekommt von den Verkäuferinnen dort die gewünschten und bezahlten Artikel ausgehändigt. Der Erfinder dieses Prinzips war eindeutig fremdenfeindlich. Wie sollte ein Ausländer, der kein Wort Russisch sprach, jemals an der Kasse erklären können, was er gerade auf der anderen Seite im Regal gesehen hatte? Nachdem ich im Bus noch einmal davongekommen war, drohte ich nun im Angesicht dieser herrlichen Wasserflaschen elendig zu verdursten.

An alles hatte ich gedacht vor der Reise, nur die Sprache hatte ich vergessen. Natürlich befand sich das Kassenhäuschen in der entgegengesetzten Ecke vom Wasser. Mit den Fingern dirigieren wäre sinnlos gewesen. Inzwischen war mir alles egal. Ich entschied mich für die in-

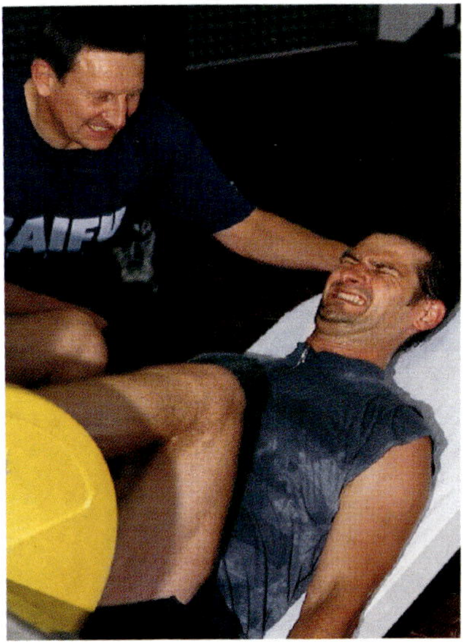

Die sportlichen Vorbereitungen: Tom Ockers beim Krafttraining in der KAIFU-LODGE (links, zusammen mit Mike Rümpler) und beim Lauftraining entlang der Alster *(Fotos: Aurel Thurn)*

Lenin-Prospekt, die »Prachtstraße« von Omsk (hier eine etwas schneeärmere Aufnahme Januar 2002) *(Foto: Tom Ockers)*

Omsk: Blick auf den zugefrorenen Om und seine Mündung in den Irtysch; hinten links das Hotel Majak *(Foto: Kai Goebel)*

Omsk: Blick auf den zugefrorenen Irtysch, den siebtlängsten Fluss der Welt *(Foto: Kai Goebel)*

ternationale Zeichensprache. Mit weit aufgerissenem Mund warf ich den Kopf in den Nacken und hielt mir den Daumen meiner rechten Hand vor die Lippen. Dann zeigte ich fünf Finger und sagte zur Sicherheit noch »acqua minerale«. Warum ich ausgerechnet in Sibirien Italienisch sprach, weiß ich selbst nicht mehr.

Nachdem ich das Ganze zwei- oder dreimal wiederholt hatte, nahm ich mein Portemonnaie in die Hand und wollte endlich zahlen. Die Kassiererin schaute mich wortlos an. Sie zeigte keine Regung im Gesicht. Eigentlich war doch alles klar, dachte ich mir. Ich überlegte, was sie noch falsch verstanden haben könnte. Aber mir fiel nichts ein.

»Hä?«, fragte sie mich und beugte sich unwillkürlich etwas nach vorn.

»*I wanna buy water*, Wasser, *acqua, eau*, trinken, verstehen Sie?«

Sie lächelte. Offensichtlich hatte sie mich verstanden. Freundlich reichte sie mir einen Zettel. Ich gab ihr dankbar das Geld, ohne zu bemerken, dass ich gerade dabei war, umgerechnet 150 Mark für fünf Flaschen Mineralwasser zu zahlen. Lässig schlenderte ich mit meinem Bon an den Ausgabetresen. Es war ein schönes Gefühl, sich wie ein Kosmopolit zu fühlen. Keine zwei Stunden stand ich auf einem fremden Kontinent und schon gelang es mir beinahe problemlos, mich den Menschen verständlich zu machen.

Die Verkäuferin reichte mir die fünf Flaschen Wodka, die ich bezahlt hatte, und wandte sich ab. Aus dem Kosmopoliten war binnen Sekunden ein bemitleidenswerter Alkoholiker geworden.

Ich war mit der Entwicklung meines Einkaufs ganz und gar unzufrieden und beschloss, nicht aufzugeben. Zunächst protestierte ich noch sehr vorsichtig. Als die Verkäuferin nicht reagierte, beorderte ich sie energisch auf Deutsch zum Wasserregal und befahl ihr unmissverständlich, endlich fünf Flaschen davon rauszurücken. Und zwar sofort! Sie gehorchte. Endlich hatte ich mal Grund zu lächeln.

Am Kassenhäuschen bekam ich meine 150 Mark in Rubel zurück und zahlte stattdessen etwa eine Mark für alle Wasserflaschen. Ein gutes Geschäft, fand ich. Es war inzwischen circa zwölf Uhr und ich konnte endlich meinen Durst löschen. Als ich den Supermarkt verlassen hatte, bekam ich Hunger. Damit war eine Entscheidung gefallen. Ich würde in diesem Land nie mehr alleine einkaufen gehen.

Da Sibirien bekanntlich östlich von Deutschland liegt, bekamen wir den Jetlag deutlich zu spüren. Während Friederike, Kai und Jay längst schliefen, rannte ich mit fünf eingefrorenen Wasserflaschen durch die Stadt zum Hotel zurück. Ich hatte einen Flug in den Knochen, war durch die eiskalte Nacht gejoggt, hatte inzwischen die Omsker Supermarktgebräuche studiert und konnte mich vor Müdigkeit kaum noch auf den Beinen halten. Und nun kam auch noch Hunger dazu. Bei aller Euphorie, langsam bekam ich schlechte Laune.

Jeder spricht von Glückshormonen, aber niemand hat jemals erforscht, ob es nicht auch Depri-Hormone gibt und unter welchen Voraussetzungen sie sich im menschlichen Körper besonders gut anreichern. Ich wäre ein gutes Studienobjekt gewesen. Denn ich spürte, wie sie mein Blut überspülten und sich in meine Gehirnzellen fraßen. Dieser Tag war gelaufen.

Als ich endlich in meinem Zimmer saß, brannte mein Gesicht plötzlich. Ich schaute in den Spiegel und sah einen puterroten Kopf vor mir. Mir fiel ein, dass ich die angeblich feuchtigkeitsfreie Norwegercreme aufgetragen hatte, bevor ich auf Shoppingtour gegangen war. Während meines Aufenthaltes in der Kälte waren einzelne Partikel gefroren und hatten sich in meine Poren gebrannt. Sofort spülte ich meine Haut mit heißem Wasser ab. Nach einer halben Stunde ließen die schlimmsten Schmerzen nach. Ich hatte noch einmal Glück gehabt. Ab sofort würde ich nur noch Melkfett benutzen. Eigentlich hätte ich mich jetzt hinlegen können. Aber Fachexperten in Deutschland hatten mich davor gewarnt. Auf keinen Fall einschlafen, bevor es Abend wird, beschworen sie mich, und es hatte sich so angehört, als ob ich andernfalls das Omsker Hämorrhagische Fieber (OHF) bekommen würde. Diese sehr seltene Krankheit gibt es tatsächlich, und zwar nur in der Region zwischen Omsk und Nowosibirsk. Erst 1998 waren etliche Menschen daran gestorben. Das OHF-Virus löst bei einem geringen Prozentsatz der erkrankten Menschen innere Blutungen aus und ist dann medizinisch nicht mehr kontrollierbar. Da es aber von Zecken, Bisamratten und anderen Nagern übertragen wird, die im tiefsten Winter in einer Millionenstadt wie Omsk eher selten zu finden sind, machte ich mir darüber erst einmal keine Sorgen. Um den Jetlag hingegen schon. Denn zwei Tage vor dem anstrengenden *Siberian Ice Mara-*

thon konnte ich mir keinen überflüssigen Energieverlust mehr leisten.

Also hielt ich mich krampfhaft aufrecht. Ich war der einzige Vernünftige aus unserem Team. Alle anderen schliefen, nur ich blieb wach. Nach Stunden der Langeweile und des Kampfes gegen den Hunger, gerade als sich meine Augen unwiderruflich weigerten, weiter an die Decke zu starren, und ich in einen herrlichen Tiefschlaf zu fallen bereit war, klopfte es an meiner Tür. Kai stand da mit herrlich ausgeschlafenen Augen. Er hatte also tatsächlich nicht nur stundenlang im Bett gelegen, sondern sogar die Fahrlässigkeit besessen, fest zu schlafen. Ich hasste ihn dafür. Wusste dieser Idiot denn nicht, dass er nun gnadenlos in den Jetlag fallen würde? Während meine Augen vor Müdigkeit schmerzten, strotzte er nur so vor Energie.

»Tom, mein Freund«, strahlte er mich an, »jetzt lass uns mal die Gegend erkunden!«

»Kenn ich schon!«, maulte ich zurück und stellte mir vor, wie er stundenlang von Sibirien geträumt hatte, während ich den Tag erstens mit Joggen, zweitens mit Wasserkaufen, drittens mit Hungerbekämpfen und letztlich mit Wachbleiben verbracht hatte. Kai sah prächtig aus. An den Füßen die Dominator-Stiefel, darüber die Eiderentenhose, am Körper eine gigantische Kanada-Jacke, an den Händen prankenähnliche Fausthandschuhe und auf dem Kopf eine Skimütze. Niemals zuvor hatte ich mich so schmächtig gefühlt wie in diesem Moment, als ich in langer Unterhose und Wollpulli dieser vor Kraft und Stärke strotzenden Pracht gegenüberstand. Kein Wunder, dass er mir ziemlich unsympathisch war.

Es gab nur einen Satz, mit dem er meine Freundschaft zurückgewinnen konnte. Und der bestand bloß aus einem Wort mit zwei kleinen Buchstaben, von denen der erste ein j und der zweite ein a zu sein hatte. Er sollte die Chance bekommen, es auszusprechen. »Hast du Hunger? Sollen wir was essen gehen?«

Kai lachte mich an. Meine Laune hellte sich auf. Er würde die richtige Antwort geben.

»Ich hab noch einen Apfel im Zimmer. Willst du den haben?«

So schnell können Freundschaften zerbrechen.

»Entweder wir gehen essen oder ich fahr nach Hause«, wurde ich etwas patziger.

Kai verfügt über ein unglaubliches Feingefühl. Er spürte tatsächlich, dass es mir ernst war. So viele Freunde hat er zum Glück nun auch wieder nicht, dass er es sich mit mir verderben wollte.

»Dann gehen wir eben essen!«, lächelte er mich an.

In der Hotellobby wartete bereits Friederike auf uns. Daneben stand eine junge Frau, die uns freundlich anlächelte. Sie war komplett verpackt in Jacken, Schals, Mützen und Kapuzen. Bis zu unserer Abreise sollte ich nie mehr als einen kleinen Teil ihres runden, stets freundlichen Gesichtes zu sehen bekommen. Ich weiß nicht, ob ich sie im Sommer auf der Straße erkennen würde.

»Julia ist unsere Dolmetscherin«, stellte Friederike sie vor.

»Na, dann wirst du ja sicher wissen, was Mineralwasser heißt«, brach es aus mir heraus.

Julia schaute mich etwas irritiert an.

»Mineralnaja voda!«, antwortete sie vorsichtig.

»Okay, du hast den Job!«

Zugegeben, es war keine besonders freundliche Begrüßung für eine Frau, die nichts dafür konnte, dass ich zuvor kläglich beim sibirischen Shopping gescheitert war, und die nur deshalb ins Hotel gekommen war, um uns zu helfen. Doch ich fühlte mich dazu berechtigt, den Bewohnern dieses Landes meine Strapazen des vergangenen Tages wenigstens ein wenig heimzuzahlen.

Da ich jedoch keinerlei Verlangen danach hatte, auch noch alleine auf Restaurantsuche zu gehen, bemüßigte ich mich schleunigst eines freundlicheren Tons und hielt es für weitaus schlauer, Julia freundlich anzulächeln, um ihr unmissverständlich deutlich zu machen, dass ich mich über alle Maßen freute, endlich einen Orts-, Sprach- und Sittenkundigen in meiner Nähe zu haben.

Julia kannte eine Pizzeria in der Nähe. Ich schämte mich dafür, aber ich war begeistert, etwas essen zu können, das ich kannte.

Wir mussten nicht weit gehen, höchstens 500 Meter, aber ein Spaziergang bei diesen Temperaturen mit kiloschweren Stiefeln an den Füßen strengt einfach etwas mehr an als der Weg zur nächsten Pommes-Bude in Hamburg. Vor allem wenn man einen völlig verkorksten Tag hinter sich hat.

Von außen war das Restaurant nicht als solches zu identifizieren. Irgendjemand hatte vermutlich Wasser auf die Scheiben gekippt, das zu regelrechten Eisklumpen gefroren war. Oder sollte das etwa die natürliche Folge der sibirischen Kälte sein? Die Inneneinrichtung unterschied sich nicht sonderlich von der einer deutschen Mittelklasse-Pizzeria. Die Menschen essen auch in Sibirien an Tischen und sitzen auf Stühlen. Der Ofen brannte und irgendwo im Raum stand eine Salatbar. Zu meiner Verblüffung schmeckte die Omsker Margherita allerdings genauso gut wie in meiner Lieblings-Pizzastehbude in der Düsseldorfer Altstadt. Wie oft war ich spontan von Hamburg nach Düsseldorf gefahren, nur um dort essen zu können? Für die richtige Pizza fahre ich auch schon mal nach Rom oder Mailand. In Zukunft werde ich dann wohl öfters mal nach Omsk fahren, schoss es mir durch den Kopf. Aber das wäre immer noch besser und weitaus weniger peinlich, als wegen eines überflüssigen Marathons hierher zu kommen.

Als mir einfiel, dass ich exakt aus diesem Grunde gerade in Omsk an einer Pizza knabberte, war der Tag endgültig im Eimer. Trotz des guten Essens wurde mir fast schlecht.

Walenki und Galoschen
Die sibirische Mode

Als ich irgendwann mit meinen Dominator-Schuhen durch das Stadtbild von Omsk stapfte, fiel mir auf, dass die meisten Einwohner mit dünnen Filzstiefelchen bekleidet waren. Richtig kalt schien ihnen darin nicht zu werden. Ich erinnerte mich, dass ich noch in Deutschland Jay gefragt hatte, warum wir eigentlich nicht in Omsk unsere Ausrüstung kaufen würden. Der Rubel stand schlecht, die Wirtschaft lag am Boden und für die Menschen dort gab es kaum Jobs. »Sie kriegen unsere Dollars und wir dafür billige und gute Ware. Alle profitieren davon. Außerdem haben die Verkäufer dort bestimmt mehr Ahnung als unsere hier.« Endlich mal ein klarer Fall, bei dem Moral und wirtschaftliche Interessen zusammenpassten, auch wenn mich mein eigener Vorteil dabei natürlich am meisten interessierte. Erstens hatte ich überhaupt keine Lust, in Deutschland Kleidung für Sibirien zu suchen, und zum anderen fand ich den Gedanken durchaus verlockend, ein paar tausend Mark zu sparen.

Jay hatte mich damals nur müde angesehen und sein Blick hatte mir gesagt, dass er mir die Nummer mit der wirtschaftlichen Aufbauhilfe nicht abnahm. Vielleicht hätte ich etwas von Menschenrechten und einer Gefahr für die freie westliche Welt erzählen sollen, um ihn von meiner Idee zu überzeugen. So hatte

Omsk, Lenin-Prospekt: Meterlange Eiszapfen an den Hausfassaden *(Foto: Jay Tuck)*

Schön und vergänglich: eine der vielen Eisskulpturen im Stadtpark von Omsk *(Foto: Kai Goebel)*

Dem Frost zu trotzen – das lernt jeder Sibirer von Kindesbeinen an. *(Foto: Kai Goebel)*

Typisch Sibirien: Eisrutschbahn im Omsker Stadtzentrum *(Foto: Kai Goebel)*

Vergnügungspark der etwas anderen Art: abendliches Treiben im Omsker Stadtpark *(Foto: Kai Goebel)*

Hauptquartier des Verbandes Siberian International Marathon, SIM *(Foto: Kai Goebel)*

Auch diese eher gebrechlich wirkende Dame meldete sich zum Marathon an – und lief Tom Ockers während des Rennens zunächst davon ... *(Foto: Kai Goebel)*

Anmeldung erfolgt – jetzt gibt es kein Zurück mehr: (v. l. n. r.) Tom Ockers, Svetlana vom SIM (sie vergab die Startnummern), Friederike Venus, Pavel Fedossenko (mit falscher Startnummer), Jay Tuck *(Foto: Kai Goebel)*

Vor der Abfahrt Richtung Rennstrecke: sinnloser Versuch, mit Asthmaspray dem Kältehusten vorzubeugen *(Foto: Kai Goebel)*

Allen Kälteprognosen zum Trotz: Zuversicht vor dem Start *(Foto: Kai Goebel)*

Mummenschanz bei Minusgraden: Jay Tuck mit diversen skurrilen Gestalten, unmittelbar vor dem Start *(Foto: Kai Goebel)*

Start zum Siberian Ice Marathon 2001 *(Foto: Kai Goebel)*

Angesichts der extremen Minustemperaturen liefen nur elf Teilnehmer die volle Renndistanz, unter ihnen Tom Ockers (links), begleitet von Pavel (rechts). *(Foto: Kai Goebel)*

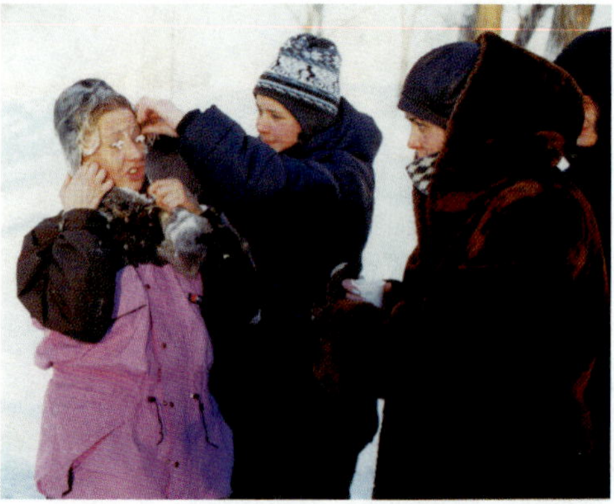

Im Ziel: Friederike Venus (links). Die Dolmetscherin Julia (Mitte) unternimmt erste Enteisungsversuche, die zweite Dolmetscherin Natascha (rechts) hält einen Tee bereit.
(Foto: Kai Goebel)

Erschöpft und erleichtert: Tom Ockers am Ende des wohl kältesten Marathons aller Zeiten
(Fotos: Kai Goebel)

Posen für die deutsche Presse – Fototermin nach der Rückkehr: (v. l. n. r.) »Kameramann« Kai Goebel, Jay Tuck, Friederike Venus, Tom Ockers *(Foto: Rüdiger Gärtner)*

er jedenfalls nur ein gelangweiltes Lächeln für mich übrig. »Wo gedenkst du dir denn die Sachen zu kaufen?«

»In den Läden dort, da, wo auch der normale Sibirier seine Fellmütze kauft, ist doch klar.«

Ein brillanter Gedanke, der alle Probleme lösen und uns eine Menge Geld bringen würde. Im Geiste hatte ich mich schon als Importeur sibirischer Winterkleidung nach Deutschland gesehen. Jay dachte nicht ganz so weit: »Das Ganze hat nur einen Nachteil. Bevor du das Geschäft erreicht hast, um die Sachen zu kaufen, bist du längst erfroren!«

»Du findest die Idee also nicht so gut?«

»Diese Idee ist wirklich schlecht. Vergiss sie möglichst schnell. Kauf dir gute Kleidung, bevor du den Flughafen in Deutschland betrittst, und halte sie immer griffbereit in deiner Nähe! Es sei denn, du willst diesen Trip nicht überleben.«

Ein verwöhnter Mitteleuropäer, der im Winter schon hektische Flecken bekommt, weil ihm am Auto die Scheibe zugefroren ist, kann sich natürlich nicht vorstellen, dass er in einer Stadt der Größe Hamburgs auf dem Weg zum Bus erfrieren könnte, nur weil er es versäumt hat, sich warm genug anzuziehen. In der falschen Kleidung würde er nicht einmal die Fahrt im geschlossenen Bus überleben. In Omsk ist sich jeder Mensch dieser Gefahr bewusst. Das gehört zur Alltagskultur. Wer zum ersten Mal nach Sibirien fährt, ohne die Überlebenstricks der Einheimischen intensiv zu studieren und sie nicht sofort umsetzt, wird innerhalb kürzester Zeit entweder furchtsam im Hotelzimmer neben der Heizung vereinsamen oder zum ersten Mal erfahren, dass Frostbeulen keineswegs ausgestorben sind.

Einige ungeschriebene Gesetze werden dort einfach nicht mehr verhandelt. Als ich zum Beispiel, so wie ich es aus Deutschland gewohnt war, mit offener Jacke aus der Pizzeria trat und mir im Gehen den Schal umlegen wollte, spürte ich den eisernen Griff unserer Dolmetscherin Julia an meinem Arm.

»Niemals darfst du hier so etwas tun«, sagte sie mit strengem Blick und zog mich zurück ins Warme, »das ist sehr gefährlich!«

In der Tat würde sich ein Sibirier niemals nach draußen begeben, ohne vollständig angekleidet zu sein. Julia hatte eine einfache Erklärung dafür: »Du kannst die Kälte eine Zeit lang von dir fern halten, aber wenn sie dich erreicht hat, kannst du sie nicht mehr vertreiben!«

Natürlich wiederholte ich denselben Fehler am nächsten Tag noch einmal. Ich zog keine Handschuhe an. Die kurze Strecke vom Hotel zur Bank würde schon nicht so schlimm werden, dachte ich. Eine fatale Fehleinschätzung, wie sich wenige Sekunden später herausstellen sollte. Nach etwa hundert Metern fühlte ich mich noch ganz prima. Plötzlich, von einer Sekunde auf die andere, spürte ich meine Hände nicht mehr. Es folgte ein furchtbarer Schmerz. Er fühlte sich an, als ob jemand zunächst den Arm abgebunden und dann mit einem Hammer auf die angeschwollene Haut geschlagen hätte. Ich bekam Panik. Verzweifelt rannte ich zurück zum Hotel und legte mit Tränen in den Augen meine Finger auf die nächste Heizung. Die schlimmsten Erfrierungen hatte ich gerade noch einmal verhindert. Leider verbrannte ich mir dabei die Hände am Ofen.

So sollte ich auf diese Weise eine weitere Lektion erhalten: Lege in Sibirien niemals ungeschützte Körperteile auf einen Heizkörper! Die Öfen sind meistens alt und überall sehr heiß!

Zuerst ließ ich also meine Hände erfrieren, dann verbrannte ich sie mir. Das soll mir auch erst mal einer nachmachen.

Eine andere wichtige Verhaltensweise der Sibirier gewöhnte ich mir schneller an. Im Freien gehört eine Hand vor das Gesicht. Die Innenfläche wird so über die Nase gehalten, dass die warme Luft beim Ausatmen vom Handschuh reflektiert und auf die ungeschützten Jochbeine weitergeleitet wird. Die Hautpartien unter den Augen sind anders nicht zu schützen, es sei denn, man stülpt sich eine Fellmütze übers Gesicht. An sich eine gute Idee, aber auch nicht ganz ohne Risiko. Denn wie überall auf der Welt haben es blinde Fußgänger auch in Omsk schwerer, eine Straße zu überqueren. Nicht zuletzt, weil hier immer Glatteis herrscht!

Die modischen Trends der Sibirier zu respektieren und in erster Linie ihren Nutzwert als Maßstab allen Designs zu akzeptieren fällt zugegebenermaßen nicht immer ganz leicht. Doch zum Glück hatte uns Jay vor der Abreise eine philosophische Abhandlung über die Veränderung ästhetischer Wahrnehmung erteilt. Die Lehrstunde begann mit einer Frage: »Die Fellmützen der Russen sind hässlich. Gar keine Frage, jeder, der sie trägt, macht sich wirklich lächerlich, oder etwa nicht?«

Zunächst begriff ich nicht, worauf er hinauswollte, und freute mich darüber, dass wir einer Meinung waren. Ich erinnerte mich an den Film »Gorki Park«, den ich zwar eigentlich sehr mochte, aber nicht ganz ernst nehmen konnte, weil alle männlichen Schauspieler genau jene albernen Mützen trugen, die Jay gerade angesprochen hatte. Doch auf mein dreckiges, zustimmendes Grinsen hatte er nur gewartet.

»Wenn du in Omsk spazieren gehst und deine europäische Pudelmütze vor Kälte langsam an deiner Kopfhaut festfriert, wirst du jeden Russen nicht zuletzt um seine warme Fellmütze beneiden. Eben hast du noch über den albernen Kerl gelacht, der neben dir im Restaurant saß und sich vor der Tür diesen braunen Pelzdeckel aufsetzte. Wenn ihr beide allerdings draußen auf dem Bürgersteig angekommen seid, du mit blankem Haupt und er mit seiner Mütze, dann wird er für dich ganz schnell zu einem der bestgekleideten Modefreaks, die du jemals gesehen hast.«

Die russische Fellmütze, Schapka genannt, ist in der Tat ein Phänomen. Obwohl sie meist aus echtem Fell hergestellt wird und den ekligen Beigeschmack von Tierquälerei an sich trägt, ist sie für jeden Sibirier zugegebenermaßen unersetzlich. Jeder besitzt eine.

Nichts schützt den empfindlichen Kopf besser. Seltsamerweise gibt es fast niemanden, der die serienmäßig integrierten Ohrenschützer herunterklappt. Offensichtlich bleiben die empfindlichen Ohrmuscheln trotzdem warm. Wieso, konnte mir bis heute keiner erklären.

Zur Grundausstattung eines jeden Einwohners in Sibirien gehört neben der Schapka ein dicker, mindestens knielanger Wintermantel namens Schuba. Für Frauen ist er fast immer aus Pelz, Männer bevorzugen Schafswolle. Die sieht zwar in den Augen der Leute nicht so elegant aus, ist aber genauso warm.

Wer gerne friert, trägt im Winter die so genannte Dublenka. Sie ist einfacher, aus Wildleder hergestellt und mit dickem Innenfell ausgeschlagen. Während man in Deutschland damit, ohne auch nur zu frösteln, Silvester auf der Zugspitze feiern könnte, gilt sie in Sibirien eher als Frühlingsmantel.

Die modischen Variationen bei fast allen der Kälte ausgesetzten Kleidungsstücken halten sich ziemlich in Grenzen – allenfalls wird zwischen Grau, Schwarz und Braun gewechselt. Daher sehen sich die Leute auf der Straße ausgesprochen ähnlich. Eine schwierige Herausforderung ergibt sich daraus auch für die zahllosen Garderobieren. Zum einen gehört es zu ihrer hohen Kunst, die Massen an Mänteln, Mützen, Schals, Handschuhen und Pullovern in den kleinen Räumen zu verstauen, die sich an jeder Eingangstür im Restaurant oder der Kneipe befinden. Andererseits ist es eine beachtliche Leistung, die Kleidungsstücke nicht durcheinander zu bringen, obwohl sie sich wie ein Ei dem anderen gleichen. Schließlich verbirgt die sibirische Haute Couture diskret jede Individualität.

Haben sich die Leute allerdings erst einmal von ihren äußeren Schutzhüllen befreit, sind sie oftmals sogar eleganter gekleidet als viele Deutsche. Speckig glänzende Jogginganzüge aus Polyester oder grüne Männersandalen mit blauen Socken muss in dieser Gegend kein menschliches Auge ertragen. Ein Beweis dafür, dass harte Winter auch etwas Gutes haben können.

Vor allem Frauen legen großen Wert auf gepflegtes und modernes Aussehen. Die Zeiten blondierter Haare und rot gepanschter Lippen sind zumindest in Omsk lange vorbei. Elegante Schuhe sind eher die Regel als die Ausnahme. Allerdings nicht im Freien. Da geht nichts ohne richtige Winterstiefel oder unförmige gummiartige Galoschen.

Die Galosche ist bis heute ein völlig normales und gesellschaftlich anerkanntes Kleidungsstück in Sibirien und gehört zum Stadtbild ganz selbstverständlich dazu. Niemand findet daran etwas Besonderes, was ich von mir leider nicht behaupten kann. Bei jeder Galosche, die mir begegnete – und es waren wirklich nicht gerade wenige –, wunderte ich mich ein wenig mehr darüber, was Menschen an ihrem Körper zu ertragen bereit sein können. Dabei ist sie nichts anderes als ein Kondom für Schuhe. Aus festem Gummi hergestellt, wird sie immer dann über den Schuh gestülpt, wenn es draußen nass und matschig wird.

Die interessantesten Schuhe der Welt heißen allerdings Walenki. Höchstens die Pantoffeln meines Großvaters hätten einen Vergleich mit diesen technischen Wunderwerken aushalten können. Ich erinnere mich noch, wie er schlurfenden Schrittes mit seinen Filzschluppen über den kalten Steinflur seines Hauses in Kleve zur Toilette ging. Er hatte den Krieg überlebt und sein Leben lang als LKW-Fahrer im Straßenbau hart gearbeitet, aber ein beheiztes Haus konnte er sich nicht erlauben. In der Küche loderte der Ofen, alle anderen Räume waren eiskalt.

Inzwischen glaube ich, dass seine Hausschuhe der einzige wirkliche Luxusartikel in seinem Leben waren. Sein Körper musste viele Leiden ertragen, aber kalte Füße hatte er nie.

Als wir in Omsk zum ersten Mal durch die Innenstadt gingen, zweifelte ich an meinem Verstand. Alle Menschen trugen die gleichen Schuhe, die mein Opa als Pantoffeln so geliebt hatte. Hier waren es allerdings keine Hausschuhe, sondern Stiefel.

Diese dünnen Filzschühchen sahen aus, als ob sie vielleicht für die kalten Gänge im Haus von Opa Ockers ausgereicht hätten, aber wie sollten sie dem Otto Normalsibirier bei minus 50 Grad warmes Geleit geben? In Wahrheit jedoch sind Walenki die einzigen Schuhe, die sich von solchen Temperaturen überhaupt nicht beeindrucken lassen. Sie bestehen zu 100 Prozent aus gekämmter und handgefertigter Ziegenwolle, die nach jahrhundertealter Tradition verarbeitet wird. Obwohl man es ihnen wirklich nicht ansieht, weil sie sehr leicht und relativ dünn sind, bieten sie selbst unter 60 Grad minus den bestmöglichen Kälteschutz. Die Sibirier behaupten, höchstens der absolute Nullpunkt könne ihnen wirklich etwas anhaben. Soldaten, Polizisten, Zollbeamte und Grenzschützer tragen in Sibirien genauso wie Fischer und Jäger grundsätzlich nur Walenki.

Wahrscheinlich stammen sie aus dem Gebiet der Magadan-Region. Allein diese Tatsache sorgt für den nötigen Respekt vor dem Schuh. Irgendwo zwischen dem nördlichen Alaska und der Bering-See gibt es dort außer Eisbergen und -bären nur noch ein paar tausend Tschuktschen, die sich mit Rentierjagd und Pelztierzucht am Leben halten. Dabei vertrauen sie bis heute nur auf Walenki. Ein besseres Gütesiegel für einen Winterstiefel gibt es nicht. In der Gegend der Tschuktschen liegt die Temperatur nämlich etwa 200 Tage im Jahr unter dem Gefrierpunkt.

Es gibt den Luxuswalenki und den gemeinen Alltagswalenki. Der Unterschied liegt in der Sohle. Bei manchen Exemplaren klebt ein wenig Gummi unter dem Schuh. Der Begriff Sohle erscheint dabei etwas übertrieben. Das Ganze sieht eher aus wie ein riesiges schwarzes Kaugummi, in das jemand hineingetreten ist. Meistens werden dafür alte Autoreifen zerschnitten und an den Fuß angepasst. Eigentlich ist das gar nicht nötig, denn der normale Filzstiefel ohne Gummi reicht völlig aus.

Für uns war der Anblick Tausender Walenki an den Füßen der Omskoviter einigermaßen gewöhnungsbedürftig. Als ich zum ersten Mal eine alte Frau damit auf der Straße sah, spürte ich den Impuls in mir, ihr schnell ein Paar vernünftige Schuhe kaufen zu wollen. Noch heute bekomme ich Alpträume bei dem Gedanken, ich hätte der alten Dame so etwas Schreckliches angetan. Mit meinem Geschenk an den Füßen wäre sie vermutlich sofort erfroren.

Unsere kanadischen Dominator-Stiefel lösten bei den Sibiriern übrigens bloß ein mitleidiges Lächeln aus. Nicht nur deshalb, weil wir mit den schweren Gewichten an den Füßen viel langsamer als die wendigen Walenki-Hüpfer waren, sondern vor allem weil unser Gang auf die Einheimischen einen ungewohnten Eindruck machte. Unsere Bewegungen ähnelten einer Mischung aus »Nikolaus unterwegs mit dem vollen Geschenkesack« und einem frierenden Kamel. Wir konnten uns nie ganz entscheiden zwischen leichtem Federn und schwerem Ächzschritt. Meine ursprüngliche Idee, einem unserer russischen Gastgeber zum Abschied meine kostbaren Stiefel zu schenken, behielt ich diskret für mich. Stattdessen kaufte ich heimlich ein Paar Walenki für mich selbst. Allein der Preisvergleich zerreißt einem das Herz. Während der sibirische Filzschuh bei etwa 30 Mark bzw. 15 Euro liegt, kostet ein kanadischer Dominator mindestens das Fünfzehnfache. Dafür ist er aber auch fast so warm und gemütlich wie sein kleiner russischer Bruder.

Manchmal greifen aber auch die Sibirier in der Auswahl ihrer Kleidung daneben. Nach ein paar Tagen engagierten wir eine zweite Dolmetscherin, die uns ein wenig beim Einkaufen helfen sollte. Die 20-jährige Natascha war ein Jahr zuvor in Bayern gewesen und wollte uns mit ihren schweren Bergstiefeln aus den Alpen imponieren, die sie sich dort gekauft hatte. Möglicherweise wollte sie uns nur ihren Respekt erweisen. Vielleicht wollte sie uns auch eine Freude machen. Als wir sie im Hotel begrüßten, lachte sie noch und schüttelte kokett ihr wildes schwarzes Haar. Sie war sehr gepflegt und legte offensichtlich größten Wert auf ihr äußeres Erscheinungsbild. Zu ihrem Unglück baten wir sie, uns bei einem längeren Spaziergang durch die Stadt zu begleiten, so wie wir es an sonnigen Tagen am Hamburger Elbstrand zu tun gewöhnt sind. Obwohl sie tapfer ihre Ehre verteidigen und sich keine Blöße geben wollte, musste sie nach einiger Zeit kleinlaut zugeben, dass sie dringend ihre Füße aufwärmen müsse. Generös schickten wir sie in ein beheiztes Einkaufszentrum. Sie ahnte nicht, welchen Triumph sie uns bereitet hatte. Wir hatten tatsächlich eine Sibirierin an ihre Kältegrenzen geführt. Es sollte nie wieder geschehen, denn vom nächsten Tag an trug sie nur noch Walenki.

Galoschen

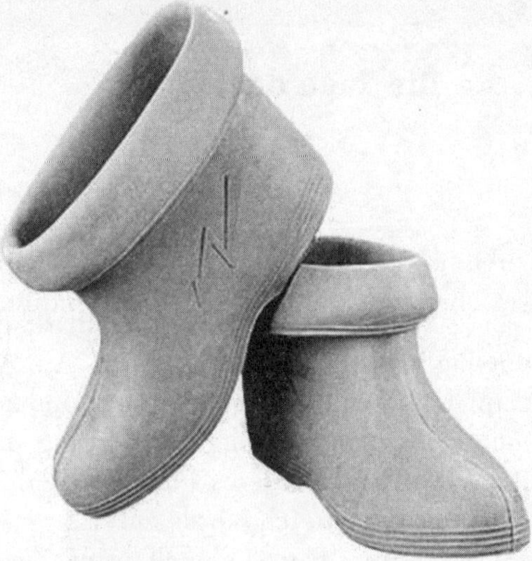

Walenki

Die Tage davor

Ich hatte es tatsächlich geschafft, den ganzen ersten Tag in Omsk wach zu bleiben. Am Abend hatte ich dann den toten Punkt überwunden und konnte gar nicht mehr einschlafen. Völlig gerädert lag ich auf meinem Bett. Draußen wurde es immer kälter. Selbst die Luft schien zu frieren. Ich sah sie zittern.

Das Zimmer hatte Doppelfenster. Zwischen dem äußeren und inneren Glas breitete sich eine fingerdicke Eisfläche aus. Inzwischen war schon die Hälfte der Oberfläche bedeckt davon. Es sah aus wie ein böser Pilz, der sich langsam ins Zimmer fressen wollte. Die Vorstellung, das Bewusstsein zu verlieren, langsam von Eissporen überwuchert zu werden und womöglich erst zu erwachen, wenn der Körper schon von den Füßen bis zum Hals eingehüllt wäre, machte mir das Einschlafen nicht gerade leichter.

Beim Blick nach draußen bot sich mir eine lebensfeindliche Welt, die Tausende Kilometer entfernt war von allem, was ich liebte. Es gab einfach nichts an ihr, was ich bisher vermisst hatte. Am allerwenigsten die Aussicht auf einen fürchterlichen und kalten Marathonlauf. Ich hatte keine Ahnung, was mich hier noch erwartete, aber sicherheitshalber fürchtete ich mich schon einmal davor.

Irgendwann gegen Morgen fiel ich endlich in den Schlaf.

Ein paar Stunden später klopfte Kai an meiner Tür und brüllte etwas. Ich verstand nicht, was er sagte, aber ich erwachte davon. Im ersten Moment wusste ich nicht, wo ich war. Auch im zweiten nicht. Ich schaute aus dem Fenster und bekam einen Schrecken. Draußen schien die Sonne und die Stadt vor mir lächelte in fröhlichem Weiß ins Zimmer. Es war die reinste Idylle.

Das sah fast so aus wie in einem dieser kitschigen Bayerndörfer, die ich seit meiner Kindheit hasste, als alle Freunde an die See fuhren, während ich auf langweilige Berge klettern musste.

Die Menschen auf der Straße sahen zwar fremd aus, aber sie trugen immerhin keine albernen Lederhosen. Der schlimmste aller anzunehmenden Unfälle, nämlich nach einer durchzechten Nacht alleine irgendwo in Bayern wach zu werden, inmitten von Gamsbärten und Krachledernen, war mir also erspart geblieben.

Kai klopfte immer noch an meine Tür. Das Geräusch nervte. Geistesabwesend und grußlos ließ ich ihn herein. Als ich ihn auf seinen Dominator-Schuhen hereinhumpeln sah, fiel mir endlich wieder ein, wo wir waren.

Ich ging zurück zum Fenster. Dieser Ausblick war ein Genuss. Unbeweglich schlief der gemütliche Om unter einer weißen Decke in seinem Bett und an seinen Flussufern türmten sich gigantische Schneekissen auf. Selten hatte eine Stadt einen friedlicheren Eindruck auf mich gemacht. Ich konnte nicht glauben, dass ich tatsächlich in Sibirien war, der Region, die ich mir von Kindheit an immer nur als unerträglich hässlichen Verbannungsort russischer Freiheitshelden oder deutscher Kriegsgefangener vorgestellt hatte. Das Ensemble eingeschneiter Straßen, malerischer Eisflüsse und schneeweißer Hausdächer vor meinem Fenster erinnerte mich eher an Disneyland als an den Gulag.

Ein paar hundert Meter entfernt standen große Figuren aus Eis, die bei Dunkelheit von innen beleuchtet waren. Alles wirkte so rein und sauber, so friedlich und frei. Omsk ist eine Millionenstadt, aber es schien keinen Verkehr, keinen Dreck, keine Hupkonzerte und vor allem keinen Alltagstrubel auf den Straßen zu geben. Für einen Moment zweifelte ich an meinem Verstand. War ich etwa doch nicht in Asien, sondern irgendwo in Kalifornien? Hatte ein dekadenter amerikanischer Geschäftsmann die Idee gehabt, mitten im Sommer einen Themenpark Sibirien aufzubauen? Falls es so wäre, hätte er seinen Job wirklich gut gemacht. Am besten gefiel mir, dass in diesem vermeintlichen Freizeitpark keine einzige dieser hässlichen, zwei Meter großen Mickymäuse herumlief, die sich üblicherweise ungefragt auf jedes Foto der Besucher drängeln, während sie mit an Debilität grenzender Selbstverständlichkeit allen Leuten zuwinken und dabei mit ihrem missratenen Kopf hin- und herwackeln.

Interessanterweise entdeckte ich nicht einen einzigen Touristen da draußen.

Als ich mir die Zähne mit Leitungswasser geputzt hatte, gab es dann aber endgültig keinen Zweifel mehr: Eine solche Giftjauche konnte es nur in Sibirien geben.

Kai riss mich aus meinen Gedanken. Er hatte eine

kleine digitale Videokamera, einen Fotoapparat, ein Stativ und mehrere Akkus in der Hand. Es sei endlich an der Zeit, einige Probeaufnahmen zu machen, verkündete er frech. Schließlich müsse er am Tag des Rennens auf alles vorbereitet sein. Und deshalb wäre er mir sehr verbunden, wenn wir jetzt schleunigst losgehen könnten. Ich hätte schließlich monatelang für dieses Event trainiert, da sei es wohl nicht zu viel verlangt, wenn auch er mal einen Nachmittag üben wolle.

Die Videokamera, ein Mini-DV-Camcorder, war nicht größer als ein altes Tastentelefon und passte genau in die Taschen unserer Kanadajacken. Leider waren auch die Menüschalter ziemlich klein. Um das Gerät einzuschalten, musste man einen Knopf drücken, der sich hinter einem Fingernagel verstecken könnte. Trotzdem war der Camcorder ein kleines Meisterwerk. Denn die Bilder, die er normalerweise ablieferte, waren erstaunlich professionell.

»Heute sind es schon minus 27 Grad!«, freute sich Kai. »Da können wir hervorragend testen, was unser Equipment so aushält!«

Meine Begeisterung hielt sich in Grenzen. Vor allem weil ich total müde war, während Kai einen ausgesprochen munteren Eindruck auf mich machte.

»Hast du gar keinen Jetlag?«, wunderte ich mich über seine Dynamik.

»Überhaupt nicht«, powerte er durchs Zimmer, »aber ich hab ja auch seit gestern Morgen ununterbrochen im Bett gelegen.«

Krampfhaft überlegte ich, wer mir den Tipp gegeben hatte, den ersten Tag in Omsk wach zu bleiben. Zum

Glück für diese Person fiel es mir nicht mehr ein. Dennoch verfluche ich sie noch heute.

Wir zogen los. Nicht weit vom Hotel entfernt hatten einheimische Künstler aus gigantischen Schneemassen in einem Park eine riesige Burg gebaut. Man konnte sogar die Zinnen betreten, auf Eisbahnen wieder herunterrutschen, durch riesige Tore in Innenhöfe laufen und, was mir am besten gefiel, herrlich frische Eiscreme essen. Die Verkäuferinnen brauchten keine Kühlboxen, sondern stellten die fertigen Portionen einfach vor sich in den Schnee oder trugen sie auf kleinen Holzbrettern zu ihren Kunden.

In Omsk gibt es im Winter viele solcher Eisparks. Ständig werden die gewaltigen überschüssigen Schneemassen mit Lastwagen auf alle großen Plätze und Grünanlagen transportiert. Dort gestalten hoch spezialisierte Bildhauer dann Skulpturen aus Eis von beachtlicher Größe. Weil jeder weiß, dass die Kunstwerke schon bald verdunstet sein werden, umgibt sie eine wohltuende Sorglosigkeit, die der deutschen Kulturhaltung angenehm widerspricht. Während bei uns jede voll gekleckste Leinwand im Museum wie eine Reliquie ehrfürchtig angebetet wird, obwohl kein Mensch außer ein paar verqueren Kunstkennern den Grund dafür kennt, und komplizierteste Messgeräte die Raumtemperatur oder den Feuchtigkeitswert wichtigtuerisch stabil halten, damit bloß kein Schaden an dem vermeintlich edlen Schönen entstehen möge, sehnen sich die Bewohner von Omsk die Zerstörung ihrer virtuosesten Denkmäler geradezu sehnsüchtig herbei. Denn erst wenn das letzte von ihnen spurlos verschwunden ist, zieht der Frühling ein ins Land.

Wie oft hatte auch ich mich während meiner zahlreichen Museumsbesuche in deutschen Landen nach ein wenig Sonne gesehnt und gehofft, dass einiges von dem, was ich dort erblicken musste, diskret in der Atmosphäre verdunsten möge!

In einem der Eisparks wollten wir unsere ersten Probeaufnahmen machen. Kai baute das Stativ für die Videokamera auf. Ein wenig leichtsinnig geworden, zog er seine Handschuhe aus, um die kleinen Fixierschrauben besser lösen zu können. Plötzlich schrie er. Seine Fingerspitzen waren festgefroren. Zum Glück riss er sich sofort los. Trotzdem zog er sich leichte Erfrierungen an der Haut zu. Ich erinnerte mich an meine Busfahrt vom Vortag und schwor, ab sofort nichts und niemanden mehr ohne Handschuhe anzufassen.

Als wir endlich unsere Kamera aufgebaut hatten, drückten wir lässig auf den Auslöser. Genauer gesagt, wir versuchten es. Der Knopf war aber viel zu klein für unsere gewaltigen Handschuhe. Es war ungefähr, als wollte man mit einem Bulldozer ein Stiefmütterchen umpflanzen. Kai, noch immer unter Schock und keinesfalls bereit, jemals wieder seine entblößten Finger der sibirischen Luft auszuliefern, kramte in seinen Taschen, fand einen Stift und schaffte es tatsächlich, den Auslöser mit der Mine zu aktivieren. Für einen Augenblick sahen wir ein »record on« im Sucher.

Noch während wir über diese strategische Meisterleistung jubelten, folgte der Totalausfall. Zunächst saugte die Kälte den Akku aus, dann wurden sämtliche Kristalle in den Displays eingefroren und schließlich hakte der Schwenkkopf am Stativ. Wir schauten uns an und glaubten nicht, was wir gerade erlebt hatten. Innerhalb von Sekunden hatte die Kälte unsere Kamera außer Gefecht gesetzt. So ist das also, wenn sich ein Alien in die Hülle eines Lebewesens schleicht, um ihm hinterhältig das Leben auszusaugen.

»Was machen wir jetzt?«, fragte mich Kai. In seinen Augen stand das blanke Entsetzen. Er hatte die Reise hierher deswegen gemacht, um unsere sportlichen Abenteuer zu dokumentieren. Doch nun sah es fast so aus, als ob er ohne ein einziges Bild im Gepäck wieder nach Hause fahren müsste. Wie sollte er bei solchen Bedingungen jemals auch nur die kleinste Chance bekommen, irgendetwas zu filmen oder zu fotografieren?

Die Situation war so bizarr und unwirklich, dass ich beschloss, sie in Zweifel zu ziehen:

»Und er kommt zu dem Ergebnis:
Nur ein Traum war das Erlebnis.
Weil, so schließt er messerscharf,
nicht sein *kann*, was nicht sein *darf*.«[1]

Ich machte einen Vorschlag: »Wir legen den Ersatzakku ein.«

Zunächst bekam ich gar keine Antwort. Dann hörte ich ein leises Grummeln, bis der Ton letztlich ruppiger wurde. »Das kannst du selbst machen!«, brüllte es aus Kais Mund. Ich verstand ihn nicht sofort. Meiner Meinung nach war er der Kameramann und nicht ich. Ich hatte ihn schließlich auch nicht gebeten, für mich den Marathon zu laufen.

[1] Christian Morgenstern, »Die unmögliche Tatsache«, aus: *Alle Galgenlieder*, Diogenes, Zürich 1981

»Die Akkus könnte ich nur ohne Handschuhe wechseln«, deutete er auf eine winzige Schraube, hinter der sich das Batteriefach verbarg. In der Tat würde man für diese Operation schlanke feinfühlige Finger benötigen und keine Fäustlingspranken. Als ich ihn irritiert anschaute, beruhigte er sich ein wenig und lieferte mir eine weitere Erklärung ab: »Ich wette, das Kameragehäuse ist mindestens so kalt wie das Stativ. Ich erfriere mir doch nicht noch mal die Hände.«

Wir beschlossen, Akkuwechsel aus Sicherheitsgründen ab sofort nur noch in geschlossenen und vor allem beheizten Räumen durchzuführen. Um den mühsam gefundenen Kompromiss nicht gleich wieder zu gefährden, unterschlugen wir schlichtweg die Tatsache, dass weit und breit nicht ein einziger warmer, öffentlich zugänglicher Winkel zu finden war.

Als wir nach endloser Suche immer noch in der Kälte standen, drängte sich mir noch eine kleine Nachfrage auf: »Wie soll das eigentlich beim Rennen funktionieren?«, fragte ich möglichst unschuldig. »Die Strecke ist weit draußen, da gibt es noch weniger beheizte Räume als hier im Zentrum.«

Komischerweise war Kai gar nicht ärgerlich über diese Art von Defätismus. Auch er war es leid, stundenlang nach einem warmen Eckchen zum Akkuwechseln zu suchen. Wir mussten einfach eine andere Variante finden.

Zum Glück erinnerten wir uns an das Verhalten der Pinguine. In einem der zahllosen Tierfilme aus unserer Jugend hatten wir gesehen, wie sich diese zarten Geschöpfe gegenseitig vor den eisigen Temperaturen in der

Antarktis schützen. Sie bilden einen Kreis und drehen sich eng umschlungen immer abwechselnd gegen den Wind. So schützt jeder den anderen und die Kälte wird einigermaßen erträglich.

Wir wollten wie die Pinguine sein. Ich drückte mich also eng an Kai. Dann öffnete ich wie ein Exhibitionist meine Jacke und versuchte, ihn so weit wie möglich damit zu umwickeln. Er zog derweil seine Handschuhe aus, schob die Kamera unter mein warmes Futter und wechselte dort den Akku. Wir sahen aus wie ein schwules Ehepaar. Ich überlegte, ob es in Sibirien schon die Homo-Ehe gebe, war aber der Meinung, dass es, falls nicht, durchaus Zeit sei, ein bisschen Werbung dafür zu machen.

Bevor ich länger darüber nachdenken konnte, zog Kai die Hände aus meiner Jacke, packte sie in seine Fäustlinge, schraubte die Kamera aufs Stativ und begann zu filmen. Er hatte es tatsächlich geschafft, die Natur zu überlisten. Schade nur, dass ausgerechnet Julia, Natascha und Friederike vorbeikamen, als wir eng umschlungen unter meiner Jacke an der Kamera und am Stativ herumfummelten.

Obwohl es uns ziemlich peinlich war, in einer solch verfänglichen Situation ertappt worden zu sein, stand doch der Erfolg der Aktion im Vordergrund unseres Interesses. Endlich hatten wir eine Möglichkeit gefunden, auch bei diesen Temperaturen filmen zu können.

Ab sofort trugen wir die Camcorder und Fotoapparate immer unter der Jacke. Wenn wir sie brauchten, schalteten wir sie dort auch ein. Dann holten wir sie eilig hervor und machten rasch einige Aufnahmen, um sie schnellstmöglich wieder in der Jacke verschwinden zu lassen. Auf diese Weise gelang es uns, wenigstens ein paar vernünftige Bilder zu schießen.

Überall in Omsk waren ganze Straßenzüge abgesperrt und zu besonderen winterlichen Kinderspielplätzen umfunktioniert worden. Von einem bis zu fünf Meter hohen Holzgerüst stürzten sich die kleinen Sibirier auf einem Pappdeckel sitzend eine vereiste Rampe hinunter, landeten auf einer blanken Eisstraße, die links und rechts von Schneebergen begrenzt war, und rasten wie in einem Eiskanal über den blanken Asphalt. Das war besser als Fußball.

Endlich zahlte sich unsere perfekte Ausrüstung wirklich aus. Dominator-Stiefel, Kanada-Jacken und die Eiderentenhosen waren perfekt für diesen Sport. Während selbst eingefleischte Omskoviter nach kurzer Zeit ins Warme mussten, waren wir nicht mehr zu bremsen. Es gibt eben auch schöne Formen der Fortbewegung. Die russischen Kinder waren begeistert von uns. Noch nie hatten sie irgendwelche Fremden auf ihren Rutschen gesehen. Der Anblick zweier Deutscher, die sich immer wieder in die Eisbahn warfen, muss ihnen ungefähr so fremd vorgekommen sein, wie es bei uns im Sommer der Besuch eines Eskimos auf einem Wasserspielplatz wäre.

Ich hätte alles dafür gegeben, statt am *Siberian Ice Marathon* beim Omsker Rutsch-Marathon teilzunehmen. Doch leider gab es den gar nicht. Auf mich warteten 21 Kilometer Laufstrecke.

Es waren noch zwei Tage bis zum Start. Die Temperaturen fielen zusehends. An den Fenstern der Geschäfte klebten zum Teil meterdicke Eisschichten und das Leben auf den Straßen beschränkte sich auf den Busverkehr, einige

Taxen und ein paar Fußgänger. Nach meinen Erfahrungen des ersten Tages wollten wir kein Risiko mehr eingehen. Bei größeren Projekten wie Einkaufen, Frühstücken, Geldumtauschen oder Busfahren – Dinge, die man ohne fremde Hilfe nicht bewältigen konnte – hatten wir immer unsere beiden Dolmetscherinnen Julia und Natascha in der Nähe. Die beiden wurden unsere ständigen Begleiterinnen und es ist völlig ungeklärt, ob wir jemals wieder nach Hause zurückgekehrt wären, wenn sie uns nicht stets vor den lauernden Gefahren behütet hätten.

Da es im Hotel kein Frühstück gab, baten wir die beiden, uns zu einem Café zu bringen. Weil wir uns den Gegebenheiten anpassen wollten und keineswegs wie dekadente Deutsche aufzutreten gedachten, beschränkten wir unsere Wünsche auf die unverzichtbaren Grundnahrungsmittel des täglichen Lebens wie Cappuccino, etwas Früchtemüsli, original französischen Rohmilchkäse, frische Butter, vielleicht ein 6-Minuten-Ei von frei laufenden Hühnern und frisch gepressten Orangensaft. Alles Dinge also, die es im winterlichen Sibirien natürlich problemlos zu kaufen geben würde.

Julia und Natascha nahmen unsere Wünsche auf, lächelten freundlich und fanden tatsächlich ein kleines Café, in dem es trockenes Brot und Kaffee gab. Wir waren begeistert.

Klaglos führten uns die beiden Dolmetscherinnen den Tag über durch diese lebensfeindliche Welt und sorgten dafür, dass wir abends gesund in unserer Pizzeria und anschließend wohlbehalten im Hotel landeten.

Obwohl wir der Meinung waren, uns inzwischen perfekt angepasst zu haben, war unsere Anwesenheit für die Einheimischen eine schöne Abwechslung und eine echte Attraktion. In der den Sibiriern eigenen zurückhaltenden und unaufdringlichen Art wurden wir an jedem Ort unauffällig, aber nicht minder genau beobachtet. Julia und Natascha achteten darauf, dass uns niemand belästigte oder gar respektlos behandelte. Vor allem aber achteten sie darauf, dass wir immer warm genug angezogen waren, bevor wir das Haus verließen.

Das unterschied uns ganz wesentlich von zwei Läufern aus Neuseeland, die wir im Hotel kennen lernten und die ebenfalls am *Siberian Ice Marathon* teilnehmen wollten. Während wir viel Zeit darauf verwendet hatten, uns auf die hiesigen winterlichen Lebensbedingungen vorzubereiten, zeichneten sich die beiden Kiwis durch eine unglaubliche Sorglosigkeit aus. Sie waren um die vierzig und waren mit der erstklassigen Empfehlung nach Sibirien gekommen, vor einigen Jahren einen Marathon weit unter drei Stunden gelaufen zu sein. Doch statt dieser zugegebenermaßen beeindruckenden Zeit hätten sie lieber eine warme Jacke mitbringen sollen. Ihre Ausrüstung verschlug uns den Atem. Ausgelatschte Turnschuhe, Jeans, Trainings- und Jeansjacken, ein kleines Pudelmützchen, ein paar alte Handschuhe und zur Abrundung ein leichter Seidenschal um den Hals – damit wollten sie ernsthaft durch die Stadt bummeln. Ihr ganzes Reisegepäck hätte man in einer Aldi-Tüte transportieren können und dann wäre immer noch Platz für ein paar Stangen Zigaretten gewesen.

Als Julia und Natascha die beiden am Ausgang des Hotels entdeckten, versperrten sie ihnen den Weg und machten ihnen unmissverständlich klar, dass sie in diesem Aufzug spätestens nach hundert Metern erfroren sein würden. Doch die beiden Ozeanier meinten es besser zu wissen. Offensichtlich waren sie der Ansicht, es reiche aus, schon einmal ein Känguru gesehen zu haben, um den sibirischen Winterbären erlegen zu können. Trotz der flehentlichen Ermahnungen unserer einheimischen Dolmetscherinnen schlenderten sie in leichter Sommerkleidung frohgemut und siegessicher aus dem Hotel. Kurz bevor sie in die kalte Winterluft traten, drehten sie sich noch einmal um und lächelten uns lässig zu. Es sollte für die nächsten Tage das letzte Mal gewesen sein, dass jemand in ihren Gesichtern ein Lächeln sehen konnte.

Ich wunderte mich, warum Natascha auf ihre Uhr blickte. Auf die fast schon arrogante Naivität der beiden Neuseeländer reagierte sie mit Zynismus: »Entweder sind sie in spätestens einer Minute zurück oder wir werden sie nie mehr wiedersehen.«

Plötzlich standen alle Hotelgäste am Fenster. Jeder wollte sehen, wie weit die beiden kommen würden. Es war ein bisschen so, als ob zwei todesmutige Soldaten den Schützengraben verlassen hatten, um sich nach Hause durchzuschlagen. Wir anderen zogen die Köpfe ein und zitterten mit den Ausreißern.

Keine 30 Sekunden später standen sie wieder vor uns. Durchgefroren, zitternd und verängstigt, mit weit aufgerissenen Augen und knallroten Händen schworen sie, nie wieder das Hotel zu verlassen. Sie hatten Glück, dass Julia und Natascha nicht nachtragend waren. Dafür können sibirische Frauen umso strenger sein. Ab sofort forderten sie absoluten Gehorsam. Ihre Worte wurden für die beiden Neuseeländer zu unumstößlichen Geboten: »Wir rufen Pavel an und bitten ihn, mit euch einkaufen zu gehen. Ihr bleibt solange auf euren Zimmern und rührt euch nicht von der Stelle.«

Die beiden eben noch so selbstbewussten Männer gehorchten widerspruchslos, verzogen sich wie begossene Pudel auf ihre Zimmer und warteten geduldig darauf, dass sich Pavel bei ihnen meldete. Damit sie überhaupt zum Einkaufen das Haus verlassen konnten, liehen wir anderen ihnen später Pullover, Jacken, Handschuhe und sonstige halbwegs wärmende Kleidungsstücke.

Es wäre gelogen, wenn ich behauptete, ich hätte mich nicht an ihren traurigen Augen geweidet, als wir fröhlich das Hotel verließen, während sie noch immer versuchten, durch hektisches Reiben der Hände, unrhythmisches Hüpfen und stakkatoartiges Pusten ihre ursprüngliche Körperwärme zurückzugewinnen.

Ab sofort stand für uns alle fest, dass wir vor allem einem Mann vertrauen wollten, um dieses Abenteuer heil zu überstehen. Pavel wurde unser unangefochtener Anführer. Je weiter die Temperaturen sanken, desto größer wurde sein Einfluss im Hotel Majak. Vor allem die Vorbereitungen auf den bevorstehenden Marathon richteten sich nun vollständig nach seinen Empfehlungen. Selbst Jay, der schon im vergangenen Jahr dabei gewesen war und mehr Erfahrungen gesammelt hatte als wir anderen Lauftouristen, hielt sich voll und ganz an Pavel.

Auch Julia und Natascha berieten sich immer öfter mit ihm, wenn es um schwierige Entscheidungen ging. Offensichtlich entwickelte sich das Wetter mehr und mehr zu einem Problem. Denn die Besprechungen zwischen unseren russischen Freunden häuften sich. Einen Tag vor dem Rennen, unmittelbar nachdem Pavel mit den Neuseeländern vom Einkaufen zurückgekommen war und ihnen eine Grundausstattung für den Marathon verpasst hatte, teilte Julia uns mit, dass er vor dem Rennen unsere Laufkleidung inspizieren würde. Wir fanden das rührend von ihm und keiner hatte etwas dagegen. Andererseits hielten wir es aber auch für ziemlich überflüssig. Als ob wir uns nicht allein anziehen könnten.

Einen Tag vor dem Startschuss mussten wir uns als Teilnehmer registrieren lassen. Schon wieder ein gedanklicher »point of no return«, von denen wir schon so viele hinter uns gelassen hatten. Mit einer offiziellen Startnummer in der Tasche traten wir endgültig in die Endphase des ganzen Abenteuers ein.

Das offizielle Organisationskomitee des *Siberian Ice Marathon* hat seinen Sitz in der Pevtsova-Straße, die nicht weit von der KGB-Zentrale entfernt liegt. Vom MAJAK-Hotel geht man etwa eine knappe halbe Stunde. Wir brauchten länger. Denn obwohl wir von Pavel eine genaue Wegbeschreibung erhalten hatten, verloren wir im Schnee-Einerlei von Omsk etwas die Orientierung.

SIBIRIAN INTERNATIONAL MARATHON (SIM) – so nennt sich der Verband –, hat einen Gebäudekomplex zur Verfügung, in dem sich verschiedene Büroräume, eine Turnhalle und Umkleideräume befinden. Wie fast alle Häuser im Stadtkern von Omsk stammt auch dieses Gebäude vermutlich vom Anfang des 20. Jahrhunderts.

Leider wurde seit seinem Bau zumindest beim Anstrich nichts mehr daran getan.

Zunächst betraten wir einen dunklen Flur mit einer mächtigen Treppe. Im ersten Stock sollten wir uns anmelden. Die letzten Stufen fielen mir erstaunlich schwer. Es kam mir vor, als ob wir uns für die Gladiatorenweltmeisterschaft registrieren lassen wollten und jede Sekunde aus einer der Türen ein hungriger Löwe herausspringen könnte.

Jay war der Lässigste von uns. Er kannte die ganze Prozedur schon vom letzten Jahr und konnte mit der Gewissheit, bereits einmal einen *Siberian Ice Marathon* erfolgreich absolviert zu haben, ziemlich unbeschwert an die Sache herangehen. Was sollte ihm schon passieren?

Friederike und Kai nahmen sich noch etwas enger in den Arm und waren eigentlich längst am Ziel angekommen. Heiße Liebe im eisigen Sibirien, was will man mehr? Ich fühlte mich ziemlich einsam und verloren in diesem Moment.

Plötzlich bewegte es sich wieder, jenes Damoklesschwert, das schon so lange über mir schwebte. Wenn ich das Rennen erfolgreich beenden würde, wäre ich von dieser Belastung endlich befreit, aber wenn ich es aus irgendwelchen Gründen nicht schaffen würde, müsste ich in Zukunft mit der Schande leben, das erste Versprechen, das meinem Sohn in seinem unschuldigen Leben gegeben worden war, selbst gebrochen zu haben. Ich überlegte, ob ich, falls ich beim Lauf patzen sollte, das Recht auf eine zweite Chance hätte. Aber eigentlich war mir klar, dass ich es dieses Jahr schaffen musste. Jeder Kompromiss wäre mir vorgekommen wie der Handel mit Ablassbriefen im Mittelalter. Man sündigt, doch anstatt dafür geradezustehen, kauft man sich einfach einen Freifahrtschein für den Himmel. Bei diesem Projekt durfte einfach nicht verhandelt werden. Ich musste im Ziel ankommen. Fertig! Aus! *Hic Rhodos, hic salta!*[2]

Das Organisationskomitee hatte ein kleines dunkles Büro mit zwei Tischen ausgestattet, an denen alle Teilnehmer registriert wurden. Irgendwo in der Ecke köchelten zwei Heizlüfter vor sich hin. Mehrere freundliche Damen kassierten die Gebühr von etwa 30 Rubel und verteilten dafür die Startnummern. Zum ersten Mal sahen wir einige der anderen Läufer. Kernige Sibirier, die seit Jahrzehnten durch eisige Winter liefen und stets mit Leichtigkeit ins Ziel schwebten. Trotz der Kälte draußen ließen es sich einige nicht nehmen, in Laufhose und Turnschuhen zu erscheinen. Und was das Schlimmste war, sie froren nicht einmal darin. Ihr selbstsicheres Lachen spülte negative Emotionen in mir hoch.

Ihre Gespräche drehten sich wohl wie bei allen Joggern weltweit nur um Zeiten, Distanzen, Konkurrenten und die nächsten Wettkampfprojekte. Ich verstand zwar ihre Sprache nicht, aber ich sah es an ihrer Fußstellung. Es ist dieses lässige Wippen auf den Fußballen, das bei solchen Gesprächen das Thema verrät. Je mehr der Läufer wippt, desto mehr redet er über seine sportlichen Erlebnisse und Erfolge. Nur um mich zu bestätigen, fragte ich Julia, worüber die Leute denn sprechen würden.

2 Römische Redensart: »Hier ist Rhodos, hier spring!«, was so viel bedeutet wie: »Keine Ausreden, zeig jetzt, was du kannst!«

»Über die Kältewelle in Sibirien. Was anderes interessiert im Moment niemanden hier.«

»Reden die nicht über Jogging, Marathon, Laufschuhe und so?«, fragte ich noch einmal nach.

»Nein, wir haben im Moment ziemlich große Probleme mit dem Wetter. Das beschäftigt die Leute mehr. Sie haben sogar Angst davor.«

Ich war fasziniert. In einem einzigen Raum standen um die 20 Freizeitläufer und keiner sprach von seinem Puls oder seiner Schrittfrequenz. Das würde in Deutschland nicht passieren. Wirklich sympathisch, die sibirischen Jogger!

Ich wollte unbedingt die Startnummer 510 haben. Das hatte zwei einfache Gründe. Zum einen würde ich dann Sams Geburtsdatum an mir tragen, nämlich den 5. 10. So hätte ich auch keine Ausrede dafür, dass ich bei der Kälte vielleicht mein Gelübde vergessen könnte. Zum anderen konnte ich meiner Freundin Katja glaubhaft versichern, dass mir ihr Geburtstag, der 5. Januar, so wichtig war, dass ich extra eine passende Startnummer ausgesucht hätte. Wie ich ihr erklären sollte, warum ich unbedingt die 510 statt der 51 nehmen wollte, wusste ich zu diesem Zeitpunkt zwar noch nicht, aber da würde mir schon noch etwas einfallen.

Leider fiel mir in diesem Zusammenhang erst einmal ein, dass ich ihr noch gar nicht gratuliert hatte. Aber das würde ich gleich als Erstes im Hotel nachholen.

Zunächst wollte ich die Anmeldung erledigen. An einem der Tische erwartete mich eine freundliche Dame. Ich begrüßte sie mit einer klaren Ansage auf Deutsch: »Ich hätte gern die 510.« Eigentlich ein ganz normaler

Satz, fand ich. Doch bei meiner Gesprächspartnerin löste er ein fast schon überhebliches Lächeln aus. Akzentfrei antwortete sie in meiner Sprache:

»Es tut mir Leid, aber wir haben nur knapp 250 Teilnehmer. Da brauchen wir keine Nummer 510!«

»Aber ich brauche sie, sonst habe ich zu Hause ein Problem«, konterte ich und hoffte auf Einsicht im Namen der Liebe.

»Wie wäre es denn mit der 199?«

»Schlecht«, wehrte ich mich, »aber ich nehme sie.«

Friederike, Jay und ich waren angemeldet und selbst Kai hatte sich eine Startnummer gekauft. Zur Belohnung ließ uns Konstantin zum Tee in sein Büro bitten. Obwohl es im selben Gebäude lag, war es nicht leicht zu finden. Pavel führte uns durch das große und verwinkelte Gebäude des Omsker Leichtathletikverbandes. Wir mussten durch das dunkle und zugige Treppenhaus eine Etage nach oben steigen. Pavel öffnete eine schwere Holztür. Einer nach dem anderen folgte ihm in einen riesigen Raum. Erst als ich mich genauer umsah, erkannte ich, dass wir in einer Turnhalle gelandet waren. Wir standen auf der Galerie und konnten wie Zuschauer auf das Geschehen nach unten blicken.

Mein erster Reflex war es, meine Jacke zu schließen. Hier waren höchstens null Grad Celsius, vermutlich weniger. Unten in der Halle hielten sich etwa 50 Kinder auf. Einige von ihnen hatten ein paar Matten ausgelegt zum Bodenturnen, andere übten Weitsprung und Sprint, die Nächsten spielten Basketball und irgendwo gab es tatsächlich auch noch etwas Platz zum Fußballspielen. Kaum eines der Kinder trug Sportkleidung. Die meisten waren barfuß. Fast alle hatten ein armloses Unterhemd an. Manche trainierten auch mit nacktem Oberkörper. Es herrschte eine beängstigende Stille im Raum. Die Trainer sprachen nicht viel, aber ihre unumschränkte Herrschaft über die Kinder stand außer Frage. Manche der Mädchen flogen über die Matten, überschlugen sich und verrenkten sich in der Luft, aber ein Geräusch gab es dabei nicht. Niemals zuvor hatte ich Kinder mit Bällen spielen sehen, ohne dass es einen unerträglichen Lärm gegeben hätte. Hier herrschte Ruhe. Niemand sprach ein Wort. Höchstens die Blicke der Trainer gaben klare Kommandos, denen jeder gehorchte.

Jay sprach aus, was alle dachten: »Wer so trainieren muss, der wird später mal Olympiasieger.«

Friederike sah es ähnlich. »Wenn du diese Trainingsbedingungen überstehst, lässt du dir jedenfalls nicht von einem verhätschelten Deutschen die Goldmedaille vor der Nase wegschnappen.«

»So müsste ein Olympiastützpunkt aussehen, wenn du Erfolg haben willst«, konnte ich es nicht lassen, mich an dieser brillanten Diskussion zu beteiligen, »und nicht so wie diese luxuriösen Nobelherbergen bei uns!«

Kai fand uns lächerlich. Kein Wunder, er kannte das Schicksal, im Unterhemd antreten zu müssen. Unsere großbürgerliche Wichtigtuerei passte ihm nicht.

»Wenn das hier so toll ist, könnt ihr ja morgen auch im Unterhemd laufen. Mal sehen, wie euch das gefallen würde!«

Es stimmte, unsere Gedanken waren zynisch. Aber ehrlich gesagt, ich glaube immer noch, dass wir Recht hatten.

Bis in Konstantins Büro war es nicht mehr weit. Wir gingen an der Längsseite der Halle entlang und passierten auf der anderen Seite eine schwere Holztür. Dort erwartete uns wieder ein düsteres, braun gestrichenes Treppenhaus, das uns in einen überraschend modern eingerichteten Raum führte, mit praktischen Büromöbeln Marke Ikea und einem Computer an jedem Tisch. Mittendrin saß der Boss, an seinem Ohr ein drahtloses Telefon; an seinen Lippen hingen mehrere Mitarbeiter. Nach ein paar Minuten kümmerte er sich um seine Gäste aus Europa. Es gab Tee und freundliche Worte. Doch je länger wir miteinander sprachen, desto mehr bekamen wir das Gefühl, irgendetwas wäre nicht in Ordnung.

»Ich habe schlechte Nachrichten«, teilte er uns plötzlich förmlich mit.

Wir zuckten zusammen. Es gab nur eine wirklich schlechte Nachricht und das wäre die Absage des Rennens gewesen.

Friederike reagierte als Erste: »Was denn, Konstantin, was ist los?«

Konstantin holte noch einmal Luft, bevor er uns aufklärte. »Wahrscheinlich wird es sehr kalt werden!«, seufzte er ängstlich. Wir hingegen brachen in Jubel aus. Genau das wollten wir ja, einen Marathon unter möglichst extremen Bedingungen. Was für ein Glück wir hatten.

Konstantin dachte, wir hätten ihn wohl falsch verstanden. Deshalb wurde er noch deutlicher: »Es wird wohl der kälteste Marathon aller Zeiten werden!«

Für einen kurzen Moment wurde es still. Wir schauten uns an. Wir würden Pioniere sein, neue Dimensionen kennen lernen und sogar in die Geschichte des Laufsports eingehen. Wir ballten die Fäuste und johlten siegessicher unsere Begeisterung heraus. »Bingo«, rief Kai spontan. Friederike strahlte. Unsere Gastgeber lächelten zwar, aber ihre Blicke verrieten, dass sie uns etwas wunderlich fanden.

Jay beruhigte sich als Erster und richtete das Wort an Konstantin: »Was heißt denn das genau, der kälteste Marathon aller Zeiten?«

»Vielleicht um die 40 Grad minus«, flüsterte Konstantin.

»Und wo liegt der bisherige Rekord für einen Marathon?«, fragte Friederike nach.

»Bei minus 26 Grad«, antwortete Konstantin, während sein Blick an die Decke schweifte.

Wir schauten uns an. Jays Augen glänzten vor Aufregung: »Cool. Das ist ja so, als ob man den Weltrekord im Weitsprung von 8,90 auf über zehn Meter verbessern würde. Wir werden Legenden sein.«

Mir gefiel der Vergleich nicht ganz so gut: »Nicht schlecht, aber um Legende zu werden, musst du vorher leider meist gestorben sein.«

»Das stimmt, dafür ist es ein Tod, der dich unsterblich macht!« Jay war wirklich zu schade für eine Nachrichtenredaktion. Er war ein großer Philosoph.

Plötzlich redeten alle wild durcheinander. Seitdem wir Temperaturen unter 30 Grad minus zu spüren bekommen hatten, ahnten wir, was uns erwarten würde. Auf einmal flogen sie herbei, die Geister, die wir stets beschworen hatten. Uns war wohl allen ein bisschen mulmig, doch vor unseren sibirischen Gastgebern gaben wir uns keine Blöße und freuten uns äußerlich maßlos über diese Neuigkeiten.

Fest stand also, dass es am 6. Januar 2001 noch viel kälter werden würde als bisher. Schon jetzt lag Omsk weit unter dem historischen Tiefsttemperaturrekord von Berlin. Ganze 26 Grad minus waren dort 1929 gemessen worden und noch heute reden die Leute davon wie von einem schlimmen Erdbeben. Im selben Jahr, genau am 28. Februar 1929, hatte man den bisherigen Kälterekord für Deutschland gemessen. Minus 37,8 Grad Celsius in einem kleinen Dorf in Niederbayern. Mit solch lauwarmen Bayerntemperaturen würden wir es auf jeden Fall nicht mehr zu tun haben.

Konstantin, seine Mitarbeiter, aber auch Julia und Natascha konnten nicht fassen, dass wir uns darüber zu freuen schienen, dass die Temperaturen fielen. Woher sollten sie auch wissen, dass wir insgeheim, jeder für sich und gut verborgen, furchtbare Angst hatten. Aber je voller die Hose, desto breiter unser Grinsen.

»Ihr wisst nicht, was das bedeutet, oder?«, fragte Julia uns immer wieder.

Die Antwort war stets die gleiche: »Doch, wir werden Helden sein!«

Erst nach dem Lauf verrieten uns die sibirischen Gastgeber, dass es für sie unbegreiflich gewesen sei, mit welcher Unerschrockenheit und Unwissenheit wir in dieses Unternehmen hineingegangen wären. Konstantin gab erst ein Jahr später zu, dass es für ihn ausgeschlossen gewesen sei, dass einer von uns auch nur in die Nähe des Zieles kommen könnte: »Es war einfach unmöglich für euch, die ganze Distanz zu schaffen!« Und Julia behauptet bis heute: »Ohne die schützende Hand von Pavel wäret ihr alle erfroren!«. Zu unserer Schande muss ich leider zugeben, dass sie Recht damit hat. Wir führten uns auf wie in einem Abenteuerpark, in dem TÜV und zahlreiche Sicherheitskräfte jedes Risiko für Leib, Leben und Gesundheit unauffällig ausschließen. Doch beim *Siberian Ice Marathon* gibt es keinen TÜV, es gibt auch keine Sicherheitskräfte. Es gibt nicht einmal etwas Warmes zu trinken.

Es gibt aber Pavel, Gott sei Dank!

Nachdem wir wie Ehrengäste vom Organisationskomitee verabschiedet worden waren, spazierte ich mit Kai zum ein paar hundert Meter entfernten Om. Friederike wollte unbedingt joggen, um ihre Kleidung für den nächsten Tag zu testen. Während wir auf sie warteten, kam Kai plötzlich eine Idee, die er mit einer harmlosen Frage einleitete: »Jay hat doch gesagt, wenn man ausspuckt, landen kleine Eiskügelchen auf dem Boden, oder?«

Mich überkam ein komisches Gefühl. Hätte Kai nur wissen wollen, ob Jay Recht hatte, wäre es ein Leichtes gewesen, die Theorie zu überprüfen.

»Ausprobieren!«, sagte ich nur und spuckte schon los. Jay hatte nicht übertrieben, die feine Spucke landete tatsächlich gefroren auf dem Schnee. Jedenfalls das, was man davon noch erkennen konnte.

»Mich würde etwas anderes viel mehr interessieren«, ignorierte Kai mein kleines Experiment.

»Und das wäre?«

»Was passiert eigentlich, wenn man hier mal austreten muss?«

Ich glaubte, mich verhört zu haben. Der Mann, der sich eben noch die Finger erfroren hatte, schlug jetzt ernsthaft vor, in den Schnee zu pinkeln und dadurch ganz andere Körperteile zu gefährden. Leider fand ich seine Idee viel zu aufregend, um ihn ernsthaft davon abbringen zu wollen.

»Ich fürchte, das könnte zu schlimmen Verletzungen führen«, meldete ich schwachen Protest an, »eine Blasenentzündung wäre wohl das Mindeste!«

»Alles Spekulationen«, tobte Kais Forscherherz. Er wollte nicht diskutieren, er wollte experimentieren. Und er handelte.

Trotz einer gewissen Abscheu gegen das, was er tat, wagte ich einen verschämten Blick in seine Richtung, der unterhalb der Gürtellinie endete. Zu unserer großen Enttäuschung war das Ergebnis ausgesprochen unspektakulär. Kai hatte es geschafft, ohne jedes technische Hilfsmittel im tiefsten Winter in Sibirien Schnee zum Schmelzen zu bringen. Wie langweilig.

»Na also«, stellte er enttäuscht fest, »so kalt ist es nun auch wieder nicht. Das Rennen morgen kann also gar nicht so schlimm werden.«

Der Katastrophenwinter in Sibirien

Die kälteste jemals auf der Welt gemessene Temperatur lag bei minus 89,2 Grad. Das war 1982. Allerdings in der Antarktis, weitab jeder menschlichen Zivilisation.

In Sibirien leben viele Menschen. Die Bewohner dieser Region haben sich den Bedingungen angepasst und sie in den letzten 6000 Jahren auch relativ gut ertragen. Bis zum 6. Januar 2001. Das wegen seiner nicht gerade milden Winter ohnehin allgemein gefürchtete Sibirien erlebte den kältesten Tag der letzten Jahrzehnte. Eine Region, die sich im Laufe von Jahrhunderten auf immer wiederkehrende unmenschliche Winter eingestellt hatte, erlag an diesem Tage und in den darauf folgenden Wochen einer besonders grausamen Laune der Natur. Eine Kältewelle brach über das Land, wie es sie seit Ewigkeiten nicht gegeben hatte und die innerhalb kürzester Zeit nicht mehr zu kontrollieren war. Temperaturen von unter minus 50 Grad kann kein Kulturraum über einen längeren Zeitraum beherrschen, nicht einmal die in Sachen Frost so hoch spezialisierten Einwohner Sibiriens. Selbst die Ältesten konnten sich an einen solchen Winter nicht erinnern. In Krasnojarsk wurde der Rekordwert gemessen: 58 Grad minus.

Sibirien wurde regelrecht eingeeist. Viele Dörfer waren von der Außenwelt abgeschnitten. Wochenlang blieben die Temperaturen unter 40 Grad minus. Und mit jedem Tag wurde die Katastrophe größer.

Korrupte und unfähige Politiker und Manager waren auf diese extremen Bedingungen nicht vorbereitet. Jahrzehntelange Schlampereien in der Energiewirtschaft führten zum Kollaps, den vor allem die armen Bewohner ausbaden mussten.

Das völlig veraltete und vor allem seit Jahren vernachlässigte Heizungssystem konnte in vielen Städten der Kältewelle nicht standhalten, weil die Leitungen eingefroren oder die veralteten Kessel nicht mehr angesprungen waren. Wochenlang mussten Hunderttausende Menschen in ihren Wohnungen ohne Wasser, Strom und Wärme ausharren.

In vielen Häusern breiteten sich zentimeterdicke Eisschichten an den Wänden aus, die Wasserrohre froren ein oder platzten und die Menschen konnten wochenlang ihre Wintermäntel und ihre Fellmützen nicht ausziehen – weder am Tag noch in der Nacht. Die Kanalisation funktionierte nicht mehr und spülte die Fäkalien in die Wohnungen zurück. Dort wurden sie auf dem Fußboden regelrecht eingefroren.

Diejenigen, die das Heizungssystem jahrelang verrotten ließen und kriminelle Geschäfte mit überteuertem Heizöl gemacht hatten, wiesen die Schuld weit von sich. Als die leidende Bevölkerung in manchen Städten wütend Bahnlinien blockierte und die Verantwortlichen zur Rechenschaft ziehen wollte, wurde schnell gehandelt. Die Polizei marschierte auf und vertrieb die Demonstranten von der Straße. Die Missstände aber ließ sie unverändert zurück.

Derweil verloren in immer mehr Städten die städtischen Heizwerke den Kampf gegen den Frost. Sie schafften es nicht mehr, wie in Russland allgemein üblich, heißes Wasser durch kilometerlange Rohre in die Wohnungen zu pumpen. Von dem wenigen, was sie auf den Weg brachten, versickerten ungefähr neun Zehntel irgendwo im Boden, weil die meisten Leitungen undicht waren. Manchmal sprudelte das Heizungswasser aber auch in Fontänen ungehindert ins Erdreich, weil Diebe schon im Sommer ganze Stücke aus den Rohren herausgesägt hatten; als Baumaterial ließ sich mit dem Blech gutes Geld verdienen. Monate vor der Katastrophe hatten sie sich damit den Ast abgesägt, auf dem sie nun im Winter saßen. Leider waren sie dort nicht alleine. Wie immer mussten viele Unschuldige den Preis dafür bezahlen, dass sich ein paar Gierige bereichert hatten.

Anstatt wenigstens in der Not zusammenzuhalten, brach in der Krise auch die Solidarität in weiten Teilen des Landes zusammen. In Kowalerowo traten zum Beispiel mitten in der schrecklichsten Kältephase die Schlosser in den Streik, anstatt die defekten Rohre zu schweißen. Sie hatten über ein Jahr lang keinen Lohn mehr erhalten. Nun sorgten sie dafür, dass noch mehr Menschen noch länger in ihren Wohnungen noch mehr frieren mussten.

Innerhalb kürzester Zeit brach die gesamte Infrastruktur in vielen Bereichen Sibiriens zusammen. Der Bahnverkehr musste eingestellt werden, weil es keinen Strom mehr gab. Überlandbusse verkehrten nicht mehr, weil man befürchten musste, sie könnten unterwegs liegen bleiben. Niemand hätte in einem unbeheizten Fahrzeug eine Überlebenschance gehabt.

Viele Taxen blieben in den Städten liegen, weil sie Treibstoff getankt hatten, der mit Wasser verdünnt worden war. Die Folge waren riesige Eisblöcke in den Autotanks. Selbst der extrem angestiegene Wodkakonsum – in Sibirien traditionell das beste und in diesem Winter in weiten Teilen des Landes auch das einzige Heizmittel – musste deutlich eingeschränkt werden. In Wladiwostok wurde die Produktion wegen der Kälte zeitweise komplett eingestellt.

Die Menschen versuchten sich in ihrer verzweifelten Lage mit elektrischen Heizlüftern zu helfen. Doch meistens gab es keinen Strom. Falls doch mal etwas aus den Steckdosen kam, führte auch das zu Katastrophen. Die Stromnetze hielten den Überlastungen nicht stand und lösten in den zum Teil veralteten und defekten Geräten Kurzschlüsse aus. Jeden Tag standen mehrere Wohnungen in Flammen. Insgesamt gab es fünfmal mehr Brände als normalerweise. Allein in Wladiwostok starben 20 Menschen durch defekte Heizlüfter. Vor allem aber erfroren viele Menschen auf den Straßen, in den Wäldern oder sogar in ihren Häusern. Es dauerte nicht lange, und die Leichenhallen waren überfüllt mit Erfrorenen. Darüber, was aus den Tausenden Obdachlosen allein in Omsk wurde, gibt es keine Statistiken. Wie sie den Winter ohne Dach über dem Kopf überlegten, weiß niemand.

Als sich das Eis in den Wohnungen Tausender Menschen von den Fenstern über die Wände auf die Fußböden ausgebreitet hatte und viele den Tag nur noch im Bett unter mindestens vier Decken verbrachten, veröffentlichte die Innenbehörde von Nowosibirsk eine Statistik. Offensichtlich wollten die Beamten mit positivem Denken den halb erfrorenen Bewohnern Mut machen. So verkündeten sie stolz, dass es seit Beginn der Kälteperiode fast keine Straßenkriminalität mehr gegeben habe. Nicht ein einziger Fall von Vergewaltigung sei bei der Polizei angezeigt worden.

In Sibirien muss man eben nur die Heizungsrohre verrotten lassen und schon löst sich das Problem der Kriminalität von selbst.

Die letzten Stunden

Gegen sechs Uhr früh des 6. Januar 2001 schlief ich endlich ein. Kurz bevor ich das Bewusstsein verlor, spürte ich noch die Erleichterung, endlich von den vielen schweren und wirren Gedanken der letzten Stunden befreit zu sein.

Es hatte schon beim Hinlegen begonnen. Immer wieder sah ich mich durch eine eisige Landschaft rennen. Eigentlich waren es immer dieselben hundert oder zweihundert Meter, die ich zu laufen versuchte und an denen ich mit nervenaufreibender Regelmäßigkeit scheiterte. Alle liefen an mir vorbei, nur ich blieb stets an einer unsichtbaren Wand aus durchsichtigem Eis hängen.

Dann kamen die schweren Nebel der Angst hinzu. Was könnte morgen alles passieren? Ich malte mir unendliche Formen von Erfrierungen, Erschöpfungszuständen oder Sportverletzungen aus. Nach Stunden der Angst setzte ich mich an einen Tisch und zeichnete alle möglichen Windchill-Tabellen auf. Aus Neugier errechnete ich, was bei 40 Grad minus mit Windstärke 7 passieren würde. Nach meinen Berechnungen würde das eine gefühlte Temperatur von sage und schreibe minus 82 Grad Celsius ergeben. Der Gedanke daran hätte mich fast von meiner Nervosität erlöst, weil mein Blutdruck vor Schreck so tief sank, dass ich ohnmächtig zu werden drohte. Doch die nächsten Gedanken brachten meinen Kreislauf wieder in Schwung. Der Puls raste, als ich mir vorstellte, tatsächlich einen Finger oder meine Nase zu verlieren bei der Kälte. Und woher wollte ich wissen, ob ich mich nicht irgendwo auf der Strecke verlaufen würde?

Inzwischen war es tiefe Nacht und ich fürchtete, einzuschlafen. Denn der größte Horror war die Vorstellung, am nächsten Tag wach zu werden und einen fröhlichen Jay an meinem Bett stehen zu sehen, der mir davon erzählte, wie toll das Rennen gewesen wäre, das ich gerade verschlafen hätte. Panik, Entsetzen, Grauen, Fieberwahn. Keine Sekunde kam ich zur Ruhe.

Doch gegen sechs endlich verloren all die Ängste und Sorgen der vergangenen Nacht ihre Macht über mich. Zwar dachte ich noch einmal kurz darüber nach, wie es wohl wäre, nicht ins Ziel zu kommen und es allen Leuten später erklären zu müssen, doch die Müdigkeit siegte. Endlich sollte mein Körper ein paar Stunden Regenerationszeit bekommen. Selbst meine gestressten Nerven sendeten mir ein letztes Dankeschön, bevor ich erschöpft und mit einem seligen Lächeln im Gesicht und in der Seele einschlummerte.

Das Glück hielt keine halbe Stunde. Das Telefon zerschepperte meine innere Ruhe. Sie zersprang wie Glas. Das Herz raste und meine Glieder waren schwerer als Beton. Niemals zuvor war ich so müde und schlapp gewesen. Mein erster Blick richtete sich auf die Uhr neben meinem Bett. Mein Verstand war wach genug, um mir die schlechte Nachricht sekundenschnell mitzuteilen: »Noch viereinhalb Stunden bis zum Startschuss!«

Es klingelte immer noch. Natürlich stand der Apparat weit entfernt. Ich musste aufstehen. Das Zimmer war eiskalt. Irgendwann nachts wollte ich ein bisschen frische Luft atmen, hatte aber vergessen, die Fenster wieder zu schließen. Weil das Telefonkabel nicht lang genug war, musste ich mich auf den tiefgefrorenen Stuhl setzen. Zum Stehen fühlte ich mich zu schwach. Nicht einmal den Stecker hätte ich herausziehen können, weil es gar keinen gab. Mit einem Höchstmaß an Konzentration bekam ich den Hörer richtig herum ans Ohr und schaffte es sogar, meinen Namen fehlerfrei auszusprechen. Dabei war es mir egal, wer in diesem Moment mit mir sprechen wollte.

»Hallo du, ich bin es.«

Immerhin etwas. Eine vertraute Stimme aus der Heimat. Katja klang sehr verliebt. Offensichtlich hatte sie mir endgültig verziehen, dass ich während ihres Geburtstags in Sibirien weilte. Von mir aus wäre allerdings auch nichts dagegen einzuwenden gewesen, mit diesem Gefühlsausbruch bis zum Nachmittag zu warten. In Hamburg war es jetzt eine halbe Stunde nach Mitternacht. Wahrscheinlich hatte sie keine Lust mehr auf Geburtstagfeiern. Nun würde sie sich ein wenig Zeit für mich nehmen. Au fein!

»Ich dachte, du freust dich vielleicht, wenn ich dir noch einmal Glück wünsche für heute«, fügte sie ganz sanft hinzu.

»Ja, sehr«, murmelte ich, während ich verzweifelt versuchte, mit einem inzwischen heftig frierenden Fuß die Decke vom Bett zu angeln.

»Ich hatte keine Lust mehr zu feiern. Es ist viel schöner, deine Stimme zu hören.«

Ich hatte also Recht. Ihre Freunde langweilten sie. Vielleicht waren sie aber auch gerade alle nach Hause gegangen und hatten sie allein gelassen.

»Muss das jetzt sein?«, wagte ich ihre Euphorie ein wenig zu drosseln. Inzwischen lag die Decke unerreichbar auf dem Fußboden und ich reckte mich nach dem Fenster. Wenigstens das wollte ich schließen.

»Warum?«, wurde ihr Ton ein wenig rauer.

Mit den Fingerspitzen gab ich dem Fenster einen leichten Stups. Langsam bewegte es sich auf den Rahmen zu. Plötzlich stoppte es und bewegte sich wieder genauso langsam in meine Richtung zurück. Natürlich war das Holz verzogen. Ich erinnerte mich an Katjas Frage. Mein Misserfolg mit dem Fenster dämpfte meine Laune und meine Stimme klang vielleicht etwas zu aggressiv:

»Weil es jetzt hier halb sieben ist. Ich hab kaum geschlafen und gleich kommt Pavel, um unsere Ausrüstung zu kontrollieren.«

Bei diesen Worten fiel mir ein, dass meine Kanada-Jacke in der Nähe sein musste. Sie lag neben mir auf dem Tisch. Schnell zog ich sie über. Meine Füße wurden davon jedoch nicht wärmer.

»Dann können wir doch etwas reden, wenn er sowieso gleich kommt.«

»Na ja, nicht gleich, sondern in etwa zwei Stunden«, berichtigte ich mich. In diesem Moment wusste ich, dass ich mich unglaubwürdig gemacht hatte. Ich hasse logische Diskussionen am frühen Morgen. Katja übrigens auch, aber bei ihr war es ja erst Nacht. Und da gefielen sie ihr sehr gut.

»Du willst nicht wissen, was ich heute erlebt habe, oder?«, fragte sie mich mit trauriger Stimme.

Aus strategischen Gründen hielt ich es für sinnvoll, Interesse zu heucheln. Noch war ich weit weg, aber bald würde ich wieder in ihrer Nähe sein. Leider fand ich meine Strümpfe nicht und begann ernsthaft zu zittern.

Nachdem ich die wichtigsten Details ihrer Party erfahren und meine Füße zwischenzeitlich mit der Tischdecke eingewickelt hatte, verkündete sie plötzlich mit einem lauten und nicht zu überhörenden Gähnen: »Ich bin so müde, ich leg mich jetzt hin.«

Sie tat mir wirklich Leid. Das arme Mädchen hatte den ganzen Tag gefeiert und musste nun auch noch so spät mit mir telefonieren. Kein Wunder, dass sie irgendwann schlappmachte.

»Oh, verzeih«, entschuldigte ich mich, »hab ganz vergessen, dass du einen anstrengenden Tag hinter dir hast. Lass uns schnell auflegen. Gute Nacht!«

»Macht doch nichts, Tom, ich freu mich ja auch, deine Stimme zu hören.«

»Du bist also nicht böse, dass ich dich so spät noch gestört habe?«

»Aber nein«, lachte sie und wünschte mir viel Glück für den Marathon.

Inzwischen war es zu spät, um weiterzuschlafen, und zu früh zum Aufstehen. Ich wollte etwas trinken – und bekam einen Schock. Sämtliche Wasserflaschen, die ich in den letzten Tagen gekauft hatte, waren leer. Ich hatte tatsächlich vergessen, Nachschub zu besorgen. Irgendwo in der Ecke stand eine Flasche sibirischer Wodka, den ich als Souvenir mit nach Hause nehmen wollte. Einen Moment überfiel mich ein irrsinniger Gedanke. Ich überlegte, es zu tun. Gegen den Durst und gegen meine eiskalten Füße!

Fest stand, dass ich so nicht an den Start gehen könnte. Die Zellen müssen bei einer Dauerbelastung mit Flüssigkeit aufgefüllt sein, damit der Körper nicht dehydrieren kann. Die Leistungsfähigkeit sinkt rapide, wenn der Organismus kontinuierlich austrocknet. Ich sah mich inmitten von gefrorenem Wasser unwiderruflich verwelken. Doch vierzigprozentigen Alkohol im Blut zu haben würde mir auch nicht weiterhelfen.

So schön das Hotel MAJAK auch eingerichtet sein mochte, das fehlende Restaurant und erst recht die nicht vorhandene Mini-Bar wirkten sich nun ausgesprochen negativ aus. Woher sollte ich jetzt noch Wasser bekommen? Alle Geschäfte waren geschlossen an diesem Tag. Meine einzige Hoffnung waren meine Freunde Friederike, Jay und Kai. Ich würde sie wohl oder übel anbetteln müssen. Eine schlechte Nachricht folgte der nächsten. Denn gleichzeitig fiel mir ein, dass ich nichts zum Frühstücken gekauft hatte. Bis auf einen armseligen, längst vergessenen Müsliriegel in meiner Tasche hatte ich nichts zu essen.

Monatelang hatte ich an jedes winzige Detail gedacht. Selbst die Schnürsenkel an meinen Turnschuhen waren imprägniert, damit sich möglichst wenig Eis an ihnen festsetzen könnte. Doch die elementaren Bedürfnisse des Lebens hatte ich vergessen. War ich wirklich so dumm? Bevor ich unnötige Selbstzweifel zuließ, überlegte ich, ob man Katja dafür verantwortlich machen könnte. Sie hatte mich zwar viel zu früh geweckt, aber die Einkäufe hätte ich ja auch schon gestern erledigen können. Zu meinem Bedauern blieb mir nichts anderes übrig, als die Verantwortung für diese Krisensituation selbst zu übernehmen. Fehler einzugestehen fällt mir nicht so schwer, viel schwerer fällt es mir, anschließend meine schlechte Laune zu ertragen. Die Aussicht, eines der härtesten Rennen der Welt ohne Schlaf, ohne Essen und ohne Trinken absolvieren zu müssen, löste eine Lawine an Aggressionen aus. Leider gab es niemanden, an dem ich sie auslassen konnte. Warum hatte Katja auch so früh auflegen müssen?

Ich erinnerte mich an Paul Breitner. Mit Disziplin und vorbildlichem Lebenswandel Weltklasseleistungen zu bringen hielt er für langweilig. »Nur wer raucht, säuft, nachts ausgeht und trotzdem gewinnt, ist ein wirklich großer Sportler!«, war seine revolutionäre These in den Siebzigern gewesen. Mein Arzt Christian hatte sie mit dem Verweis darauf kommentiert, dass so viel geballte Intelligenz wohl nur von einem Fußballer stammen könne. Trotzdem beschloss ich, sie auf meine aktuelle Notsituation zu übertragen: »Einen Marathon bei minus 20 Grad zu laufen, wenn man vorher gut geschlafen, gegessen, getrunken und sich akklimatisiert hat, ist nur etwas für Dauerläufer. Jemand, der über den Dingen steht, verzichtet auf solchen Luxus!«

Endlich hatte ich einen Weg gefunden, mich von den anderen Teilnehmern abzuheben.

Zwei Stunden vor dem Start klopfte es bei mir. Julia, Natascha und Pavel standen vor der Tür.

»Tom, es sind minus 42 Grad draußen, heute Nacht

waren es sogar unter minus 50 Grad. Pavel muss deine Sachen kontrollieren!«

Mir wurde schwindelig. Bis zu dieser Sekunde hatte ich nicht einmal gewusst, dass es Thermometer gibt, die solche Werte überhaupt anzeigen können.

»Super«, flüsterte ich, während sich mein leerer Magen zusammenzog, »dann ist das wirklich etwas Besonderes heute, oder?«

Julia lachte. »Allerdings. Es ist sehr, sehr gefährlich!«

Pavel nahm mich in den Arm. Er strahlte eine solche Kraft und Sicherheit aus, dass sich mein Selbstbewusstsein langsam wieder zurückbildete. Wie immer trug er seinen Parka und seine rote Trainingsjacke. Allerdings wirkte er breiter und kräftiger. Vermutlich hatte er ein paar Pullover mehr an als sonst.

Auf meinem Bett breitete ich die Kleidung aus, die ich anziehen wollte: eine Unterhose mit Windschutz, eine lange Unterhose, ein Paar Thermosocken, eine Langlaufhose, ein Unterhemd mit Windschutz, ein Laufhemd, eine Langlaufjacke mit Windschutz, die Radio Bremen-Mütze, dünne Fingerhandschuhe und dicke Fingerhandschuhe und natürlich ein Paar normale Joggingschuhe. Außerdem hatte ich eine Pudelmütze aus Wolle bereitgelegt. Oben hatte ich ein großes Loch hineingeschnitten, damit ich sie mir wie ein Bankräuber über das Gesicht ziehen konnte. Nur die Augen schauten dann noch heraus. Ein Trick, den uns Pavel gezeigt hatte. So würden wir die Atemluft wenigstens ein wenig anwärmen.

Pavel schaute sich die Sachen genau an. Zwischendurch sprach er auf Russisch immer wieder mit Julia.

Beide wirkten sehr ernst und konzentriert. Langsam, aber sicher bekam ich das Gefühl, dieser Lauf würde tatsächlich kein Kinderspiel werden.

»Pavel ist der Meinung, dass es nicht ausreicht«, wandte sich Julia plötzlich an mich.

»Was soll ich denn noch anziehen?«, meldete ich leichten Zweifel an. Schon jetzt lagen dort Textilien mit einem Gesamtgewicht von mindestens fünf Kilogramm auf meinem Bett. »Ich muss das doch alles mit mir rumschleppen, das kostet doch Kraft!«

Julia schaute Pavel an. Aus Höflichkeit übersetzte sie meine Einwände nicht. In die andere Richtung ließ sie weniger Rücksichtnahme walten. Was Pavel sagte, hatte ich zur Kenntnis zu nehmen. Obwohl es mich ärgerte, dass ich mich nach drei Tagen Sibirien immer noch nicht alleine anziehen konnte, verhielt ich mich fortan ruhig. Pavel würde schon die richtigen Tipps geben.

»Du brauchst auf jeden Fall noch eine Hose!«

Kommentarlos suchte ich eine weitere Laufhose, gab sie Pavel, der sie genau begutachtete und zustimmend nickte.

»Dann hast du eine Jacke und einen Pullover zu wenig herausgelegt.«

Das konnte er nicht ernst meinen. Eine Jacke und einen Pullover mehr anzuziehen würde bedeuten, dass ich mit einem Unterhemd, zwei Pullovern und zwei warmen Jacken unterwegs wäre. Warum sollte ich mir nicht gleich eine Heizung auf den Rücken schnallen? Das wäre leichter gewesen.

»Du brauchst vor allem etwas Warmes. Hast du keinen Fleecepullover?«

Ich suchte auf einem anderen Haufen und fand dort eine weitere Laufjacke und einen dicken Skipullover. Pavel nickte zufrieden und sprach zur Abwechslung auch mal mit mir: »*Eto choroscho!*« Obwohl ich keine Ahnung hatte, was er meinte, klangen seine Worte ganz positiv. Ich antwortete mit dem einzigen russischen Wort, das ich kannte: »*Da?*«, was frei übersetzt »Ja?« bedeutet.

»*Da, da*!«, nickte Pavel heftig mit dem Kopf und freute sich aufrichtig über meine sprachlichen Fähigkeiten. Leider wurde sein Gesicht sehr ernst, als er meine dicken Fingerhandschuhe sah. Er nahm sie in die Hand und schüttelte den Kopf. Praktischerweise setzten wir unsere Kommunikation auf Russisch fort:

»*Njet!*«, rief er energisch und legte sie weit weg.

»Auf keinen Fall darfst du die anziehen«, übersetzte Julia und ich wunderte mich, wie viele deutsche Sätze sie benötigte, um den Sinn dieses einen kleinen russischen Wörtchens »njet« zu beschreiben. »Damit frieren dir ganz bestimmt die Finger ab. Hast du keine Fausthandschuhe?« Doch, hatte ich. Natürlich eine Spezialanfertigung für professionelle Bergsteiger mit einer leistungsstarken Polyesterfaser. Kein Problem für jemanden, der den Abenteuerausstatter GLOBETROTTER als Sponsor hat. Pavel war für einen Moment beeindruckt. Seine Wollhandschuhe für drei Rubel waren auch nicht viel besser als meine »glove technology«-Fäustlinge, die ungefähr so viel gekostet hatten wie seine komplette Wohnungseinrichtung. Pavel probierte sie an und nickte zustimmend.

»Aber nur mit den anderen darunter!«, fügte Julia

hinzu und zeigte auf ein anderes Paar Fingerhandschuhe. Ich hatte keine Kraft mehr zu protestieren.

»*Da!*«, sagte ich nur und meinte »ist ja schon gut, ich mach alles, was ihr sagt«.

Ich war froh, dass Pavel nicht beim deutschen TÜV arbeitete. Mein Auto wäre längst stillgelegt worden. Zumal die Inspektion noch nicht beendet war. Plötzlich nahm mein russischer Freund meine Mütze, setzte sie mir auf den Kopf und schaute mir nicht tief in die Augen, sondern auf den Haaransatz.

»Das reicht nicht!«, übersetzte Julia. Typisch Radio Bremen, dachte ich einen Moment, die brauchen immer Hilfe. Zum Glück hatte ich eine zweite Mütze dabei. Ich stülpte beide übereinander und schaute Pavel siegessicher an. Er schüttelte den Kopf.

»Deine Ohren sind nicht genug geschützt. Wenn du so läufst, wirst du sie beide verlieren!«

Langsam nervte mich die Inspektion. »Das meinst du doch nicht ernst, oder? Ich hab zwei Mützen an und mir sollen trotzdem die Ohren abfrieren? Wie das denn?«

»Ganz einfach«, antwortete unsere Dolmetscherin, »spätestens nach einer halben Stunde sind sie so kalt, dass man sie mit einem Hammer abschlagen kann.«

»Aber ihr tragt eure Schapka doch auch immer ohne Ohrenklappen«, leistete ich erbitterten Widerstand.

»Erstens leben wir hier seit vielen Jahren und sind an Kälte gewöhnt. Du bist gerade mal drei Tage hier. Zweitens kannst du unsere warmen Fellmützen nicht mit einer modernen Laufmütze aus Deutschland vergleichen. Und drittens werdet ihr gleich den kältesten Marathon aller Zeiten laufen. Niemand ist bei einer solchen Kälte jemals eine solche Strecke gelaufen, nicht einmal Pavel.« Julia klang fast ein wenig verzweifelt. Ich wurde das Gefühl nicht los, sie machte sich tatsächlich ernste Sorgen. Sollte es wirklich so kalt sein, dass wir ernsthaft gefährdet wären? Das war doch nur ein kleiner Volkslauf heute. Das konnte doch unmöglich ein Risiko sein für uns. Oder etwa doch? Ich schaute Pavel an. »Stimmt das?«, fragte ich ihn auf Deutsch. Er verstand mich und nickte nur. Bisher hatte mich nichts wirklich beunruhigen können. Aber die Tatsache, dass wir uns in ein Abenteuer stürzten, das selbst dieser Mann nicht kannte, schockte mich. Zur Beruhigung schluckte ich eine Vitamin-C-Kautablette. Pavel klopfte mir auf die Schulter.

Mein Sohn fiel mir ein und der Moment seiner Geburt. Etwas Schöneres würde ich nie mehr erleben. Dann hörte ich meine Worte, die ich ihm zugeflüstert hatte. Etwas Dümmeres hätte ich nicht sagen können. Es war ein einziger unbedachter Augenblick, der mich hierher geführt hatte. Natürlich würde ich jetzt nicht feige das Handtuch werfen, aber Lust hätte ich schon dazu gehabt. Doch das Projekt *Siberian Ice Marathon* musste zu Ende geführt werden. Nichts würde mich aufhalten können.

»Ich frage Friederike, ob sie mir ihre Ohrenschützer leiht.« Schon am Abend vorher hatte sie mir eine Art Stirnband angeboten, das sich auch über die Ohrmuscheln ziehen ließ. Unter lautem Gelächter hatte ich es ihr zurückgegeben. Niemals, waren meine Worte, wollte ich mir eine solche Blöße geben und wie ein Mädchen durch Omsk laufen. Keine zwölf Stunden später hatte ich den Schwur gebrochen. Meine Ohren waren mir in diesem Moment wichtiger als meine Ehre. Ich schämte mich nicht einmal dafür, im Gegenteil, es war eine Befreiung, auch mal einen Eid zu brechen.

Konstantin holte uns vom Hotel ab, um uns zur Laufstrecke zu bringen. Bevor wir in den Bus einstiegen, zog jeder einmal an Friederikes Asthmaspray. Auch sie war vor der Abreise bei Doktor Christian Seevers gewesen und hatte sich gründlich durchchecken lassen. Trotz ihres leichten Asthmas, das vor allem bei Kälte auftritt, durfte sie mitfahren. Nun verteilte sie großzügig ihr Lungenmittel und alle zogen gierig daran. Wir kamen uns vor wie Kiffer, die seit Jahren nicht mehr geraucht hatten und aus Spaß zusammen an der Wasserpfeife zogen. Leider war die Wirkung dieser Droge nicht besonders berauschend. Im Prinzip gab es gar keine Wirkung. Nicht einmal diejenige, um die es eigentlich ging. Denn kaum standen wir später im Freien, mussten wir husten.

Die Laufstrecke lag etwas weiter außerhalb am Ufer des Irtysch. Mit dem Shuttlebus der Veranstalter würden wir für die Anreise etwa 20 Minuten brauchen. Ich schaute aus dem Fenster und betrachtete die Landschaft. Eigentlich sah sie ganz gemütlich aus. Die Sonne stand am blauen Himmel und ihre Strahlen ließen die ganze Stadt glitzern. Wenn ich es nicht besser gewusst hätte und die Scheiben nicht eingefroren gewesen wären, hätte man meinen können, es sei gar nicht so kalt draußen.

Während der Fahrt wunderte sich Julia noch immer über unsere Naivität. Sie konnte nicht glauben, was sie an diesem Morgen mit uns erlebt hatte. »Ihr habt immer noch nicht begriffen, wie kalt es hier ist. Ihr dachtet doch tatsächlich, es reicht, schnell mal die Mütze aufzusetzen und nebenbei 21 Kilometer zu laufen. Wenn Pavel euch nicht kontrolliert hätte, wäret ihr definitiv erfroren. Ganz bestimmt.«

Obwohl sie wirklich ein wenig böse auf uns war, genossen wir es, dass sie sich Sorgen um uns machte – ein Zeichen von Sympathie, das wir dankend annahmen. Am meisten Sorgen machte sich allerdings Konstantin um uns. Noch während der Fahrt überlegte er, wie er seine Gäste aus Deutschland vor sich selbst schützen könne. Am liebsten hätte er den ganzen Lauf abgesagt, aber das konnte er uns nicht antun. Also musste er sich etwas anderes einfallen lassen.

Niemand im Wagen sprach mit uns. Sonst waren immer alle sehr redselig. Keiner von uns hatte mitbekommen, was in der letzten Nacht in Sibirien passiert war. Unsere russischen Freunde hingegen schon. Sie hatten Nachrichten gesehen und gehört und wussten, dass sich ihr Land gerade auf dem Weg in eine der größten Katastrophen der letzten Jahrzehnte befand.

Dann erreichten wir unser Ziel. Auch hier hatte Konstantin ein Büro. Es war zwar etwas kleiner als das in der Stadt, aber genauso warm. Im Gegensatz zu den anderen Läufern konnten wir uns somit in einem beheizten Raum umziehen. Alle anderen mussten dies in einem Bus erledigen. Friederike reichte mir ihre Ohrenklappen, nicht, ohne genüsslich darauf hinzuweisen, wie gut ich damit aussehen würde. Im Gegenzug teilten wir uns mein Melkfett. Bei unseren Lauftests der vergangenen Tage hatten wir nämlich festgestellt, dass keine andere Creme oder Salbe die Haut unter diesen Bedingungen schützen konnte.

Es dauerte keine 15 Minuten, bis wir startklar waren. Jay schaute uns an. »Seid ihr bereit?«, fragte er und wir nickten nur. Kai hatte mir einen halben Liter Wasser überlassen, so dass ich wenigstens etwas getrunken hatte. Natascha, Julia, Konstantin und Pavel wünschten uns viel Glück. Am Eingang stand Kai. Neben ihm ein Stativ, eine Kamera, ein Fotoapparat und jede Menge Equipment. Natascha sollte ihn unterstützen beim Tape- und Akkuwechsel. Wenigstens würde dann niemand auf die Idee kommen, er wäre schwul.

Als er mir seine Hand entgegenstreckte, sah ich ihm in die Augen. Es war wie früher beim Fußball. Wir standen gemeinsam auf dem Platz. Jeder hatte eine andere Position, aber wir spielten zusammen. Und am Ende würden wir gemeinsam unseren Sieg feiern. Doch vorher hatten wir noch eine Kleinigkeit zu erledigen.

Der Lauf

Friederike ging voraus. Jay folgte ihr. Dann kam ich. Kai stand schon draußen und filmte. Minus 42 Grad Celsius sind nur ein abstrakter Wert. Die Luft, die wir einatmeten, war real.

Jay schaute sich um.

»Diese Kälte sticht wie Schwerter in die Lungen!«

Zur Bestätigung musste ich husten. Das war also das Kälteasthma, von dem Christian gesprochen hatte. Ein paar Schritte im Freien und schon streikten die Bronchien.

Meine Augen versuchten sich zu orientieren. Doch es fiel ihnen schwer. Ich hatte mir eine Sonnenbrille aufgesetzt. Ein Tüftler hatte sie für die deutsche Ski-Nationalmannschaft entworfen – geeignet für extrem niedrige Temperaturen, weil sie angeblich nicht beschlagen würde. Er hatte nicht zu viel versprochen. Sie beschlug nicht, sie vereiste. Da ich keinen Eiskratzer dabeihatte, zog ich sie aus. Die stechenden Schwerter nahmen sich nun auch meiner Augen an, bis sie tränten und brannten. Es war noch keine Minute vergangen, seit wir den warmen Raum verlassen hatten.

Kälte ist wie ein giftiger Nebel, der sich um ein Haus gelegt hat. Unaufhaltsam kriecht er heran. Zunächst legt er sich nur auf die Lauer und wartet geduldig auf eine Möglichkeit, ins Innere zu dringen. Dann sucht er nach offenen Ritzen und dringt von dort gnadenlos ein. Hat er sich erst einmal breit gemacht, gibt es für die Bewohner kein Entrinnen mehr. Unser Haus war unsere Kleidung. Es war ein Glück, dass Pavel unsere Ausrüstung gecheckt hatte. Das merkte ich schon nach den ersten Schritten im Freien. Er hatte gute Arbeit geleistet. Noch hatte die Kälte keinen Spalt gefunden, durch den sie an unseren Körper gelangen konnte. Nur im Gesicht straffte sich die Haut verdächtig. Ich zog meine zur Halskrause präparierte Wollmütze möglichst weit nach oben bis an die Augen.

Der einzige Nachteil an Pavels Sorgfalt war das Gewicht der Kleidung. Ich musste an Mike denken. Ohne Krafttraining hätte ich Schwierigkeiten bekommen, meinen Oberkörper aufrecht zu halten. Die Anforderungen an die Muskulatur waren schon jetzt gewaltig. Dabei war ich noch keinen Meter gelaufen. Zum Glück herrschte absolute Windstille. So mussten wir wenigstens nicht auch noch dieses Problem lösen. Gefühlte und reale Temperatur würden identisch sein; und zwar exakt bei minus 42 Grad Celsius.

Es war nicht weit bis zum Startplatz – eine Art Lichtung in einem kleinen Wäldchen mit Blick auf den zugefrorenen Irtysch. Weit und breit kein Haus, keine Straße, keine Autos. Auf einer kleinen Bühne mit einer muschelförmigen Überdachung, die mich an idyllische Kurkonzerte in lauen Sommernächten erinnerte, tanzte eine merkwürdige Kostümgruppe zu plärrender Musik aus der Konserve. Ein Drache war dabei, komische

Monsterköpfe, ein Weihnachtsmann, plüschige Schneemänner, eine Tanzwurst und schrille Nixen. Ein paar Meter weiter stand der Umkleidebus, in dem sich neben einigen Läufern auch der Kassettenrecorder und ein Moderator verbargen. Die ganze Szenerie war heiter. Überall herrschte ausgelassene Stimmung. Eine Kapelle machte Musik und zwischendurch blökten unverständliche Ansagen aus den riesigen Lautsprechern, die das Dach des Busses säumten. Auch viele Teilnehmer hatten sich verkleidet. Einer als Weihnachtsmann, ein anderer als Fellmensch, und dann waren da noch ein Kosake und ein Schweinsgesicht. Alles Kostüme, die ich von deutschen Schützenfesten kannte und vor denen ich normalerweise schreiend davongelaufen wäre. Hier in Omsk gefielen sie mir. Sie gaben mir das Gefühl von menschlicher Wärme und Normalität. In Wirklichkeit waren sie ein Vorgeschmack auf das bevorstehende orthodoxe Weihnachtsfest am 7. Januar.

223 Teilnehmer hatten sich tags zuvor bei den Veranstaltern registrieren lassen. Da hatten die Temperaturen noch bei bescheidenen minus 30 Grad gelegen. Doch der gewaltige Kälteeinbruch über Nacht war selbst vielen Einheimischen zu heftig gewesen. Sie waren lieber zu Hause geblieben. Die Wohnungen waren zwar auch kalt und teilweise unbeheizt, aber man konnte sich wenigstens ins Bett legen.

Von all jenen, die sich einen Tag zuvor angemeldet hatten, war damit höchstens noch die Hälfte übrig geblieben. Allein diese Tatsache machte mich stolz. Viele Sibirier hatten den Mut verloren. Wir nicht! Die Frage, ob diejenigen, die gar nicht erst hergekommen waren, zwar nicht so mutig, dafür aber um einiges schlauer waren als wir, würde sich erst während des Laufs beantworten.

Die Lautsprecher krächzten weiter. Julia rannte aufgeregt hin und her, Natascha versuchte sich an Kai zu heften, der die ersten Fotos schoss.

Plötzlich stand Friederike neben mir: »Tom, die haben den Lauf auf sechs Kilometer verkürzt. Es ist zu kalt, sagen die Veranstalter!«

Was hatte sie gesagt? Seit Monaten bereitete ich mich auf das größte sportliche Ereignis meines Lebens vor. Es waren nur noch wenige Minuten bis zum Start, den ich mir unendliche Male vorgestellt hatte, den ich gleichermaßen gefürchtet und herbeigesehnt hatte und den ich jetzt unbeschwert genießen wollte. Diese Nachricht passte einfach nicht in mein Konzept. Neben Friederike stand Natascha.

»Es stimmt, Tom!«

Ich beschloss, zum ersten Mal das Wort unserer Dolmetscherin anzuzweifeln: »Quatsch, niemals, das stimmt nicht.«

Wieder quäkte der Lautsprecher. Natürlich konnte ich nichts verstehen. Zwischendurch ein paar Brocken Englisch, »*we'll run six kilometers* ...«.

Panik kam auf. Die ganzen Vorbereitungen sollten vergebens gewesen sein? Sollte ich etwa auch hier in einen Wettkampf verweichlichter Jogger geraten sein? Ich schaute mich um, ob irgendein wichtiger Politiker sich vielleicht unter die Teilnehmer gemischt hatte. Vielleicht gar ein Außenminister?

Stattdessen standen plötzlich zwei russische Polizisten

vor mir. Sie wollten sich mit mir fotografieren lassen. So oft trifft man in Sibirien nicht auf irre Deutsche, die sich einbildeten, einen Marathon an diesem Ort zu dieser Jahreszeit laufen zu können. Ich grinste ins Objektiv eines Fremden, obwohl meine Wollmütze schon längst mein Gesicht verbarg. Gleichzeitig zitterte ich vor Wut.

»Wisst ihr, ob das stimmt, das mit den sechs Kilometern?«, sprach ich die beiden Männer von der Miliz etwas verwirrt auf Deutsch an. Freundlich lächelten sie zurück. Ich spiegelte mich in ihren Goldzähnen. Sie dachten sich wohl, es sei besser, gar nichts zu sagen. Wer weiß, auf welche Idee ich sonst noch kommen würde.

Jay machte die Honneurs und gab Interviews. Etliche russische Kamerateams scharten sich um den Mann, der sich selbst den amerikanischen Veteran des *Siberian Ice Marathon* nannte. Sie hatten ihn nicht vergessen seit dem letzten Jahr. Alle waren fröhlich. Ich sah keine Proteste, keinen Widerstand, keine wilden Gesten und niemanden, der diskutierte. Wahrscheinlich hatte Natascha irgendetwas falsch verstanden. Wie auch immer, mit sechs Kilometern würde ich nicht nach Hause fahren. Fast hätte ich wieder einen Schwur geleistet, aber mir fiel keiner ein. Friederike hüpfte ein wenig herum und versuchte, ihre Muskulatur warm zu halten. Inzwischen waren wir etwa fünf Minuten im Freien und ich bekam schon keine Luft mehr. Jeder Atemzug ätzte sich durch die Luftröhre und verbrannte meine Bronchien. Ich bildete mir ein, zu hören, wie meine kleinen, unschuldigen Lungenbläschen regelrecht zerplatzten. Doch noch hatte ich andere Sorgen.

»Ich laufe die 21 Kilometer, egal, was die sagen!«, rief

ich Friederike zu. Sie lachte. Ich beschloss, es dabei zu belassen. Von jetzt an wollte ich mich auf den Start und das Rennen konzentrieren.

Immer wieder begrüßten mich andere Läufer, klopften mir auf die Schulter oder ließen sich mit mir fotografieren. Manche trugen nicht einmal eine Mütze. Einige von ihnen waren schon jetzt fast bewegungsunfähig, weil ihre Baumwollkleidung längst festgefroren war. Ich traf den sechsten Ausländer, der am Rennen teilnehmen wollte, George Sodbinov, ein Australier. Wir waren uns bereits bei der Anmeldung begegnet und ich hatte den Eindruck, er sei ein freundlicher und vernünftiger Mensch. Diese Meinung musste ich nun revidieren. Er trug eine dünne Frottee-Laufhose, ein kleines Mützchen und eine Trainingsjacke, die selbst für einen Hallenlauf bedenklich dünn gewesen wäre. Im Gegensatz zu den neuseeländischen Teilnehmern hatte er offensichtlich nicht das Glück gehabt, mit Pavel einkaufen gehen zu dürfen. Ein Nachteil, der ihm später beinahe seine Beine gekostet hätte.

Kai rannte durch das Teilnehmerfeld und suchte für den Start eine gute Kameraposition. Ich schaute ihn an, doch er lächelte nicht. Ich hatte das Gefühl, er war nervöser als jeder der Läufer. Gerade war mal wieder einer der Akkus leer.

»Was soll ich machen? Ich hab noch nichts gedreht und hab schon keinen Strom mehr. Wie soll ich hier arbeiten bei dieser Kälte?« Er tat mir Leid. Aber ich konnte ihm nicht helfen. Er hatte sich einfach den falschen Job ausgesucht. Ich war wirklich froh, laufen zu dürfen und nicht filmen zu müssen.

Wir standen erst einige Minuten im Freien und ich fror bereits. Der giftige Nebel hatte sich doch durch irgendeine versteckte Luke in mein Haus geschlichen. Nicht, dass es mich überrascht hätte, aber musste es so schnell gehen? Meine Muskeln zogen sich zusammen und ich konnte mir nicht vorstellen, dass ich noch in der Lage sein würde, mich auch nur einen einzigen Schritt zu bewegen. Mühsam zwang ich mich zu ein paar Laufbewegungen. Es tat weh und ich fürchtete, eine Zerrung zu bekommen. An Stretching war nicht zu denken. Ich stellte mir vor, wie meine Muskelfasern bei der kleinsten Dehnung explodieren würden. Vorsichtig hüpfte ich auf meinen Zehenspitzen. Meine Arme ruderten hin und her und ich merkte, wie sich die Luft aus meiner Lunge in meiner Wollmützengesichtskrause zu Eis umbildete. Offensichtlich hatte ich einen extrem feuchten Atem. Immer noch besser als eine feuchte Aussprache, dachte ich mir, fürchtete aber einen Augenblick, dass das eine das andere verursacht. Ich wollte es gleich herausbekommen:

»Friederike, spucke ich eigentlich oft beim Sprechen?«

Sie schaute mich etwas irritiert an. »Bist du bescheuert?« Sie drehte sich um und hielt sich lieber an Jay. Ich nahm mir vor, bei nächster Gelegenheit Kai zu fragen. Er würde mir die Wahrheit sagen.

Jay kam mit Friederike. Wir nahmen uns an die Hand. Genauer gesagt, wir versuchten uns mit unseren riesigen Fausthandschuhen anzufassen.

»Leute, *let's do it!*«

Jay lachte, natürlich. Es gefiel ihm einfach zu lachen, während alle anderen von der Kälte längst Tränen in den Augen hatten. Vielleicht verzog er aber auch nur aus

Schmerz sein Gesicht. Genau erkennen konnte ich es nicht. Sein Gesichtsschutz ließ nur ein paar Augenfältchen aus der Vermummung herausschauen. Ich entschied mich dafür, zu glauben, dass er lachte.

Irgendwelche russischen Kommandos sorgten plötzlich für Unruhe bei den Läufern. Alle stellten sich vor einem bunten Flatterband auf und fingen an, nervös herumzutänzeln. Neben mir standen allein drei Weihnachtsmänner. Ich fragte mich, warum sie so viel Mühe auf rote Kittel und weiße Bärte gelegt hatten, anstatt sich vor allem um einen flinken Elch und bequeme Schlitten zu kümmern. Nicht einmal vernünftige Geschenke hatten sie dabei. Manche der Frauen hatten sich bunte Bändchen in ihre Mützen geflochten und trugen Luftschlangen an den Handgelenken. Andere hatten sich mit Lametta geschmückt und ich musste zugeben, dass sie besser aussahen als jeder deutsche Tannenbaum. Obwohl sie ihre Gesichter hinter dicken Wolltüchern und Mützen verbargen, wirkten viele von ihnen grazil und anziehend auf mich. Auf jeden Fall hätte es mich interessiert, welche Gesichter sich hier am Start versammelt hatten. Überall blickte ich in anonyme Augenpaare, die mir zublinzelten, warme Wellen zusandten oder mich einfach nur gutmütig ansahen. Es war zwar das gesichtsloseste Feld der Welt, aber ich fühlte mich irgendwie geborgen. Am besten gefiel mir, dass niemand an seiner Pulsuhr herumnestelte. Die Kälte hatte also auch etwas Gutes.

Plötzlich ging alles sehr schnell. Der Lautsprecher krächzte noch lauter als sonst und alle 148 Teilnehmer inklusive einiger Weihnachtsmänner, Drachen und Kosakentänzer rückten enger zusammen. Ich hatte schon Angst, dies sei das Kommando zum Ringelpiez mit Anfassen gewesen, aber um mich herum konzentrierte sich jeder nur auf sich selbst. Ich versuchte über die Köpfe hinweg auf Kai zu schauen. Beim Hochhüpfen spürte ich einen stechenden Schmerz in der Ferse. Meine Sehnen und Muskeln waren auf solche Übungen nicht vorbereitet. Sie lagen schon auf Eis und ich wusste wirklich nicht, wie ich sie jemals aufwärmen sollte.

Irgendwo sah ich Kai dann, wie er wild gestikulierend auf Natascha einredete. Die beiden standen dem gesamten Teilnehmerfeld gegenüber und ich bezweifelte, dass sie ein einziges Bild abliefern würden. Komischerweise war ich gar nicht nervös. Ich dachte kurz an meinen Sohn und stellte mir vor, wie er jetzt in Deutschland in seinem Bett lag und nichts von den Kapriolen seines Vaters ahnte. Irgendwann wird er mich verstehen, beruhigte ich mich und richtete meine Konzentration wieder auf den Start. Ein paar Wettkampfrichter schubsten die Läufer zurück ins Feld, weil sie einen halben Meter zu weit hinter der Linie standen. Kleinliche Joggingspießer gab es also überall auf der Welt, egal welche Temperaturen dort herrschten.

Dann war die Sicht frei und es sprach eigentlich nichts mehr gegen den Start. Ich bekam einen Adrenalinschub und mir wurde warm. Im Gegensatz zum Hormonphantom Endorphin gab es an der Existenz des Adrenalins für mich keinen Zweifel. Das war ein Stoff ganz nach meinem Geschmack. Ein bisschen Aufregung, und schon war er zur Stelle. Adrenalin kam sofort und man brauchte nicht erst stundenlang in der Gegend herumzulaufen, um sich seine Wirkung anschließend auch noch einreden zu müssen.

Plötzlich hörte sich das Gerede des russischen Moderators wie ein Countdown an, und gleich darauf rannten auch schon alle los. Ich auch. In diesem Moment verließ meine Seele den Körper und beobachtete mich aus der Luft. Sie sah einen Herdenmenschen, der auf Befehl in eine vorgegebene Richtung lief. Es war, als hielte ihm jemand eine Wurst vor die Nase, nach der er nur schnappen müsse, um satt zu werden. Meine Seele fragte sich, wo die Vernunft dieses Mannes abgeblieben war und ob er noch ganz dicht wäre. Leider fiel ihre Antwort ziemlich eindeutig aus. Ich bin mir nicht sicher, ob sie jemals in meinen Körper zurückgekehrt wäre, wenn sie eine Wahl gehabt hätte, aber da es weit und breit außer mir nur langweilige Dauerläufer zu sehen gab, kehrte sie reumütig zu mir zurück.

Im Augenwinkel sah ich Kai an der Kamera hantieren und es schien so, als ob er filmte. Eine ungeheure Euphorie durchfuhr mich. Ich war glücklich. Sollte ich etwa doch Endorphine bilden können? Dann meldete sich meine Lunge. Dann mein Gesicht, meine Beine, mein Hals, meine Knie. »Sofort Tempo drosseln!«, funkten sie an mein Gehirn und ich gehorchte. Damit war das Thema Endorphine für die nächsten zwei Stunden endgültig vom Tisch.

Die Laufstrecke lag in einer idyllischen Landschaft. Direkt neben dem Ufer des zugefrorenen Irtysch liefen wir durch einen schneeweißen Wald. Die Sonne schien am blauen Himmel und ihre Strahlen, die niemanden erwärmten, schimmerten durch die gefrorenen und vom

Schnee bedeckten Äste der sibirischen Birken. Wir liefen über plattgewalzten Schneeboden, der noch immer eine Höhe von mindestens 20 Zentimetern hatte. An den Rändern der Wege stapelte sich die weiße Masse meterhoch. Wer die Laufstrecke verlassen und sich durch das Dickicht zu schlagen versucht hätte, wäre bis zur Brust im Schnee versunken. Etwa 1500 Meter zog sich der Weg flussaufwärts, dann ging es auf eine kleine Anhöhe nach links. Von dort liefen wir parallel zum Hinweg zurück in Richtung Ziel, das wir nach einem weiteren Schlenker passieren mussten. Unser Parcours ähnelte von der Form her einer Stadion-Laufbahn, nur dass jede der sieben Runden nicht 400 Meter, sondern drei Kilometer lang war.

Nirgendwo auf der Strecke gab es Zuschauer. Anfangs sah man wenigstens noch ein paar Kamerateams und Fotografen, doch die waren schon sehr bald verschwunden. Und weil sich auch das Läuferfeld immer weiter auseinander zog, konnte ich mir die Einsamkeit der russischen Taiga ziemlich schnell ziemlich genau vorstellen.

Nach einigen Minuten interessierte mich die Landschaft nicht mehr. Meine Aufmerksamkeit richtete sich fast vollends auf meine beiden Turnschuhe. Ich nahm mir vor, nichts weiter zu tun als 21 Kilometer lang einen Fuß vor den anderen zu setzen. Jeden Schritt aufs Neue. Klingt einfach, aber nichts war daran selbstverständlich.

Langsam wurde ich durchgereicht. Auf diese Weise lernte ich fast alle Teilnehmer des Feldes kennen. Als Erstes fiel mir ein Läufer auf, der in Jeanshose und Jeansjacke unterwegs war. Ich vermutete, dass er diese modische Kombination in den letzten Jahren stets nur zu besonderen Anlässen getragen hatte. Dieselbe Jeansjacke bei seiner Einschulung, der Verlobung, beim Job und nun beim Marathon. Er lief ziemlich unrhythmisch. Manchmal wurde ich den Eindruck nicht los, er habe eine sehr eigenwillige, dafür aber umso russischere Methode gewählt, für innere Wärme zu sorgen. Er wankte leicht und beschleunigte in unregelmäßigen und nicht nachvollziehbaren Zeitabständen sein Tempo. So kam es, dass ich mich ihm mehrmals sehr langsam näherte und sogar bis zu ihm aufschloss. Sobald er mich aber von hinten bemerkte, schaute er mich frech an, zeigte mir seine letzten beiden erhalten gebliebenen Zähne, torkelte einmal leicht nach links, dann nach rechts, beschleunigte anschließend mit unerwarteter Antrittsstärke geradeaus und rannte davon. Dieses Spielchen wiederholte sich mehrmals und ich wurde den Eindruck nicht los, er wollte mich vorführen. In jeder Fußgängerzone der Welt hätte ich ihm aus Mitleid ein paar Kopeken in den Hut geworfen, aber hier spielte dieser Kerl mit mir Katz und Maus. Zunächst fühlte ich mich überlegen und lachte innerlich über den merkwürdigen Gefährten, aber schon nach kurzer Zeit begann er mich zu nerven. Alle anderen Läufer hatten weiße Eisfelder auf ihren Rücken, weil der Schweiß dort gefroren war. Dieser Mann nicht. Seine Jeansjacke, die er natürlich offen trug, blieb an allen Stellen blütenblau. Nicht einmal Handschuhe entdeckte ich an ihm. Dafür hatte er einen weißen Seidenschal um den Hals geworfen, wie es in Deutschland bestenfalls ein dekatender Kunstkritiker tun würde. Die Kälte schien ihm nichts auszumachen. Dieser Mensch war eine einzige Provokation.

Sein Gesicht nahm allerdings zunehmend verzerrtere Züge an und in der zweiten Runde verlor ich ihn endgültig aus den Augen. Er war einfach weg. Bis heute frage ich mich, ob ich nicht die Pflicht gehabt hätte, einen Suchtrupp aufzustellen, um ihn im Wald aufspüren zu lassen. Er hatte sich mit Sicherheit verlaufen und war unter einem Baum eingeschlafen. Andererseits beruhigte ich mich damit, dass ihm schon nichts passieren würde. Er hatte ja für den Notfall seine Jeansjacke dabei!

Ganz anders dagegen eine ältere Dame, die statt gewöhnlicher Laufkleidung eine dicke graue Steppjacke und eine Hose aus dem gleichen Stoff trug. Sie war mir schon bei der Anmeldung aufgefallen. Ich schätzte sie auf mindestens 70. Ihr Gesicht war eingefallen und faltig, ihr Körper gedrungen und leicht gebückt. Ihr Stil wirkte gebrechlich. Nur mit Mühe hatte sie die Treppenstufen zur Anmeldung geschafft. Immer wieder hatte sie sich am Geländer festhalten müssen, um ein bisschen Luft zu holen. An einer normalen Straßenkreuzung in Hamburg hätte ich der Dame meine Hilfe angeboten. Bei *Doktor Schiwago* wäre sie in der Rolle der bettelnden und bemitleidenswerten russischen Hutzeloma die Idealbesetzung gewesen.

Doch statt ihr die Einkaufstäten nach Hause zu tragen, schaute ich mir beim *Siberian Ice Marathon* ihre Fersen an. Sie war schneller als ich. Es fiel mir schwer, diese Wahrheit zu akzeptieren, aber es gab keinen Zweifel daran. Ich konnte nicht Schritt halten. Als ich nach einer Runde immer noch hinter ihr lag, fürchtete ich, sie würde gleich fragen, ob sie mich demnächst über die Straße bringen solle. Allein ihre Anwesenheit war eine Demütigung für mich. Wären wir Straßenbahn gefahren, hätte sie mir aus Mitleid wahrscheinlich ihren Sitz angeboten statt umgekehrt.

Später erzählte mir Julia, was passierte, als sie nach sechs Kilometern ins Ziel einlief und das Rennen beendete. Ein russischer Fernsehreporter stürzte sich auf die keineswegs erschöpft aussehende Dame und fragte mitfühlend, ob das Rennen nicht zu hart für sie gewesen sei. Als Antwort bekam er die entsprechende Schimpfkanonade zu hören: »Wieso hart, es war überhaupt nicht hart. Arbeit ist hart. Aber das ist doch keine Arbeit gewesen, das war Laufen. Das macht Spaß. Ich laufe hier seit sieben Jahren mit. Das ist überhaupt kein Problem für mich!«

Die zweite Runde war die Schicksalsrunde. Da würde sich herausstellen, ob ich nach sechs Kilometern herausgewinkt werden würde oder ob es über die ganze Distanz ginge. Noch fühlte ich mich relativ fit, was bei meinem Tempo kein Wunder war und von den Schmerzen in der Lunge abgesehen ging es mir ganz gut.

Von weitem sah ich den Zieleinlauf. Es herrschte Partystimmung. Viele der Läufer standen mit ihren Plaketten und Urkunden herum und diskutierten über ihre Erlebnisse auf der Strecke. Die Härtesten hatten sich ausgezogen und feierten ihren Erfolg mit nacktem Oberkörper. Ich nahm mir fest vor, weiterzulaufen, egal was passieren würde. Sollte ich aber aufhören müssen, würde ich mich auf keinen Fall ausziehen.

Als ich über die Ziellinie rannte, stellte sich mir ein Kamerateam eines Lokalsenders in den Weg. Ich musste stoppen. Sofort reichte mir jemand eine Urkunde, von irgendwo anders her bekam ich eine Medaille zugesteckt. Ich wollte keine Medaille, ich wollte keine Urkunde und ich wollte keine Interviews geben – noch nicht jedenfalls. Ich verlor den Überblick. Es war furchtbar, beinahe wie in einem Alptraum.

»Nein, das ist ein Irrtum!«, schrie ich, »ich will weiterlaufen, ich laufe 21 Kilometer!«

Der russische Reporter interpretierte mein Gebrüll falsch. »Endlich einmal heiße Emotionen in eisiger Kälte«, dachte er sich vermutlich und hielt mir sein Mikrophon entgegen. Inzwischen war Julia an meiner Seite und übersetzte seine Frage: »Wie hat Ihnen der Lauf gefallen?«

Zum zweiten Mal wurde mir warm an diesem Tag. Wieder durchschoss ein Adrenalinschub meinen Körper. Alle taten hier so, als ob der Lauf schon beendet wäre. Dabei hatte ich nicht einmal ein Drittel geschafft. Ich versuchte den Irrtum aufzuklären. »Ich bin noch gar nicht fertig. Ich will 21 Kilometer laufen. Aber sonst ist es ein großes Abenteuer! Ich bin begeistert von den Menschen hier. Die Stimmung ist super.«

Ich hörte mich selber palavern und fand es furchtbar. Kaum bittet mich ein Lokalsender am Ende der Welt zum Interview, da rede ich genauso gestelzt wie ein prominenter UNICEF-Botschafter. Stattdessen hätte ich lieber diese Ungerechtigkeit anprangern sollen, die mich im Moment davon abhielt weiterzulaufen. Zur Belohnung bekam ich entsprechend intelligente Fragen gestellt:

»Gibt es in Deutschland Marathonwettbewerbe, bei denen es auch so kalt ist wie hier?« Endlich mal ein Journalist, der gut recherchiert hatte.

»Wie bitte? Genauso kalt wie hier? Nirgendwo ist es so kalt wie hier. In Deutschland ist es wärmer als unter Ihrer Fellmütze!«

Ich schaute mich um und suchte jemanden von der Wettkampfleitung. Doch warum sollten die sich um mich kümmern? Ich gab ja ein Interview und da stört man doch nicht.

»Wie gefällt Ihnen Sibirien?«

Der Fernsehmann war mir nicht unsympathisch, keineswegs, aber ich war hier, um meine Mission zu erfüllen, und nicht, um nach diesem Katzensprung Interviews zu geben. Trotzdem schwadronierte ich wie unter einem inneren Zwang weiter:

»Sibirien ist unglaublich. Sehen Sie sich um, das Wetter, die Landschaft, einfach phantastisch. Die Menschen haben uns freundlich aufgenommen und dafür sind wir ihnen dankbar!«

Schleimiger hätte auch Karl Moik nicht antworten können. Es lag wohl in der Natur des Menschen, zum *Musikantenstadl*-Moderator zu degenerieren, sobald man nur die Chance dazu bekam.

Plötzlich sah ich einen Konkurrenten an mir vorbeilaufen. Er war schnell. Sehr schnell sogar. Offensichtlich war er schon in der dritten Runde. Mit anderen Worten, er lief die volle Distanz. Nun hatte ich keine Zeit mehr für freundliche Öffentlichkeitsarbeit. Es war der Moment gekommen, das Gespräch zu beenden.

»Vielen Dank, aber ich muss weiter!«

Ich rannte los und ließ das Kamerateam allein. Es tat mir Leid, einen schlechten Eindruck zu machen, aber vielleicht würde Karl Moik ja demnächst mal eine Sendung hier produzieren. Er würde schon für die richtige Völkerverständigung zwischen Sibiriern und Deutschen sorgen. Später erfuhr ich, dass die Veranstalter allen Läufern angeboten hatten, nach sechs Kilometern aufzuhören. Viele hatten dankbar von diesem Angebot Gebrauch gemacht.

Kurz bevor ich mich wieder auf den Weg machte, kamen Friederike und Jay ins Ziel. Friederike wirkte noch recht frisch und munter, obwohl ihre Wimpern extrem vereist waren. Jay hingegen war angeschlagen. Sein linkes Auge war kaum noch zu erkennen. Eine dicke Eisschicht hatte sich darüber gelegt. Er konnte nicht einmal mehr blinzeln. Sein Gesichtsschutz war vereist und zog sich wie ein Eisknebel um den Hals. Seine Beine waren unterkühlt und er hustete schwer. Aber er quälte sich weiter.

Erst später gab er zu, wie kritisch die Situation gewesen war. Übergangslos war er in einen bedrohlichen Zustand geglitten. Zum Glück funktionierte sein Verstand noch, was bei diesen Bedingungen auch nicht selbstverständlich war. Er fragte Kai, was er tun solle. Kai schaute ihn kurz an:

»Sofort aufhören! Mach, dass du schnell ins Warme kommst!« Wieder einmal musste Natascha Botendienste verrichten. »Bring Jay ins Wettkampfbüro, bitte, rasch!«

Jay wehrte sich nicht. Gerade noch rechtzeitig entschied er sich aufzugeben. Natascha wollte wissen, was passiert war. Jay berichtete:

»Meine Augen tränten ununterbrochen. Nach kurzer

Zeit waren meine Wimpern mit Eiszapfen dekoriert. Ich wärmte sie mit den Händen. Doch sie kamen immer wieder. Die Wangenhaut begann zu frieren und die Atemluft fror auf meiner wollenen Halskrause. Ich musste sie immer wieder drehen. Mit jeder Minute wurde das Eis um den Augen bedrohlicher. Ich drehte wieder an der Halskrause und spürte dieses Mal nur Eis. Ich hatte sie einmal ganz herumgedreht. Um meinen Hals trug ich jetzt einen Eisblock.«

Jay hatte genug Erfahrung, um zu wissen, dass von diesem Moment an die Wärmeversorgung seines Kopfes gefährdet war. Dann fror ihm das linke Auge komplett zu. Der amerikanische Veteran des sibirischen Eismarathons musste aufgeben. Jay war es, der mit seinen Erfahrungen dafür gesorgt hatte, dass wir in Omsk gesund angekommen waren. Mit seiner Entscheidung, das Rennen zu beenden, schützte er dieses Mal seine eigene Gesundheit und sorgte dafür, dass wir alle gesund aus Omsk wieder abreisen konnten.

Als ich auf der Gegengeraden meiner dritten Runde zum Ausgangspunkt zurücklief, sah ich ihn dicht vor mir. Traurig ging er in Richtung Umkleideraum. Leider fehlte mir die Kraft, ihm etwas Aufmunterndes zuzurufen. Außerdem war ich viel zu sehr damit beschäftigt, selbst von schwereren Problemen verschont zu bleiben. Ich kam mir vor wie ein Überlebender eines Schiffsunglücks. In erster Linie kämpfte man für sich selbst um einen Platz im Rettungsboot, erst in zweiter Linie dachte man an die anderen. Außerdem brauchte Jay kein Mitleid. Er verdiente Bewunderung. Seine Entscheidung, aufzugeben, fiel ihm sicher schwerer, als weiterzulaufen.

Auch George Sodbinov erreichte irgendwann die 6-Kilometer-Marke. Wie er das schaffte, kann keiner mehr genau sagen. Weil sich der Frotteestoff seiner Laufhose mit Schweiß voll gesaugt hatte und sekundenschnell tiefgefroren war, steckten seine Beine ziemlich schnell in zwei stahlharten Eisröhren. Das hatte den beim Laufen nicht gerade positiven Effekt, dass er die Knie kaum noch beugen konnte. Obwohl sein Fleisch auf diese Weise besonders frisch blieb, erreichte seine Körpertemperatur einen gefährlichen Tiefstand. Natürlich gab es niemanden mit Presslufthammer an der Strecke, der seine Beine aus dem betonharten Hosenrohr freizulegen in der Lage gewesen wäre. Aber selbst wenn, der arme George hätte dann mit nackten Beinen in der Kälte gestanden. Denn Sanitäter mit warmen Decken im Gepäck oder gar heißen Getränken gab es nicht. Irgendwo hatte ich im Vorbeilaufen einen uralten Krankenwagen gesehen, aber die Tatsache, dass seine Fenster von innen vereist waren, ließen Zweifel bei mir aufkommen, ob dort eine vernünftige und für die Kälte angemessene ärztliche Notversorgung möglich war.

Irgendwie war der Mann aus New South Wales mit gestreckten Beinen dann doch bis in den Zielbereich gestelzt. So lustig sein Laufstil auch aussah, jeder konnte an seinem Gesicht erkennen, dass es höchste Zeit wurde, ihn aufzutauen. Es dauerte etwas, bis man seine Hose vom Körper gelöst hatte. Außer ein paar leichteren Erfrierungen blieben ihm ernstere Verletzungen jedoch erspart. Zur Belohnung wurde er in der 6-Kilometer-Distanz als 101. und Letzter bei den Männern gewertet. 46 Minuten hatte er für die Strecke gebraucht, davon mindestens die Hälfte tiefgekühlt. Das sind die Helden, die es nur in Omsk zu finden gibt.

Nachdem ich mich nach den ersten sechs Kilometern wieder auf den Weg gemacht hatte, begann für mich der eigentliche Eis-Lauf. Nicht unbedingt wegen der unerträglichen Anstrengungen, die ich in dieser Phase zu ertragen hatte, sondern wegen der unumstößlichen Tatsache, dass es nun niemanden mehr gab, der mich aus irgendwelchen offiziellen Gründen aus dem Rennen nehmen würde. Es gab keine Ausreden mehr. Ab jetzt lag es nur noch an mir. Entweder ich schaffte die Strecke, dann wäre ich der Größte, oder ich müsste aufgeben, dann wäre ich ein Versager. Gedanken, die ein normaler Jogger natürlich nicht kennt. Der interessiert sich nicht für das Ziel, sondern will den Weg genießen. Deshalb traut er sich auch nicht nach Omsk. Da ist nur das Ziel eine Belohnung und der Weg eine Strafe. Ich beschloss, die nächsten 15 Kilometer als Büßergang auf mich zu nehmen, um am Ende die Absolution zu erhalten. Nach Überschreiten der Ziellinie wäre ich endlich gereinigt. Mit dem Heiligen Gral der Marathon-Urkunde in den Händen könnte ich meinem Sohn wieder in die Augen schauen. Seine unschuldige Seele wäre von keinem gebrochenen Versprechen seines Vaters befleckt worden. Es geht doch nichts über Religion, um sich überflüssige Qualen schönzureden.

Doch vom Hohelied des Übersinnlichen kehrte ich schnell wieder zur Realität zurück. Als meine Trainingsjacken und Pullover vom Schweiß immer schwerer wurden und sich auch meine Hals-Gesichts-Krause immer rasanter zu einer Eismauer umgestaltete, begriff ich, was Mike Rümpler damit bezweckt hatte, als er mir strenges Krafttraining verordnet hatte. Die ersten Ermüdungserscheinungen meldeten sich nämlich überraschenderweise im Oberkörper und in den Oberarmen. Schon jetzt fiel es mir schwer, das Gewicht der Kleidung auszuhalten und aufrecht zu laufen. Meine Arme kämpften gegen die unrhythmischen Bewegungen des restlichen Bewegungsapparates an und ich hatte das Gefühl, sie würden mehr arbeiten als die Beine. Aber das gefiel mir, denn ein Wettbewerb, bei dem der Bizeps mehr bringen musste als der Meniskus, distanzierte mich noch weiter vom profanen Jogger. Ich stellte mir die Spargelärmchen der meisten westeuropäischen Freizeitläufer vor und war froh, dass ich nicht an einem Volkslauf im sonnigen Deutschland teilnahm, sondern im tiefsten Winter in Sibirien.

Ich war unterwegs in der dritten Runde. Viele Teilnehmer hatten längst aufgegeben und saßen bereits zu Hause bei Wodka und Soljanka. Ab und zu sah ich noch den einen oder anderen Streckenposten in der Gegend, aber Zuschauer gab es fast keine mehr. Plötzlich stand Pavel an der Strecke. Er hatte sich für die kurze Distanz gemeldet und war eigentlich schon auf dem Heimweg.

»Tom, wie geht's?«, rief er mir auf Deutsch zu. Pavel war 59 Jahre alt, aber seine Konstitution entsprach der eines 30-Jährigen. Er ist nicht besonders groß, dafür aber kräftig und zäh. Sein Körper ist eine einzige Ansammlung von Energie. Sein gutmütiges und stets freundliches Gesicht mit den warmen Augen lachte mich an. Ich war noch gut in Form, aber für eine Reaktion reichte es nicht mehr. Ich hatte Angst, meine Ressourcen könnten schlagartig ausgeschöpft sein. Wer weiß, ein Lächeln zu viel und schon würde ich umfallen. Pavel las meine Gedanken und Emotionen. Er überlegte nicht lange. Er lief zu mir und begleitete mich. Einfach so, kommentarlos. Er ließ mich nicht allein in dieser Eiswüste. Ich hätte weinen können vor Rührung. Doch auch dafür reichte es nicht. Außerdem hätte ich Angst davor gehabt, dass meine Tränen einfrieren könnten. Meine Augen waren schon vereist genug. Ich sah wie durch einen zugefrorenen Wasserfall in eine milchige, unscharfe Landschaft. Bei jedem Wimpernschlag fürchtete ich, die Eiszapfen zwischen den Lidern könnten sich in meine Augen bohren. Irgendwann ließen sich meine Wimpern nicht mehr bewegen. Es war so, als ob jemand Streichhölzer dazwischen gesteckt hätte. Doch im Gegensatz zu Jay gelang es mir, das Eis ab und an zu zerbrechen und meine Augen zu schützen. Der Schmerz hielt sich in Grenzen.

Richtige Angst hatte ich nur um die Hautpartie unter den Augen. Dort gab es keinerlei Schutz. Lediglich dicke Schichten von Melkfett bedeckten das ungeschützte Fleisch. Pavel, Jay und andere hatten uns davor gewarnt, dass die schlimmsten, unheilbaren Erfrierungen oft zu spät bemerkt würden. Nachdem sich die Kälte eine Zeit lang in die Hautschichten regelrecht eingefressen habe, würden die Schmerzen verschwinden und man fühle gar nichts mehr. Als letztes Warnsignal tauchten demnach plötzlich weiße Flecken auf dem Gewebe auf. Wer sich dann nicht sofort ins Warme begebe, erleide irreparable schwere Erfrierungen. Der Nachteil daran ist, dass man keine Vorsorge treffen kann. Denn wie soll man während eines Marathons bemerken, ob sich auf den Jochbeinen Flecken bilden?

Mit Pavel an der Seite war die Gefahr gebannt. Einmal pro Runde schaute er mir ins Gesicht und checkte eventuell vorhandene Frostschäden. Dann zerrte er an meiner Gesichtsmaske, bis sie wieder an der richtigen Stelle saß, oder justierte meine Mützen in die richtige Position. Es war ungefähr so wie früher, als meine Mutter den Reißverschluss an meinem Parka zuzog, bevor ich das Haus verließ, so dass mir auch das schlimmste Herbstwetter nichts anhaben konnte.

Wir liefen über Waldwege, die seit Monaten von Spezialfahrzeugen bearbeitet worden waren, damit dort Fußgänger entlangspazieren konnten. Natürlich ist es unmöglich, den ganzen Schnee immer wieder wegzuräumen. Deshalb wurde in der Mitte der Belag festgepresst. An den Rändern entstanden dafür hohe Schneewände. Mit anderen Worten: Man rutschte entweder über eine spiegelglatte Eisfläche oder man versackte im knöchelhohen Schnee. Beides war nicht gerade komfortabel bei einem Marathonlauf. Weil ich mich bis zum Schluss nicht entscheiden konnte, was mir schwerer fiel, wechselte ich ständig zwischen Holiday on Ice und Expedition durch die Antarktis.

Nach der vierten Runde wurde das Rennen zur Qual. Inzwischen waren fast alle Teilnehmer ausgestiegen. Weit und breit war niemand zu sehen. Pavel und ich irrten allein durch die sibirischen Wälder. Ab und zu tauchte der pinkfarbene Trainingsanzug von Friederike in unserem Blickfeld auf. Manchmal ergab es sich, dass wir uns grüßen und zuwinken konnten, doch schon bald verzichteten wir auf solche unnötigen Kraftanstrengungen. Obwohl wir irgendwie zusammengehörten, waren wir uns unglaublich fern. Friederike lief ihre Strecke, ich meine. Jeder für sich und auf seine Weise. Manchmal tat sie mir etwas Leid, weil sie keinen Pavel an ihrer Seite hatte und allein unterwegs war. Doch der *Siberian Ice Marathon* führte mich an die Wurzeln des menschlichen Empfindens zurück. Und der Ursprung allen Handelns ist nun einmal der Egoismus. Niemals hätte ich ihr freiwillig meinen Pavel abgegeben. Aber Friederike wusste sich auch alleine zu helfen.

Inzwischen taten sich zwei schlimme Problemzonen bei mir auf. Zum einen das Gesicht mit der völlig vereisten Halskrause und zum anderen meine Oberschenkel. Vor allem oberhalb der Knie wurde die Kälte immer unerträglicher. Ich trug zwei hervorragende Langlaufhosen und die lange Thermounterhose. Alle Materialien waren darauf ausgerichtet, meinen Schweiß nach außen zu transportieren und mich vor Wind zu schützen.

Trotzdem wurden die Schmerzen immer stärker. Merkwürdigerweise hatte ich keine kalten Füße, obwohl ich nichts als ein Paar Thermosocken und normale Trainingsschuhe anhatte. Auch am Bauch, Rücken oder an den Waden hatte ich keine Probleme. Ich merkte, wie meine Energie vor allem in den Oberschenkeln unwiederbringlich versickerte. Je länger das Rennen dauerte, desto öfter schlug ich mir mit der Hand auf das Bein. Eine Methode, die ich beim Motorradfahren gelernt hatte, um einzelne Körperpartien stärker zu durchbluten.

Je länger ich lief, desto mehr fehlte mir die Kraft, meine Beine zu schlagen und zu heben. Jede Muskelanspannung fühlte sich an wie ein Hammerschlag. Die letzten beiden Runden hielt ich es fast nicht mehr aus. Doch obwohl ich gerade dabei war, mich tiefzukühlen, lief ich weiter. Erst als ich nach dem Rennen meine Hosen auszog, sollte mir klar werden, warum ausgerechnet meine Oberschenkel so unterkühlt waren.

Mein Gesicht brannte wie Feuer, was ich merkwürdig fand bei dieser Kälte. Meine Wollmaske hatte sich etwas gedehnt und rutschte bis zu den Lippen hinunter. Meine Nase war noch einigermaßen geschützt, zumindest wenn ich den Kopf senkte, aber Wangen und Augen waren nackt. Immer wieder hielt ich meine Handschuhe vor das Gesicht, um sie zu schützen, aber die Wirkung ließ stetig nach. Ein winziger Schwachpunkt brachte mich in Gefahr. Nur weil die zerschnittene Mütze etwas zu weit war und sich nicht eng genug meinem Gesicht angepasst hatte, drohte ich in eine Krisensituation abzugleiten. Meine Wangen schienen langsam zu erfrieren. Einmal schrie ich vor Schmerzen und bat Pavel, mir zu helfen. Er zerrte und zurrte an der Mütze, drehte sie herum, fand aber keine Stelle mehr, die noch nicht von meinem feuchten Atem vereist gewesen wäre. Er wollte sie mir über den Kopf ziehen, um sie umzudrehen, doch das ging nicht. Das Eisgewinde hatte sich zu eng um meinen Hals gezogen. Ich schaute Pavel an und zeigte auf meine Haut. »Nein«, bescheinigte er mir mit Zeichensprache, »die berüchtigten weißen Flecken sind noch nicht da.«

»Dann lass uns weiterlaufen!«, keuchte ich.

Das schlimmste und bedrohlichste Problem kam schleichend und verdrängte zunehmend alle anderen Leiden aus meinem Bewusstsein. Es war der Durst. Natürlich gab es keine Getränke unterwegs. Bei diesen Temperaturen wäre schließlich selbst Tee im heißen Kessel gefroren. Jetzt rächte sich, dass ich vergessen hatte, am Tag zuvor Wasser zu kaufen. Und es zeigte sich, dass Paul Breitners These von der Überflüssigkeit perfekter Vorbereitung keineswegs auf diesen Marathon übertragbar war.

Spätestens nach 15 Kilometern war mein Körper dehydriert. Der Durst schrie mich an. Er zog den Kampfeswillen aus mir heraus und leerte alle meine Krafttanks. Ohne Pavel wäre ich stehen geblieben. Es wäre mir egal gewesen, wie lange ich trainiert und was ich meinem Sohn versprochen hatte oder was irgendwelche Sponsoren von mir denken könnten. Ich trocknete inmitten von gefrorenem Wasser aus und konnte nicht mehr weiterlaufen.

»Pavel, ich hab Durst, ich kann nicht mehr!«, rief ich ihm zu, aber er verstand mich nicht.

»*Da! Da!* Gut, Tom, gut!«, antwortete er, als ob ich auf Russisch gesagt hätte: »Mensch, Pavel, ich bin topfit, das ist ja ein Spaziergang hier!«

Mir fiel eine Geschichte ein, die ich als Kind einmal gelesen hatte. Zwei Männer stürzen mitten in der Wüste mit einem Flugzeug ab. Beide überleben. Sie beschließen aufzubrechen, um sich zur nächsten Oase durchzuschlagen. Einer von beiden findet einen Wasserkanister. Er geht voraus und hält sich das Gefäß immer wieder an den Mund. Der andere bittet, bettelt und fleht darum, etwas abzubekommen. Doch sein Gefährte schüttelt nur den Kopf. Ohne Gefühlsregung geht er scheinbar frisch gestärkt einfach weiter. Voller Hass folgt ihm der Zweite und beschließt, ihn umzubringen. Nach Tagen erreichen sie tatsächlich lebend eine Oase. Zunächst der mit dem Kanister, dann der andere. Nur sein Hass und sein Wunsch nach Rache haben ihn lebend dorthin geführt. Gerade als er sich an seinem größten Feind rächen will, hält der ihm den Kanister hin. Er hat ein riesiges Loch im Boden. Er war von Anfang an leer.

Ich beschloss mir vorzustellen, Pavel würde die ganze Zeit aus einem Kanister trinken und mir nichts abgeben. Ich wollte ihn hassen, damit ich daraus neue Energie schöpfen könnte. Ein paar Meter funktionierte es sogar. Mein russischer Freund wurde plötzlich zu meinem schlimmsten Feind. Ich verachtete ihn, diesen Verräter. Die Kälte schaltete mein Gehirn aus und machte mich zum Zombie. Zum Glück kam ich wieder zur Besinnung. Aber nur, weil mir ein Arbeitskollege einfiel, der es wirklich verdient gehabt hätte, gehasst zu werden. Ich drehte die Geschichte um und stellte mir dessen gequältes Gesicht vor, während ich vor seinen Augen köstliches Wasser zu trinken begann. Es war ein herrlicher Gedanke, sein Winseln zu hören, das mich eine Zeit lang von meinem eigenen Leiden ablenkte. Noch heute habe ich allerdings ein schlechtes Gewissen gegenüber Pavel.

Dann stand Kai plötzlich am Wegesrand. Seine Kamera lief und ich fragte mich, wie er es schaffte, die Akkus so schnell aufzuladen. Vor allem aber interessierte mich etwas anderes: »Kai, ich habe solchen Durst, hast du irgendwas zu trinken dabei?« Ich hätte ihm die Füße geküsst für einen Schluck Flüssigkeit.

»Nein, leider nicht, obwohl, Moment …« Er fingerte in seiner Tasche herum und holte eine Dose Red Bull hervor. Er hatte sie sich vor Tagen in Deutschland nachts an einer Tankstelle gekauft und seitdem vergessen. Er zog seine Handschuhe aus und öffnete den Metallverschluss. Ich entriss ihm das Getränk. Zuerst musste ich irgendwie meine Halskrause vom Mund wegbekommen, dann presste ich meine Lippen auf den Dosenrand. Natürlich froren sie sofort am Metall fest. Für einen Schluck Wasser hätte ich meinen ganzen Mund geopfert. Doch sosehr ich meinen Kopf in den Nacken warf, aus der Dose kam nichts heraus. Die Flüssigkeit war komplett gefroren. Ich leckte mit der Zunge daran und klebte auch damit fest. Unter Schmerzen riss ich sie los. Wie durch ein Wunder brach dabei ein winziger Red-Bull-Eiswürfel ab und landete in meinem Rachen. Es war die Erfüllung. Niemals zuvor hatte ich etwas Köstlicheres geschmeckt. Er prickelte auf meinem ausgetrockneten Gaumen und löschte den schlimmsten Durst. Nur meine Lippen beklagten sich anschließend über stechende Schmerzen. Ich hatte mir wohl etwas Haut abgerissen. Immerhin wärmte mich das heiße Blut von Zunge und Lippe ein wenig, als es mir in einem dünnen Strahl aus dem Mund über das Kinn lief.

Als ich die sechste Runde beendete, jubelten die Kampfrichter und wollten mich umarmen. Auch sie konnten die Kälte nicht länger ertragen und hofften, sie würden mich auf diese Weise dazu bringen, endlich aufzuhören. Der Sieger war schließlich schon im Ziel und außer ein paar versprengten Fanatikern wie mich war kein Mensch mehr auf der Strecke. Mühsam entriss ich mich den Armen der russischen Offiziellen und machte unmissverständlich klar, dass ich auch noch die letzte Runde voll auszukosten gedachte. Pavel schaute mich an. Seine Augen sagten mir, dass wir in der Tat erst 18 statt 21 Kilometer gelaufen waren und dass er enttäuscht gewesen wäre, wenn ich mich auf einen faulen Deal eingelassen hätte.

Es ging mir wirklich schlecht. Ich hatte keine Kraft mehr, ich fürchtete Erfrierungen an Beinen und im Gesicht und ich war inzwischen innerlich so trocken wie ein guter Bordeaux. Bis auf meine Besessenheit, die mich sogar dazu gebracht hatte, meinen Begleiter für einige Sekunden zu hassen, fehlte mir jede mentale Frische. Doch für eines reichte es noch: Meinen eigenen Traum, den *Siberian Ice Marathon* bis zum Ende durchzustehen, wollte ich nicht verraten und aufgeben.

Also lief ich weiter und Pavel folgte mir. Nur die Kampfrichter waren enttäuscht. Mit hängenden Köpfen marschierten sie zurück auf ihre Positionen.

Im Zieleinlauf wollte ich möglichst schick aussehen und zog deshalb unterwegs frühzeitig meine Fausthandschuhe aus. Sie waren zwar sehr warm und hatten mich bisher gut durchs Rennen gebracht, aber leider fehlte es ihnen auch an jeder Grazilität. Sie sahen aus wie überdimensionale Bratpfannen und ich weigerte mich, mir vorzustellen, wie ich damit aussehen würde, wenn ich kurz vor dem Ziel damit einem Kameramann zuwinken würde. Ich ging also das Risiko ein und zog sie aus. Ein Paar Fingerhandschuhe müssten für die letzten zwei Kilometer auch reichen. Aus Deutschland war ich es gewohnt, dass Hände beim Laufen warm werden und es bis zum Schluss bleiben. Von dieser Regel gab es bis zu diesem Tag in meinem Leben keine einzige Ausnahme. Doch es dauerte keine zehn Schritte, bis sich meine schwitzenden und geschmeidigen heißen Finger vor Schmerzen krümmten. Der feuchte Stoff über meiner Haut wurde regelrecht schockgefroren und legte meine Hände sekundenschnell auf Eis. Aus ästhetischen Gründen hätte ich diesen winzigen Nachteil vielleicht ertragen müssen, aber da es mindestens genauso unattraktiv wäre, in Zukunft anderen Menschen statt meiner Hand eine Eisenkralle zur Begrüßung hinzuhalten, entschied ich, auf meine modische Idee zu verzichten und darauf zu hoffen, dass es gar keine Fotografen geben würde, die auf mein Winken gesteigerten Wert legen könnten. Also zog ich die Fäustlinge schnell wieder an.

Die letzte Runde ist angeblich die leichteste, weil das Ziel nah und ein Ende in Sicht ist. Doch an diesem Tag merkte ich davon nichts. Jeder Meter war eine Tortur und es gab nicht einen einzigen Schritt, bei dem ich mir nicht wünschte, einfach stehen bleiben zu können. Ich hielt nach Orientierungspunkten Ausschau, die mich antreiben sollten. Doch ich sah einfach nichts mehr. Die Eisschichten vor den Augen sorgten für die gleiche Optik wie beim Blick durch einen dicken Flaschenboden. Pavel rief mir manchmal aufmunternde Worte zu, aber sie kamen nicht mehr in meinem Bewusstsein an. Wie ein Roboter setzte ich meine Füße voreinander und zwang mich, sämtliche Schmerzen zu ignorieren. Ich war so erschöpft, dass ich keinen einzigen Muskel mehr spürte. Meine Bewegungen waren reine Konditionierung, Gewohnheit, stereotype Abläufe, ohne bewusste Kontrolle. Mein Körper ähnelte einem Auto, das ohne Benzin die letzten Meter auszulaufen versuchte.

Kurz vor dem Ziel sah ich Kai. Er rannte mit dem Stativ auf dem Rücken zur Ziellinie, um dort ein paar Aufnahmen von uns zu machen. Er war der einzige und letzte Zuschauer, Fotograf, Kameramann und Betreuer an der Strecke. Julia und Natascha hatten ebenfalls tapfer ausgehalten, aber als Sibirerinnen waren sie schlau genug gewesen, zwischendurch kurze Aufwärmphasen einzulegen. Obwohl ich selbst kaum noch einen Fuß vor den anderen bekam, machte ich mir Sorgen um Kai. Sein Gang hatte sich in den letzten zweieinhalb Stunden verfremdet. Seine Schritte waren ungleichmäßig und abgehackt, seine Haltung bestenfalls gebückt. Dieser stolze Mann, den ich immer für sein gerades Rückgrat bewundert hatte, erinnerte mich nun in seinen Bewegungen an den Diener von Graf Dracula in Roman Polanskis Film *Tanz der Vampire*.

Kai strahlte eine ungeheure Kälte aus. Er hatte die Aura eines Eiswürfels. Er schaute mich an wie jemand, dessen Augen in die Hölle geblickt hatten. Sein Blick spiegelte eine Mischung aus Fassungslosigkeit, Schaudern, Angst und Leblosigkeit. Trotzdem filmte und fotografierte er, als ob er damit den Weltuntergang verhindern könnte. Er wirkte auf eine kuriose Art manisch-zwanghaft auf mich, so wie ich es höchstens von Tieren im Zoo kannte, die immer wieder denselben Weg in ihrem Käfig zurücklegten, so als könnten sie auf diese Weise irgendwann den Ausgang finden. Er war ein

Schiffbrüchiger, der mühsam mit einer Hand an einer alten morastigen Planke hing, die er mit einem Pinsel in der Hand anderen hübsch anzumalen versuchte.

Allein die Vorstellung, in einen Kamerasucher schauen zu müssen, der den ganzen Tag bei minus 42 Grad eisgekühlt wurde, ließ mich innerlich erschaudern. Diese Variante des *Siberian Ice Marathon*, nämlich anderen beim Laufen zuzusehen und sie dabei zu filmen, war mit Abstand die Höchststrafe.

Kai hatte längst alle Grenzen der Vernunft überschritten. Er war geistig abwesend und funktionierte nur noch. Jeder andere hätte sich darauf beschränkt, die wichtigsten zwei Bilder des Rennens zu drehen oder zu fotografieren. Kai jedoch nahm sich vor, den ganzen Lauf zu dokumentieren. Natürlich war das nicht möglich. Allein die Tatsache, dass die Kameras immer erst kurz vorm Filmen oder Fotografieren aus der warmen Jacke hervorgeholt werden konnten, hätte andere frühzeitig zermürbt. Jedes Mal strömte bei diesen Manövern neue kalte Luft an seinen Körper, den er schon bei geschlossener Jacke nur notdürftig warm halten konnte. Weil alles schnell gehen musste, zog er beim Filmen die Handschuhe aus. Spätestens nach dem dritten oder vierten Mal pulverisierte das Blut in seinen Adern und die Schmerzen, die er dabei ertragen musste, entsprachen ungefähr den Folgen der mittelalterlichen Daumenschraubenfolter.

Die letzten Stunden hatten einen anderen Menschen aus ihm gemacht.

Pavel und ich gaben uns auf den letzten Metern die Hand. Selten hatte ich ein so pathetisches Gefühl von Freundschaft. Zwei Stunden, elf Minuten und 30 Sekunden waren wir unterwegs gewesen. Drei Monate intensivster Vorbereitungen lagen hinter mir und ein über drei Jahre altes Versprechen wurde endlich eingelöst. Sämtliche Emotionen, die ich im Laufe der Zeit in Verbindung mit diesem Ereignis aufgebaut hatte, fanden ihre Erfüllung in diesem Händedruck. Ich liebte Pavel aus tiefstem Herzen. Er mich allerdings weniger, denn als wir ins Ziel kamen, hing ich an seiner Hand wie ein schwerer Sack Kartoffeln.

Im Ziel und der Rest des Tages

Im Ziel herrschte eine merkwürdige Stimmung. Alle, die noch da waren, fielen sich um den Hals und die meisten heulten wie die Schlosshunde. Niemand jubelte, bei manchen wusste man nicht genau, ob sie lachten oder weinten. Es war wirklich furchtbar rührselig und ich fand diese Gefühlsduselei lächerlich. Leider war ich selbst der Schlimmste. Der arme Pavel konnte sich gar nicht schnell genug vor meinen Tränen in Sicherheit bringen. Kaum hatten wir die Ziellinie überschritten, drückte ich ihm dankbar meine nassen Wangen aufs Gesicht und schluchzte ihm unentwegt »*Spasibo, Spasibo!*« ins Ohr. Wenn er vorher geahnt hätte, was ich mit ihm nach dem Lauf anstellen würde, hätte er mich vermutlich nicht so lange begleitet.

Irgendwie gelang es ihm, sich aus meiner Umarmung zu lösen und mich loszuwerden. Ich stürzte mich auf eine russische Läuferin, die kurz nach uns das Ziel erreicht hatte, und umarmte sie fest. Sie musste glauben, ich wollte um ihre Hand anhalten. Zum Glück war ihr Mann nicht in der Nähe. Die heiße Leidenschaft, mit der ich meine Freude über meine Leistung mit ihr teilen wollte, verunsicherte sie zunächst ein wenig, doch dann nahm sie mich mit russischem Temperament in den

Arm, gab mir einen Kuss und machte unmissverständlich klar, dass es jetzt genug sei mit meinen westeuropäischen Sentimentalitäten.

Ich ließ mich davon nicht beeindrucken. Julia, Natascha, ein paar Streckenposten, zwei, drei Läufer, die kurz zuvor das Ziel erreicht hatten, und Konstantin, der extra aus seinem warmen Büro an die Stätte unseres Triumphes geeilt war, lernten ebenfalls den salzigen Geschmack meiner Tränen auf ihren Lippen kennen. Immerhin ließ ich die Straßenlaternen in Ruhe. Nach kurzer Zeit bildeten sich Eiszapfen in meinem Gesicht und ich konnte es wegen der Verletzungsgefahr wirklich niemandem mehr zumuten, mein Glück mit mir zu teilen.

Kai stand plötzlich vor mir. Er hatte bis jetzt gefilmt und sich auf diese Weise vor meinen Gefühlsausbrüchen schadlos gehalten. Nun waren die Kameras verstaut, sein Job erledigt und ich hatte mich wieder etwas beruhigt. Innerhalb von Sekunden entspannten sich seine Gesichtszüge. Er lachte sogar. Wir nahmen uns kurz in den Arm und schauten uns an. Aus Freundschaft hatte er sich auf dieses Unternehmen eingelassen. Aus Freundschaft hatte er die Strecke nicht eher verlassen, bis wir alle im Ziel angekommen waren. Und aus Freundschaft hingen überall in seinem Gesicht dicke Eiszapfen herum. Wie konnte man nur so dumm sein?

»Wie geht es dir?«, stellte ich ihm eine schlichte Frage, die für mich eine hintergründige Bedeutung beinhaltete. Sie bewies, dass ich mich zum ersten Mal nach Stunden wieder für das Befinden eines anderen Menschen interessierte. Ich hatte mein kleines Egosystem verlassen, um das all meine Gedanken und Gefühle gekreist waren, und genoss es, meine Aufmerksamkeit wieder in die weite Welt hinauszuschicken.

»Ganz gut«, log Kai, »mir ist zwar kalt, aber es hält sich in Grenzen.«

Seine gerötete Haut, die tiefen Ränder unter den Augen und seine zitternden Lippen machten hingegen unmissverständlich klar, dass er sich jenseits des für den menschlichen Geist und Körper Erträglichen aufgehalten hatte und wohl immer noch nicht von dort zurückgekehrt war. Ohne seinen starken Willen hätte er diesen Tag wohl kaum überstanden.

»Das Schlimmste war die Angst, zu versagen«, legte er plötzlich ein ehrliches Bekenntnis ab. »Stell dir vor, ich hätte kein einziges Bild von euch gemacht – eine Horrorvorstellung!«

»Konntest du überhaupt durch den Sucher blicken?«

»Nicht wirklich«, brach es nun aus ihm heraus, »ich trug den Camcorder unter meiner Jacke. Da musste ich ihn auch einschalten, damit er nicht sofort auskühlte. Sobald er lief, schraubte ich ihn so schnell wie möglich aufs Stativ und betete, dass ihr mir einigermaßen genau durchs Bild lauft. Zoomen, Schärfe ziehen oder schwenken ging gar nicht. Alle mechanischen Teile waren sofort eingefroren und unbrauchbar. In den Sucher hab ich lieber nicht geguckt. Wenn ich ihn berührt hätte, wäre ich festgefroren.« Kai hatte sich ein ausgeklügeltes System ausgedacht, um wenigstens einigermaßen gegen die Kälte bestehen zu können. Unter seiner Kanada-Jacke trug er einen Akkugürtel und sämtliche Aufnahmegeräte. In Konstantins Wettkampfbüro waren volle Ersatzakkus und ein Ladegerät deponiert. Natascha war ständig als Kurier unterwegs, um Kai mit frischer Energie zu versorgen. Außerdem mussten zur Sicherheit auch die Kassetten ins Warme gebracht werden. Niemand wusste schließlich genau, wie sich die Kälte auf die Bänder auswirken würde. Kai ging lieber auf Nummer Sicher und wechselte die Tapes des Öfteren. Das Ladegerät arbeitete nicht schnell genug. Deshalb war Kai auf eine besonders ausgefallene Idee gekommen, die Akkus aufzuladen. Er legte sie einfach auf einen Heizkörper in dem Omnibus, aus dem auch die Lautsprecheransagen kamen. Durch die Wärme luden sie sich wieder etwas auf.

»Die Heizkörper waren uralt und völlig überhitzt. Unsere Plastikgehäuse hätten Feuer fangen können. Einige sind böse angesengt. Natascha hat sie gerade noch rechtzeitig gerettet.«

Aber er sollte ja nicht nur filmen. Eigentlich sollte es auch möglichst viele Fotos geben. Das funktionierte noch schlechter:

»Manchmal habe ich mit mir selbst gewettet, was an der Fotokamera zuerst den Geist aufgibt: die Displays, das Objektiv, die Linse oder irgendein Teil, das ich bis dahin noch gar nicht kannte. Ich wusste nie, wie ich eigentlich den Auslöser drücken sollte mit meinen riesigen Fäustlingen. Ich hab den Knopf einfach nicht getroffen. Also Handschuhe aus und mit nackten Fingern in die Kälte. Es war die Hölle!«

Kai hatte die gesamte Zeit, also insgesamt etwa drei Stunden, im Freien verbracht. Kein anderer Pressevertreter oder Zuschauer hielt es so lange aus wie er. Ein Sibirier verbringt im Winter freiwillig niemals länger als zehn Minuten draußen. Noch Stunden später, als wir längst wieder im Hotel waren, weigerte er sich, seine Stiefel auszuziehen. Selbst bei unserer Party abends in einem Music-Club behielt er sämtliche Sachen an, die er während der Laufveranstaltung getragen hatte. Er tanzte und trank und schwitzte, aber er trennte sich von keinem einzigen Kleidungsstück. Vermutlich hatte er einen Psycho-Kälteschock erlitten. So wie die Kriegsgeneration noch jahrzehntelang Essen hortete, aus Angst, jemals wieder hungern zu müssen, schien er für den Rest seines Lebens Wärme speichern zu wollen. Niemand ahnt, was dieser Mann durchgemacht haben muss.

Wir standen immer noch in der Kälte, aber inzwischen machte sie uns nicht mehr so viel aus. Die Erleichterung darüber, unsere Mission erfolgreich beendet zu haben und uns gegenseitig von unseren Erlebnissen berichten zu können, wirkte besser als eine Wärmflasche. Allerdings nur kurz. Wieder einmal war es Julia, die uns zur Vernunft brachte und unmissverständlich aufforderte, endlich in das warme Büro der Wettkampfleitung zu gehen.

»Kai, Tom, es ist vorbei, ihr könnt jetzt endlich reingehen. Oder habt ihr jemandem versprochen, auch noch eine Lungenentzündung zu bekommen?«

Unterwegs wollte Kai von mir wissen, wie ich mich fühlte. Mein ausgemergeltes und verheultes Gesicht sprach für sich und nach wie vor hatte ich quälenden Durst. Trotzdem hatte ich die meisten Schmerzen und Leiden der letzten Stunden schon fast wieder vergessen.

Fast wunderte ich mich darüber, dass ich jemals daran gezweifelt hatte, das Ziel zu erreichen. »Gut geht es mir«, hauchte ich mit möglichst kräftiger Stimme meinem besten Freund ins Ohr, »ich war doch nur joggen.«

In Konstantins Büro saß ein junger Mann entspannt auf einem Stuhl. Er hatte glänzende Augen, einen glatten Teint und sein Haar war elegant nach hinten gekämmt. Er trug einen Trainingsanzug mit einer Startnummer und trank lässig mit abgespreiztem kleinem Finger eine Tasse Tee. Ich wollte schon fragen, warum er denn nicht mitgelaufen sei, als ich mich darüber wunderte, dass ihm alle möglichen Leute auf die Schulter klopften.

Dieser Mann, der aussah, als sei er gerade aus der Kur zurückgekommen, war der Sieger des *Siberian Ice Marathon* 2001 und ich müsste lügen, wenn ich sagen würde, dass ich ihn in diesem Moment nicht um sein Aussehen beneidet hätte. Ich sah aus wie ein Wrack, er wie kurz nach der Schiffstaufe.

Wladimir Kozlowski hatte für die 21 Kilometer eine Stunde, 40 Minuten und 25 Sekunden gebraucht. Eigentlich eine katastrophale Zeit, wenn man bedenkt, dass Klasseläufer wie er im Sommer für diese Strecke höchstens 70 Minuten benötigen. Spitzenläufer sind in der Lage, Marathondistanzen mit einer Durchschnittsgeschwindigkeit von weit über 19 Stundenkilometern durchzurennen. Bei diesem Lauf schaffte Wladimir Kozlowski im Schnitt gerade mal 12,5 km/h. Es beruhigte mich, dass selbst ein sibirischer Laufprofi an diesem Tag weit über seiner Bestzeit blieb und trotzdem das Rennen gewinnen konnte. Noch mehr freute ich mich, dass er nur eine halbe Stunde vor mir im Ziel angekommen war. Ich gratulierte ihm zu seinem Sieg: »Wenn du nächstes Jahr wieder so langsam laufen solltest, lass ich dich nicht noch einmal gewinnen.«

Allerdings beeindruckte mich der Sieger bei weitem nicht so sehr wie die kleinen weißen Pappbecher, die ich auf einem der Schreibtische entdeckte. Wie eine kleine Armee standen sie nebeneinander und aus ihren Öffnungen entwich ein verlockender Duft. In ihrem Inneren verbarg sich eine dunkelrote Flüssigkeit, die ich schon beim Anschauen auf meiner Zunge zu schmecken meinte. Mein ausgetrockneter Hals meldete sich zu Wort und verlangte gierig danach, endlich mit Flüssigkeit versorgt zu werden. Wie ein Dieb schaute ich mich zuerst um, dann griff ich heimlich zu. Hektisch schüttete ich den heißen Tee auf einmal in meinen Mund, damit mir bloß niemand mehr davon etwas wegnehmen konnte. Es war ein Augenblick höchster Erfüllung. Meine Zellen saugten sich voll wie Löschpapier. Gedankenverloren stand ich in einem warmen Raum in Sibirien, musste keinen einzigen Schritt mehr laufen und hatte jede Menge warme Getränke um mich. So sah es also aus, das Paradies. Für einen Augenblick verlor ich das Gefühl für Zeit und Raum. Ich flog durch eine Dimension des Glücks.

Plötzlich standen Friederike, Jay und Kai vor mir. Die Realität hatte mich wieder. Sie strahlten und wir nahmen uns in den Arm. Jeder freute sich für den anderen. Vier Freunde für ein Halleluja. Eigentlich wollten wir uns umziehen und ins Hotel zurückfahren. Doch das gestaltete sich schwieriger, als ich dachte. Zunächst zog ich die äußere meiner drei Hosen aus und begriff endlich, warum während des Rennens meine Beine so kalt geworden waren. Ganze Gletscher lösten sich von meinen Schenkeln und fielen zu Boden. Eingeklemmt zwischen mehreren eng anliegenden Hosen war mein Schweiß zu salzigem Eis gefroren. Er war zwar von der Haut über die Unterhose durch die Laufhosen transportiert worden, hatte es aber nicht gänzlich bis an die Luft geschafft. In allen Schichten hatte er sich als Eis abgelagert bis hinunter auf die blanke Haut. Die Folgen waren nicht gerade angenehm. Leichte Erfrierungen und extreme Unterkühlung können ganz schön wehtun. Wir hatten uns so viele Gedanken über unsere Ausrüstung gemacht, aber dieses Problem hatten wir schlichtweg übersehen. Nur weil das Eis nicht zu Boden fallen konnte, saß ich nun jammernd vor einer Heizung und hoffte, dass mein Blut in den Beinen bald wieder flüssig werden würde.

Später versuchte ich meine wollene Halskrause über den Kopf zu ziehen. Es ging nicht. Sie war zu einer fingerdicken Eisrinde geworden und lag wie ein Gewinde um meinen Hals. Kai, Jay und Pavel zerrten an ihr, schüttelten und zurrten. Es half nichts. Außer dass mein Kopf hin- und herflog, zeigten ihre Bemühungen keinen Erfolg. Ich musste den Eisblock anbehalten.

Es fiel mir schwer, die Arme zu heben, weil sich die Gelenke nicht durchstrecken ließen. Das Gleiche galt für die Knie. Irgendwie war ich innerlich zähflüssiger geworden. Nach dem sechsten oder siebten Tee ging es dann etwas besser.

Erst später erfuhren wir von unseren Platzierungen. Die größte und sensationellste Überraschung war Friederikes zweiter Platz bei den Frauen. Als sie die Nachricht erhielt, jubelte sie nicht, sondern schaute fassungslos umher. Während des Rennens hatte sie selbst gar nicht geahnt, wie weit sie sich nach vorne geschoben hatte. Die meisten Konkurrentinnen waren gar nicht bis ins Ziel gekommen und hatten ihr den Vortritt lassen müssen. Friederike ahnte noch nicht, dass sie mit diesem Rennen ein kleiner Star geworden war. Schon bald würden sich alle Fernsehsender um sie reißen.

Jay wurde in der 6-Kilometer-Distanz gewertet und kam unter die ersten 100. Ich wurde Achter und Letzter bei den Männern. Bei der Gesamtstrecke waren nur elf Läuferinnen und Läufer im Ziel angekommen. Jeder von uns war ein Sieger und so fühlten wir uns auch.

Dabei ist der berüchtigte *Siberian Ice Marathon* doch nur ein Halbmarathon. Statt der üblichen 42,195 Kilometer müssen hier nur 21 Kilometer zurückgelegt werden. Lächerlich, werden jene Hunderttausende sagen, die alljährlich in New York, Berlin oder London zu ausgewachsenen Longway-runs starten. Wahrscheinlich haben sie sogar recht. Was sind schon 21 Kilometer? Hier in Omsk kannte ich allein die Antwort: 21 Kilometer können die Hölle sein, die härteste Prüfung, die es zu bestehen gibt – sie sind nichts anderes als *pain in the ass.*

Es war ein merkwürdiges Gefühl, endlich das erreicht zu haben, worauf wir uns so lange vorbereitet hatten. Eigentlich hätten wir Wodka und Champagner fließen lassen und noch an der Strecke ein Fest organisieren müssen. Doch dafür fehlte uns die Energie. Wir spürten eine sanfte Erleichterung und innere Zufriedenheit, aber keine Euphorie. Wir klopften uns auf die Schultern und fanden uns gut. Mehr war einfach nicht mehr drin.

Auf der Rückfahrt hockte ich im Taxi und fror. Kai saß vorne, Natascha neben mir. Keiner Sprach ein Wort. Die Geräusche vom Heizungsgebläse klangen wie Musik in meinen Ohren.

Im Hotelzimmer blickte ich in den Spiegel und bekam einen mittelschweren Schock. Mit diesem Gesicht wollte ich nichts zu tun haben. Ein bisschen verlebt und fertig mag ja ganz schön sein, aber das da war des Schlechten zu viel. Meine Augen waren matt und müde und hatten sich in die Tiefen meines Kopfes zurückgezogen. Meine Hautfarbe sah aus, als ob ich die letzten Wochen in der Pathologie gelegen hätte, und der Mund hing so tief, dass man das Kinn nicht mehr erkannte. Die Restaurationsarbeiten an der Dresdner Frauenkirche waren ein Kinderspiel im Vergleich zu der Aufgabe, aus mir wieder einen halbwegs ansehnlichen Menschen zu machen.

Ich zog mich aus und wollte erste Hilfe leisten. Zum Glück sah mich niemand. Ich wäre sofort des Landes verwiesen worden. Ich hockte in der Badewanne wie ein offizieller Botschafter der SM-Szene Hamburgs. Meine Haare standen zu Berge wie nach wilden Elektroschockorgien. Die tiefen Furchen und Ränder in meinem Gesicht waren eigentlich nur mit Selbstgeißelung zu erklären. Die äffchenhaft unterwürfige Körperhaltung hätte selbst für eine erfahrene Domina eine Herausforderung dargestellt. Und meine gerötete Haut konnte im Prinzip nur von perversen Kerzenwachsspielen stammen. Der Höhepunkt meiner makabren Erscheinung war jedoch das eisige Gewinde, das ich noch immer um meinen Hals trug. Es fehlte nur noch die Eisenkette. Ich war froh, dass mich keiner unserer russischen Freunde so sehen konnte.

Natürlich klopfte es in diesem Moment an der Tür. Ich zögerte einen Moment, wickelte mir dann ein Handtuch um die Hüfte und öffnete. Pavel und Julia standen vor mir. Ihre Blicke richteten sich blitzartig auf meinen nackten Oberkörper und blieben an meinem Hals hängen. Vor allem Julia schien darüber nachzudenken, ob sie nicht sofort die Polizei rufen sollte. Ich beschloss, möglichst offensiv mit der Situation umzugehen, und bat die beiden herein. Mit zögerlichen Schritten folgten sie meiner Aufforderung. Julia behielt den Türgriff jedoch in der Hand und sicherte so den Fluchtweg. Pavel blickte verlegen in die Luft, während ich den perfekten Gastgeber spielte:

»Kann ich euch etwas anbieten?« Die beiden hatten wohl Angst, ich könnte ihnen Drogen in die Getränke mischen, und schüttelten ängstlich den Kopf. Das beruhigte mich, denn erst jetzt fiel mir wieder ein, dass ich gar nichts zu trinken dahatte. Es klopfte wieder an der Tür. Ich wäre am liebsten durchs Fenster geflüchtet und legte instinktiv den Zeigefinger auf meine Lippen. Noch mehr Publikum konnte ich in meiner Aufmachung wirklich nicht gebrauchen. Doch Julia riss sofort die Tür auf. Je mehr Verstärkung, desto besser, dachte sie wohl. Ich betete, Kai oder Jay würden nun hereinkommen, stattdessen trat Natascha ein. Sie wollte gerade etwas sagen, als sie mich erblickte.

»Oh, Entschuldigung!«, entfuhr es ihr. »Ich komme später wieder.«

Ich beschloss, den Rückzug ins Badezimmer anzutreten.

»Nein, nein, warte, ich dusche nur schnell.«

Anschließend würden wir gemeinsam zur Siegerehrung gehen.

Unter dem warmen Wasser, das immer noch nach Epidemie schmeckte, entspannten sich meine Muskeln etwas. Ohne es zu merken, stöhnte und seufzte ich vor Erleichterung. Die leichten Erfrierungen an den Oberschenkeln und im Gesicht erholten sich langsam. Immer wieder ließ ich heißes Wasser über die malträtierten Stellen fließen und fiel in orgiastische Wellen wohligen Seufzens. Pavel, Julia und Natascha schalteten den Fernseher ein. Ich wunderte mich, warum sie das Programm so laut hörten. Ich ließ mich davon nicht beirren und duschte weiter. Ich fürchtete, sie könnten etwas Falsches über mich denken, hatte aber keine Möglichkeit, sie vom Gegenteil zu überzeugen. Als ich ins Zimmer zurückkehrte, waren die drei verschwunden. Ich war empört über so viel Unhöflichkeit. Nur weil ich ein paar Stunden geduscht hatte, waren sie ohne mich gegangen. Zu diesem Zeitpunkt war die offizielle Siegerehrung längst beendet, worüber ich mir aber keine Gedanken machte, sondern mich aufs Bett legte und vor Schwäche einschlief.

So wie der Tag begonnen hatte, sollte auch dieser Versuch zu schlafen enden. Das Telefon klingelte und Katja jubelte am anderen Ende der Leitung. Ich hatte sie immer dafür bewundert, wie sicher sie durchs Internet surfte und dort Dinge fand, die kein Mensch wirklich brauchte. Leider gelang ihr das auch an diesem Tage. Irgendwo im Web gab es bereits eine Meldung, die von unseren Erfolgen in Sibirien berichtete. Katjas aufrichtige Freude ließ mich den mangelnden Schlaf vergessen. Sie war furchtbar aufgeregt und wollte alles genau wissen. Ich fand keine Worte und versuchte, ihr die wichtigsten Informationen möglichst kurz und knapp durch die Leitung zu schicken: »Ja, habe es geschafft, ja, Friederike auch, nein, Jay nicht ganz, aber es geht ihm gut, ja, ich bin so müde, nein, ich bin gesund, ja, alles ist noch dran, ja, ich freue mich auf zu Hause, ja, ich vermisse dich, ja, Kai lebt auch noch, nein, ich mach's nie wieder.« Erst jetzt wurde mir klar, dass sie sich Sorgen um mich gemacht hatte.

Ich konnte es ihr nicht verübeln, denn die Aussicht auf einen Freund mit abgefrorenen Füßen oder Händen oder sonstigen abgestorbenen Gliedmaßen wäre wohl für keine Frau wirklich verlockend gewesen.

In diesem Moment merkte ich, wie schön es sein kann, wenn sich ein geliebter Mensch um einen sorgt. Vielleicht war das auch ein Grund, unbedingt in Sibirien laufen zu wollen. Wäre ich beim Berlin-Marathon mitgerannt, hätte sie höchstens Angst gehabt, dass ich anschließend den schnellsten Zug nach Hamburg verpassen könnte. Aber dieses Rennen roch nach Hollywood, nach großen Gefühlen, tragischen Momenten und einem kitschigen Happy End. Und dafür lohnte es sich sogar, zum Joggen zu gehen.

In Deutschland war es jetzt etwa neun Uhr morgens und ich könnte endlich Sam anrufen. Er wusste natürlich nicht, dass sein Vater diese Reise für ihn unternommen hatte, aber er wusste, dass ich ziemlich weit weg in einem Land namens Sibirien joggen wollte. Als ich das Freizeichen seines Telefons hörte, schlug mein Herz stärker als zuvor auf der Ziellinie. Er war zwar erst drei Jahre alt, aber die eingehenden Anrufe nahm er meistens persönlich entgegen.

»Hallo, wer ist da?«, kam die geliebte, freche, helle Stimme meines Kindes aus über 5000 Kilometern Entfernung in meinem Ohr an. Obwohl wir in den vergangenen Tagen ein paar Mal miteinander gesprochen hatten, bedeutete mir seine Begrüßung in diesem Moment unendlich viel. Es war die kostbarste Entschädigung für die Anstrengungen der letzten Stunden. Ich fühlte mich total überbezahlt.

»Hier ist dein Papi!«

»Papi, wo bist du?«

»In Sibirien!«

»Oh, schön, Papi, dann bis morgen. Tschüüüs!« Klick.

Mein Kind hatte mich erkannt, es ging ihm gut und es freute sich auf mich. Welche Erfüllung. Aber das Schönste war, dass ich ihm schon bald mit einem eingelösten Versprechen gegenüberstehen würde. Ich fühlte mich wie der reichste Mann der Welt.

Der Abschied und die Folgen

Wir feierten die ganze Nacht in einer Diskothek. Das ACADEMIA liegt an der Rückseite der Universität und wird gerüchteweise von einem hoch angesehenen Professor geführt. Es gingen hier allerdings keineswegs nur bebrillte Leseratten ein und aus – das Publikum in diesem Club war außergewöhnlich attraktiv. Während die Omsker Promiszene teilweise nackt auf den Tischen tanzte und mindestens so cool und lässig Wodka trank, wie die deutschen VIPs in Hamburg oder München Kokain schnupfen, lehnten wir uns entspannt zurück. Wie schön, dass sich zur Abwechslung einmal die anderen bewegten und wir sie beobachten durften. Im Gegensatz zu meinen Erfahrungen in bayerischen Landgebieten, wo die Leute in steinzeitlicher Lederbekleidung bei hemmungslosem Bierkonsum stundenlang »oans, zwoa, gsuffa« brüllen, entdeckte ich in Sibirien keine tölpelhaften Bauerntrampel, die sich samstagabends in der Dorfscheune unter ohrenbetäubendem »Kalinka, Kalinka«-Gegröle abwechselnd auf den rechten und linken Oberschenkel klopften. Stattdessen feierte hier eine junge, moderne Mittelschicht, die in keiner Stadt der Welt besonders aufgefallen wäre. Selbst die ausgesprochen hübschen Besucherinnen schienen sich an diesem

Abend keineswegs aus beruflichen Gründen unter die Gäste gemischt zu haben und auf der Tanzfläche sahen wir die gleichen verschwitzten Designerklamotten an freizügigen Körpern wie in jedem beliebigen Nachtclub Berlins, Mailands oder von Paris. Selbst die gefürchtete Russenmafia ließ sich nicht blicken und wir waren fast schon ein wenig enttäuscht, dass es nicht mal eine kleine Schießerei gab. Wenigstens gab es heiße Go-go-Girls auf winzigen Podesten mitten auf der Tanzfläche. Sehr sehenswert, ihre nackten Körper, aber nicht wirklich erregend. Mich erregte an diesem Abend gar nichts mehr. Ich wunderte mich nicht einmal darüber, dass in Westsibirien die gleichen Dance-, Techno- und Rap-Mixes liefen wie bei uns in den Clubs auf der Reeperbahn.

Die Party war sicherlich großartig, und wenn ich nicht so müde gewesen wäre, hätte ich gerne daran teilgenommen. So saß ich die meiste Zeit neben der Tanzfläche und lächelte selig vor mich hin. Im Rhythmus der Musik sah ich mich noch einmal durch die Kälte laufen und stellte mir vor, dass jemand daraus einen Videoclip gemacht hätte. Ab und zu wurde ich aus meinen Träumen gerissen, weil irgendjemand vorbeikam, mich in den Arm nahm, mir einen Kuss aufzwang und auf Russisch bis zu zwanzig Minuten lange Reden hielt. Natürlich verstand ich kein Wort, ließ es aber über mich ergehen und freute mich über so viel Freundlichkeit. Vielleicht wollten sich all die Leute nur ein paar Kopeken von mir leihen oder auf meine Kosten etwas trinken oder mich zum Tanz auffordern. Ich weiß es nicht. Ich bedankte mich jedenfalls stets so lange mit *»spasibo«*, bis sie mich endlich entnervt in Ruhe ließen.

Später wurde mir klar, dass ich in Omsk bereits seit Tagen eine Berühmtheit war, die viele in diesem ungezwungenen Rahmen kennen lernen wollten. Allerdings nicht wegen meiner Qualitäten als Wunderläufer, sondern vielmehr in meiner Eigenschaft als merkwürdiger Kauz. Ein junger Russe erzählte mir, dass es tagelang Stadtgespräch gewesen sei, wie ich hilflos und merkwürdig gekleidet durch die Straßen geirrt sei. Während ich mit meiner Kanada-Jacke, den Dominator-Schuhen und einem Rucksack bekleidet verzweifelt nach einer Flasche Wasser Ausschau gehalten hatte, hatten sich die Leute vor Lachen auf die Schenkel geklopft. Sie nannten mich »den Nikolaus« und gaben Wetten ab, wie lange es wohl dauern würde, bis ich schneeblind und ermattet zusammenbrechen würde.

»Aber wir mögen dich!«, grölte mir mein neuer Freund in rauem Englisch ins Ohr, während meine Nase den feinen Geruch von Spiritus ertragen durfte. »Du sahst so hilflos aus. Ist das deine erste Auslandsreise?«

»Nein«, rief ich etwas zu laut, »und ich hatte auch keine Geschenke in meinem Sack!« Eine Feststellung, die ihn allerdings nicht davon abhielt, einige seiner Freunde zu rufen und auf meine Kosten eine Runde Wodka zu bestellen.

Ehrlich gesagt war ich ein wenig enttäuscht darüber, dass alle Anwesenden mein Autogramm bloß auf der Rechnung für die nächste Bestellung sehen wollten. Von meinen Leistungen beim *Ice Marathon* wollte niemand etwas wissen. Stattdessen redete man lieber über die misslungene Kür beim Einkaufen. Immerhin blieb ich wenigstens auf diese Weise unvergessen.

Keiner von uns verließ den Saal vor fünf Uhr morgens. Ich versuchte alle davon zu überzeugen, noch etwas länger zu bleiben, denn wir näherten uns genau dem Zeitpunkt, an dem Katja mich mit besonderer Vorliebe aus meinen Träumen zu reißen pflegte. Wenn ich jetzt einschliefe, würde sie mich garantiert wieder wecken.

Als ich im Hotelzimmer ankam, konnte ich nicht einschlafen, weil ich das Klingeln des Telefons erwartete. Ich redete mir ein, ich fürchtete es, in Wirklichkeit sehnte ich mich danach. Aber es blieb ruhig. Ich wälzte mich unruhig in meinen Kissen und fragte mich, wieso sie nicht mit mir telefonieren wollte.

»Wenn sie mich nicht um sechs Uhr morgens aus dem Schlaf reißt, wird sie mich wohl vergessen haben«, jammerte ich meiner Bettdecke zu und war hellwach. Auf keinen Fall durfte ich ihren Anruf verpassen. Erst zwei Stunden später kam ich auf die Idee, sie selbst anzurufen. Aber ich kam nicht durch. In Deutschland war es inzwischen allertiefste Nacht. Deshalb war wohl auch ihr Telefon abgeschaltet. Wer lässt sich schon gern mitten im Schlaf stören? Irgendwann nickte ich ein und wurde erst viele Stunden später wieder wach. Es war bereits dunkel und ich hatte keine Vorstellung, wo ich eigentlich war. Genau genommen wusste ich gar nichts, außer dass ich vermutlich lebte. Obwohl ich mir auch da nicht ganz sicher war. Ich spürte Schmerzen in meinen Beinen, in den Armen, im Gesicht, im Rücken, innen, außen, oben und unten. Das Einzige, was mir nicht wehtat, waren meine Zähne.

Für einen Moment fürchtete ich, sie wären mir ausgefallen. Vor Schreck biss ich zu. Genau auf die Stelle, an der ich mir zuvor beim Rennen ein Stück Haut abgerissen hatte. Nun wusste ich, dass ich keine Prothesen brauchte, hatte dafür aber eine blutige, angeschwollene Lippe.

Als ich versuchte, mich aufzurichten, fehlte mir die Kraft dazu. Ich schaffte ein paar Zentimeter, dann fiel ich zurück aufs Bett. Mein Blick flog durch das Zimmer und ich fragte mich, ob ich den gestrigen Tag wirklich überlebt hatte. Dieser Raum war zu unspektakulär für die Hölle und zu kühl fürs Paradies. Neben meinem Bett standen Turnschuhe, daneben lagen Laufhosen und irgendwo dazwischen entdeckte ich eine Urkunde mit kyrillischer Schrift. Langsam kam die Erinnerung zurück. Ich war gelaufen, ich hatte das Ziel erreicht, ich war in Sibirien. Dieser Gedanke gab mir neue Kraft, um mit einem kräftigen Ruck aus dem Bett zu stürzen. Es dauerte etwas, bis ich auf allen vieren im Badezimmer angekommen war. Ich zog mich am Waschbecken nach oben und schaute in den Spiegel. Leider kannte ich mein Gegenüber nicht. Ich bot ihm all mein Geld an, damit er mich in Ruhe ließe. Als er nicht antwortete, beschloss ich, ihn zu waschen.

Vor Erschöpfung ließ ich den Mund einen Spaltbreit geöffnet und bekam zur Abwechslung mal wieder eine Ladung Giftwasser in den Mund. Bisher hatte ich mich nur schwach gefühlt, ab jetzt war ich krank. Ich würgte, röchelte und spuckte, aber der Geschmack hatte sich längst auf Zunge und Gaumen festgefressen.

Dummerweise hatten sich meine Abwehrkräfte an diesem Tag freigenommen. Ich wusste, dass es keine Rettung mehr gab und ich der epidemischen Flüssigkeit schutzlos ausgeliefert war. Also legte ich mich vorsichtshalber ins Bett.

Dann klingelte endlich das Telefon. Für einen Augenblick kehrten meine Lebensgeister zurück. Allein der Gedanke daran, endlich wieder meine Freundin zu hören, gab mir neue Energie. Ich schaffte es irgendwie, an den Apparat zu kommen:

»Hallo?«, wollte ich sagen, aber es ging nicht.

»Tom, bist du da?«, hörte ich die Stimme von Kai und vermisste die von Katja.

»Ja, ja, ich bin hier«, rief ich enttäuscht, ohne einen Ton von mir zu geben.

»Tom, hallo, sprich doch mal etwas lauter, ich hör dich nicht!«

Ich versuchte es, aber meine Stimme war verschwunden. Das hatte sie mit meiner Freundin gemeinsam. Die meldete sich auch nicht bei mir. Kai schien sich Sorgen zu machen. Ich hörte, wie er mit Friederike sprach: »Da ist irgendwas nicht in Ordnung, er antwortet gar nicht.« Dann versuchte er es erneut mit einem Gespräch: »Tom, was soll das, meld dich mal!«

Das war würdelos. Nur weil ich keine Stimme mehr hatte, machten mir meine Freunde Vorwürfe. Ich hatte keine Lust, mich dafür zu rechtfertigen. Wie auch? Also legte ich auf. Statt mich zu vergessen, stand Kai ein paar Sekunden später vor meiner Tür. Es hämmerte. Ich öffnete widerwillig.

Sicherheitshalber nahm ich Papier und Kugelschreiber mit. Er schaute mich an und ich sah an seinem Blick, dass er mich wohl nicht sofort erkannte. Nach kurzem Zögern identifizierte er mich dann doch:

»Was ist denn los? Wieso sprichst du nicht mit mir?«

»Ich kann nicht«, übermittelte ich ihm per Zeichensprache und hauchte als Beweis einige unverständliche Töne in seine Richtung.

»Ich frag Friederike, ob sie Medikamente dabeihat!« Kai ergriff panisch die Flucht. Ich beneidete ihn darum, nur den Gang entlanglaufen zu müssen, um seine Freundin zu treffen, während ich hier sterbenskrank alleine zu verwelken drohte. Meine Gedanken lösten Selbstmitleidalarm aus, aber niemand kam, um es mir auszutreiben.

Selten hatte ich mich verlorener gefühlt. Kurze Zeit später kehrte Kai zurück und ich riss mich zusammen. In der Hand hielt er eine riesige Tüte mit Medikamenten. Da wir beide nicht genau wussten, was wofür und wogegen half, nahm ich einfach von allem etwas ein. Irgendwie schien mir der Pillencocktail zu bekommen, denn nach einiger Zeit konnte ich wieder einigermaßen verständliche Worte krächzen.

Ich erfuhr, dass es bereits spätabends sei und Pavel uns zu Ehren ein Essen in der Hotellobby vorbereitet hatte. Von zu Hause hatte er Brot, eingelegte Gurken, Tomaten, Käse und andere Kleinigkeiten mitgebracht. Irgendwo standen auch ein paar Flaschen Wodka, Krimsekt und Wasser herum. Ein original sibirischer Imbiss wartete auf uns. Ich sehnte mich allerdings eher danach, von Katja ein warmes Süppchen ans Bett gebracht zu bekommen. Aber sie war nun einmal nicht da. Außerdem war es unser letzter Abend in Omsk und die anderen schienen eher der Meinung zu sein, dass es an der Zeit sei, endlich die russischen Trinksitten zu studieren.

Also trafen wir uns in der kalten und tristen Hotellobby. Julia und Natascha hatten einige Tische aufgestellt und einen Kassettenrekorder mitgebracht, aus dem Popmusik drang. Pavel war mit seinem Enkel gekommen, der genau wie sein Großvater zur Arbeit seinerseits täglich zur Schule joggt. Neben ihm saßen Friederike und Kai, ich machte es mir am Kopfende des Tisches gemütlich. Jay konnte nicht dabei sein, weil er die deutschen Nachrichtenagenturen via Internet über unser Rennen informieren musste.

Unser Gastgeber ist ein vornehmer Mann und schenkte sich selbst sehr wenig Wodka ein. Wir hingegen waren gierig, ungehobelt und konnten gar nicht genug bekommen. Das erste Glas schlug bei mir wie ein Eispickel ein. Mein Körper hatte in den letzten Tagen einiges verkraftet, aber diesen plötzlichen Alkoholschock steckte er nicht mehr weg. Alle Systeme fielen zeitgleich aus und ich merkte, wie ich langsam in mich zusammensank. Ich war nicht betrunken, das wäre nicht so schlimm gewesen, mein komplettes Ökosystem kollabierte schlichtweg. Die Stimme zog sich krampfartig zurück, reflexartig brach mir der Schweiß aus, Fieber tobte durch meine Adern, die Glieder verkrampften sich und mein Kopf gab alle Funktionen auf. Vor allem das Denken klappte plötzlich nicht mehr. Ich hatte das Gefühl, in meiner Schaltzentrale brannten gerade alle Drähte durch. Trotzdem blieb ich sitzen. So viel Verstand blieb mir noch über das Notaggregat erhalten, um zu wissen, dass ich Pavels Gastfreundschaft keinesfalls verletzen durfte.

Ganz zu schweigen davon, dass ich einen Ruf zu verteidigen hatte. Jay hätte es erfahren und sich nicht nehmen lassen, der ganzen Welt, aber vor allem meinen Freunden und Arbeitskollegen zu erzählen, dass ich schon nach einem Glas Wodka wie ein verweichlichter Dauerläufer umgefallen sei. Solche für das gesellschaftliche Standing eines Journalisten verheerenden Berichte musste ich unbedingt verhindern. Ich umarmte Pavel und dankte ihm mit mehr oder weniger klaren Sätzen für seine Freundschaft, was aber nicht so schlimm war, weil er ohnehin kein Deutsch verstand und meine Stimme kaum zu hören war. Nach dem zweiten Glas umarmte ich ihn erneut, hielt aber lieber meinen Mund. Nach dem dritten blieb ich still und leise in meinem Sessel sitzen. Nach dem vierten verlor ich wohl das Bewusstsein – zumindest erinnere ich mich an nichts mehr. Bis heute habe ich die Hoffnung, dass es den anderen nicht anders erging. Niemand hat jemals wieder über diesen Abend mit mir gesprochen.

Am nächsten Morgen erwachte ich nicht allein in meinem Bett. Neben mir lagen meine Stiefel, der Mantel, ein Schal, die RADIO BREMEN-Mütze, jede Menge T-Shirts, Unterwäsche, Strümpfe und ein geöffneter Koffer. Ich erinnerte mich, dass ich am Abend zuvor begonnen hatte zu packen. Vermutlich hatte ich mich nach meiner Rückkehr ins Zimmer in den offenen Koffer gelegt, der noch immer auf dem Bett gelegen hatte. Die Peinlichkeiten wollten kein Ende nehmen. Dabei war ich nicht betrunken gewesen, sondern krank. Zur Bekräftigung dieser These hustete ich. Meine Stimme hatte sich endgültig verabschiedet. Fieber, Kopfschmerzen und fürchterliche Schweißausbrüche hatten ihren Platz eingenommen. Immerhin war ich wieder bei klarem Verstand und erinnerte mich daran, dass unsere Abreise bevorstand. Konstantin hatte einen Bus zum Flughafen für uns organisiert, der gleich abfahren sollte.

Zum letzten Mal stellte ich mich unter die Jauchedusche und vergaß traditionell darauf zu achten, kein Wasser zu schlucken. Zur Strafe bekam ich Magenkrämpfe. Irgendwie schaffte ich es, meinen Koffer zu Ende zu packen und sogar in den Bus zu tragen. Ich nahm Platz und wartete darauf, Omsk zu verlassen. Plötzlich wurde ich von der nächsten Krankheit befallen. Ich wurde sentimental.

Wir fuhren durch die dunkle Stadt. Draußen waren es wieder weit unter 40 Grad minus. Überall glitzerte der Schnee im Licht der Scheinwerfer. Die Reifen knirschten über die Eisschichten auf den Straßen und pressten sie noch härter zusammen. Das Geräusch übertönte sogar den klappernden Motor und ich fragte mich, wie es die alten sibirischen Autos schafften, immer wieder anzuspringen. Jedes deutsche Wohlstandsauto mit Aircondition, Standheizung, automatischer Zentralverriegelung und elektronischem Bordcomputer wäre bei diesen Temperaturen höchstens noch als Iglu zu verwenden gewesen, aber die heimischen Ein- und Zweitakter sausten hurtig durch die Straßen.

Auch in der Finsternis wirkte die Stadt vollständig sauber. Weißer Schnee überzog jedes Haus, jeden Baum, jeden Weg, jede Wiese. Dreck schien es hier nicht zu geben, von der radioaktiven Strahlung, der chemischen

Verseuchung und sonstigen unsichtbaren Umweltgiften einmal abgesehen. Ich bestaunte die Landschaft, die wir durchquerten und die sich langsam im Morgengrauen zu erkennen gab. Am Irtysch saß ein älterer Mann regungslos auf einer zugeschneiten Parkbank und betrachtete das Ufer. Wahrscheinlich erwartete er den Sonnenaufgang. Ich bewunderte seinen Optimismus und seine Lebenskraft, um diese Uhrzeit bei dieser feindlichen Kälte die Schönheit des herannahenden Tages begrüßen zu wollen. In meinen Erinnerungen wurde er zum Symbol: Selbst in der lebensfeindlichsten Umgebung findet der Mensch eine Heimat, wenn er bereit ist, sich auf sie einzulassen. Ich war froh, dass es für mich keinen Grund gab, es diesem tapferen Herrn gleichtun zu müssen. Ich bevorzugte es, schleunigst ins nächste Flugzeug zu kommen und mich auf das schöne Hamburg zu freuen.

Obwohl Omsk fast zwei Millionen Einwohner hat, wirkte die Stadt um diese Zeit wie ausgestorben. Nirgendwo leuchtete eine Laterne, eine Ampel, eine Werbetafel oder wenigstens die rote Nase eines Betrunkenen. Es herrschte, vom Mann auf der Parkbank einmal abgesehen, völlige Einsamkeit.

Obwohl ich weiterhin nach draußen blickte, nahm ich die grauen Fassaden, deren Fenster innen und außen mit dicken Eisschichten bedeckt waren, nicht mehr wahr. An mir flogen die Erinnerungen der letzten Monate vorbei. Mein Leben war davon erfüllt gewesen, in dieser Stadt einen Marathon zu laufen. Einer Stadt, die ich nicht kannte und die ich mir nicht vorstellen konnte. Noch immer war sie mir fremd. Die vergangenen Tage wirkten seltsam irreal.

Am allerwenigsten konnte ich in diesem Augenblick begreifen, dass ich die Frechheit besessen hatte, unter diesen Bedingungen an einem Laufwettbewerb teilzunehmen. Ich erinnerte mich an die Trainingsanzüge einiger Teilnehmer, die sie eindeutig als Mitglieder der russischen Nationalmannschaft ausgewiesen hatten und die letztlich in der Rangliste hinter mir gelandet waren, weil sie das Rennen nicht zu Ende gelaufen waren. Ich sah Menschen mit steifen Hosen und eingefrorenen Gesichtern, die seit Jahrzehnten in Sibirien lebten, aber an diesem Tage aufgeben mussten. Es war geradezu eine Anmaßung gewesen, an diesem Rennen teilzunehmen und auch noch ins Ziel zu kommen. Mein Körper war für eine solche Herausforderung nicht gemacht, das wusste ich. Trotzdem hatte ich es geschafft, viele, die besser sind als ich, dagegen nicht. Darauf war ich stolz, denn es bewies die Kraft des Willens und der Liebe, die ich in mir trug. Darin war ich allen Konkurrenten weit überlegen. Sie konnten besser laufen, aber ich hatte die größere Lebenskraft. Das war es, worauf ich mir etwas einbildete. Dass ich an einem Volksläufchen erfolgreich teilgenommen hatte, war mir eher peinlich. Denn mein Widerwille gegen das Laufen hatte alle Euphorie über den Erfolg schadlos überstanden.

Julia und Pavel saßen vor mir. Zwei Menschen, deren toleranten Gleichmut ich in den letzten Tagen schätzen gelernt hatte. Plötzlich spürte ich den Schmerz des kommenden Abschieds in mir und ich hätte in diesem Moment etwas darum gegeben, wenigstens einen Tag länger bleiben zu dürfen. Doch die Fahrt zum Flughafen dauerte glücklicherweise nur eine Viertelstunde, und gerade als ich melancholisch zu werden drohte, hielt unser Kleinbus vor der Abflughalle. Die Türen öffneten sich und die eisige Kälte machte mir unmissverständlich klar, dass es an der Zeit sei, nach vorne zu blicken, alle Sentimentalitäten abzuschütteln, das Land zu verlassen, und zwar schleunigst.

Pavel drehte sich um und schaute mich mit Tränen in den Augen an. Ich konnte es nicht fassen, dass er ernsthaft traurig darüber war, dass wir ihn verließen. In den letzten Tagen hatte er ununterbrochen vier sibirienlebensuntaugliche Laufdilettanten beaufsichtigt und jede Sekunde damit rechnen müssen, dass ihm jemand am Boden festfror. Also hielt er tapfer seine schützende Hand über uns und ich wunderte mich, dass er noch keinen Krampf im Arm hatte. Er lächelte über uns, wie es ein Vater tut, dessen Kinder bei den ersten Gehversuchen tölpelhaft zu Boden fallen. Pavel hätte uns sicherlich am liebsten in einen Laufstall gesperrt, wenn es nur einen gegeben hätte, der groß genug gewesen wäre.

Als ich ihn liebevoll umarmen wollte, um ihn zu trösten, sah ich gerade noch rechtzeitig, dass seine Augen keineswegs aus Abschiedsschmerz, sondern nur wegen der Kälte tränten. Im tiefsten Innern machte er wahrscheinlich drei Kreuze, dass er uns einigermaßen wohlbehalten über die Runden gebracht hatte.

Zum Abschied hielt jeder eine Rede. Das Pathos triefte durch den Flughafen und die anderen Passagiere hatten vermutlich Angst, dic Maschine würde nicht auf dem Eis, sondern auf unserem gefrorenen Schleim ausrutschen. Zum Glück war da noch Konstantin.

»Meine lieben Freunde«, sprach er mit kräftiger Stimme in die Runde, »glaubt bitte nicht, dass ich aus privaten Gründen hergekommen wäre, um zu sehen, wie ihr das Land verlasst, oder weil ich euch so sehr ins Herz geschlossen hätte. Zugegeben, ich mag euch, aber ich bin in offizieller Mission unterwegs. Als Leiter des Organisationskomitees des *Siberian Ice Marathon* habe ich die Ehre und Freude, Friederike Venus für ihren zweiten Platz bei den Damen die ausgesetzte Prämie in Höhe von 800 Rubel zu überreichen!«

Friederike starrte ihn an. Sie muss sich normalerweise nicht vorwerfen lassen, auf den Mund gefallen zu sein, und ehrlich gesagt hatte ich bisher noch keine Situation erlebt, die sie nicht spontan zu kommentieren in der Lage gewesen wäre, aber jetzt schwieg sie. Alle schwiegen. Konstantin überreichte ihr umgerechnet 30 Euro. Unsere europäischen Portemonnaies beulen sich bei solchen Beträgen üblicherweise nicht gerade aus, man kann froh sein, wenn sie so wenig Geld überhaupt anzunehmen bereit sind. Andererseits bekam Friederike gerade die Hälfte des Monatslohns einer Ingenieurin ausgezahlt. Wäre ihr das in Deutschland passiert, hätte sie ihr leidgeprüftes Studentinnenkonto ausbauen müssen.

Natürlich musste sie das Geld annehmen. Keineswegs aus Respekt vor unseren Gastgebern und den anderen Teilnehmern, sondern weil Jay, Kai und ich sie daran erinnerten, dass uns genau dieser Betrag fehlte, um das Übergepäck bezahlen zu können. Friederike reichte die Prämie an AEROFLOT weiter.

Auf dem Weg zum Flugzeug drehte ich mich auf dem Rollfeld noch einmal um. Wie bei unserer Ankunft lagen die grauen Hallen mit Ausnahme einiger Lichter an den Terminals im Dunkeln. Omsk war nur ein paar Kilometer entfernt, aber es kam mir vor, als ob wir uns irgendwo auf einer Landepiste in der menschenleeren Taiga befinden würden. Zum letzten Mal kratzte mir die sibirische Kälte über das Gesicht und verbiss sich in meiner Haut. Eigentlich hatte sie mich nie gestört. Es sei denn, ich lief gerade einen Marathon. Da wurde sie zum Feind und riss ganze Stücke meiner Lebensenergie aus mir heraus. Jay schaute mich an. Sein Blick verriet mir seine Gedanken. Er bedauerte genau wie ich, dass unser Projekt in diesem Moment unwiderruflich beendet war. Wir verabschiedeten uns nicht nur von unseren Freunden und von Sibirien, sondern vor allem von unserer Aufgabe.

»Was machen wir jetzt?«, wollte Jay von mir wissen. »Wir müssen uns etwas Neues ausdenken!« Sein Auge war noch nicht ganz aufgetaut, da suchte er schon den nächsten Kick. Ich bekam Angst. Vielleicht hatte er bereits einen neuen Plan? Womöglich könnte er mich auch damit infizieren? Das musste ich verhindern: »Schweig, sag nichts, behalt es für dich! Ich will nichts hören. Bild dir bloß nicht ein, dass ich mir so etwas noch einmal antue.«

»Sei doch nicht so undankbar«, sprach er ganz leise, »schau dich um, sieh, wo wir sind, und frage dich, wie viele Menschen insgeheim auch gerne hier wären. Wie viele werden uns um dieses Abenteuer beneiden, weil sie es sich selbst nicht zutrauten? Wer hat schon das Glück, mal auf solche Weise etwas ganz anderes gemacht zu haben, wer kann denn schon von sich behaupten, seine Grenzen so weit überschritten zu haben? Du und ich, Friederike und Kai haben eine unvergessliche Erinnerung hinzugewonnen, die uns von nun an begleiten und erfüllen wird. Worüber beklagst du dich also?«

Jay dachte wohl, er würde gerade vor der UNO reden. Sein Pathos erreichte mich jedoch nicht.

»Ich habe ein Recht darauf, mich zu beklagen. Über die Schmerzen im ganzen Körper und darüber, dass ich völlig ausgelaugt bin und nicht weiß, wie ich jemals wieder zu Kräften kommen soll.«

»Du hast den *Siberian Ice Marathon* überstanden und jammerst wie eine Weichmamsell. Was soll das? *Man, you're a tough guy!* Benimm dich auch so, mach dich gerade!«

Wie sollte das gehen? Meine Muskeln waren noch immer übersäuert und ausgezehrt, mein Rücken war nur in gebückter Haltung zu ertragen und meine Grippeschmerzen zogen an allen Sehnen und Gliedmaßen wie Bleigewichte. Eigentlich war ich ein Fall für den Rückflugdienst vom Deutschen Roten Kreuz. Dass ich mich ohne Gehhilfe über die Rollbahn schleppte, war eine Energieleistung sondergleichen. Dennoch versuchte ich, meinen Rücken durchzudrücken und ein tapferes Lächeln in mein Gesicht zu legen.

Mein Körper erholte sich auch auf dem Rückflug nicht. Im Gegenteil, langsam, aber sicher fiel ich unterwegs in Fieberwahn. Es wurde immer schlimmer und spätestens beim Zwischenstopp in Moskau fing ich an, mir Sorgen zu machen. Es war ein Kampf mit ungleichen Waffen. Die Viren und Bakterien machten sich in meinem Blut breit und ließen sich komfortabel an die Stätten ihrer üblen Machenschaften kutschieren, ohne dass es auch nur die geringste Gegenwehr gegeben hätte. Während ich in einem zugigen Gang auf den Weiterflug wartete, tobte in meinem Körper der wahre Imperialismus. Die Macht ging widerstandslos an die Eindringlinge über. Ich selbst war nicht länger Herrscher über meinen Organismus und flüchtete ins Exil. Meine Persönlichkeit und mein Verstand versteckten sich im Unterbewusstsein. Bis ich in Hamburg die Zollkontrolle passierte.

Mein Sohn erwartete mich am Flughafen. Das war die beste Medizin. Er jubelte und nahm mich liebevoll in den Arm. Als ich ihm von meinen Abenteuern berichten wollte, unterbrach er mich allerdings:

»Papi, hast du eine Überraschung aus Sibirien mitgebracht?«

»Ja, hab ich.«

»Was denn?«

»Ganz tolle Winterstiefel, Walenki heißen die.«

»Hast du mir auch ein Auto mitgebracht?«

Hatte ich nicht. Natürlich war er davon ausgegangen, dass ich ihm ein kleines Spielzeugmodell mitbringen würde. Darauf hatte er sich die ganze Zeit gefreut. Und ich kam hier mit langweiligen Filzstiefeletten an. Es zerriss mir das Herz. Statt diesen überflüssigen Marathon zu laufen, hätte ich mich lieber nach einem Spielzeugladen umsehen sollen. Es dauerte eine Zeit, bis er seine Enttäuschung überwunden hatte. Dann nahm er die Walenki und benutzte sie als sibirische Spezialfeuerwehrhandschuhe. Mit ihnen ließen sich problemlos schwierige Aufgaben bewältigen, wie Matsche in die Wohnung transportieren, Käfer zerquetschen oder größere Hunde gefahrlos ärgern. Die Kinder aus der Nachbarschaft waren schwer beeindruckt. Davon, dass man so etwas eigentlich an den Füßen tragen sollte, konnte ich bisher allerdings niemanden überzeugen.

Nach der Ankunft in Hamburg schaffte ich es immerhin noch aus eigener Kraft in mein Bett. Als ich in meiner Wohnung endlich die Decke über meine Ohren gezogen hatte, wusste ich, dass ich die nächsten Tage im gesellschaftlichen Leben dieser Stadt keine größere Rolle spielen würde. Katjas Befürchtungen, ich könnte mit ein paar Gliedmaßen weniger nach Hause kommen, hatten sich zwar nicht bestätigt, aber mehr als eine schlaffe Körperhülle konnte ich ihr zunächst auch nicht bieten. Trotzdem klagte sie nicht. Noch hatte sie die Hoffnung nicht aufgegeben, dass ich vielleicht genesen würde. Was für eine Optimistin. Immerhin erfüllte sie mir meinen Wunschtraum und brachte mir eine heiße Brühe ans Bett. Krank sein kann auch schön sein.

Leider besserte sich mein Zustand nicht so richtig. In den nächsten Wochen litt ich unter mehreren schweren Erkältungen, vielen Hustenanfällen und einem konstanten Schwächegefühl. Als ich dann auch noch ohne jede Vorankündigung in Ohnmacht fiel und erst eine halbe Minute später mit einer geschwollenen Gesichtshälfte wach wurde, weil ein Aufprall aus fast zwei Metern Fallhöhe auf den harten Boden recht unangenehme

Spuren hinterlässt, hatte ich genügend Mut gesammelt, um mich bei meinem Arzt Christian Seevers durchchecken zu lassen.

»Du schon wieder«, war alles, was er sagte, als wir uns nach Wochen wiedersahen.

»Ich bin zurück«, versuchte ich ihn sanft darauf hinzuweisen, dass ich ein großes Abenteuer in Sibirien überstanden hatte.

»So wie du aussiehst, warst du nicht in Sibirien, sondern ein paar Wochen auf der Galeere!« Ich sah also wirklich krank aus. Wie beruhigend, Christian würde mich nicht nach Hause schicken.

»Ich bin neulich in Ohnmacht gefallen, ist das schlimm?«

»Woher soll ich das wissen?«, blaffte er mich an. »Vielleicht erlaubst du, dass ich dich untersuche, bevor ich eine Diagnose abgebe.«

Er wirkte überhaupt nicht locker auf mich und ich machte mir Sorgen, ob ihn private Sorgen quälten. Aber zu meinem Erstaunen ging es ihm um mich.

»So eine Ohnmacht kann alle möglichen Gründe haben, damit darf man nicht spaßen. Ich hoffe aber, dass es nicht so schlimm sein wird. Das passiert schon mal.«

Die Untersuchungen zogen sich über mehrere Tage hin. Am Ende kam das heraus, was ich hören wollte: »Eigentlich bist du gesund. Aber dein Körper ist noch immer sehr geschwächt. Deshalb warst du auch etwas anfälliger für Erkältungen. Außerdem ist dein Blutdruck ziemlich niedrig. Da kommt einiges zusammen. Vermutlich hast du aber deinen Hals verdreht und dir dabei eine Ader eingeklemmt. Dann liegt man plötzlich flach und wundert sich. Sei froh, dass du dich bei dem Sturz nicht verletzt hast.«

»Hab ich ja, mein Gesicht ist doch total geschwollen.«

»Stimmt, aber das macht dich irgendwie interessanter. Du wirkst so herrlich asymmetrisch.«

Am liebsten hätte ich dafür gesorgt, dass auch seine Brille etwas asymmetrischer aussehen würde, aber ich hatte noch eine wichtige Frage an ihn: »Kann das öfter passieren, dass ich umkippe?«

»Keine Ahnung, ich weiß ja nicht, wie oft du noch einen Marathon in Sibirien laufen willst!«

Ich schaute ihm tief in die Augen und hoffte herauszufinden, ob er mir eine unheilbare Krankheit verschwieg. Doch statt mir einen mitleidigen Blick zu schicken, öffnete er seinen Arztkoffer, holte eine gigantische Käsestulle heraus und gab mir unmissverständlich zu verstehen, dass für ihn die Audienz beendet sei: »Ich habe heute noch nichts gegessen und mach jetzt Mittagspause. Falls du noch mal umkippst, meld dich bei mir.«

In Deutschland hatten Fotografen, Fernsehteams, Radiojournalisten und Zeitungsreporter auf unsere Rückkehr gewartet. Genauer gesagt: auf die Rückkehr von Friederike. Schon vor unserer Ankunft waren Meldungen über die »Eisprinzessin von Hamburg« über die Agenturen gelaufen. Jetzt wollte man sie endlich interviewen. Kai verschacherte das Filmmaterial an verschiedene Sender und seine Fotos wurden in einigen Magazinen veröffentlicht. Seine Ausdauer als Chronist während des Laufs wurde honoriert. Für Jay und mich interessierte sich kein Mensch. Wir waren die Mitläufer, unwichtige Randgestalten, die kein Mensch sehen wollte. Bis endlich die Redakteurin einer Boulevardzeitung auch bei mir anrief:

»Guten Tag, sind Sie Herr Ockers?«

»Ja, Sie haben Glück, am Apparat.« Ich versuchte möglichst lässig zu bleiben, obwohl sich mein Puls vor diesem unerwarteten und wichtigen Interview gerade in Grenzbereiche aufschwang, die ich nicht einmal beim Sommerlauf in St. Moritz kennen gelernt hatte.

»Sie waren doch auch in Omsk, oder?« Die Journalistin hatte sich offenbar gut vorbereitet. Vermutlich war sie durch einen Zufall auf meinen Namen gestoßen, hatte ein bisschen herumtelefoniert und sofort erkannt, wie spannend meine Story wäre. Klar, dass sie so eine Geschichte sofort ins Blatt bringen wollte. Ein richtiger Profi riecht eben, wann sich hinter einer kurzen Meldung eine großartige Sensation verbirgt.

»Sie meinen, ob ich beim *Siberian Ice Marathon* mitgelaufen bin? Ja, das bin ich!« Einen Moment lang legte ich eine Kunstpause ein. Ich spürte, wie sie von meinen Worten gefesselt war. Als ich fortfahren wollte, um ihr zu erzählen, dass ich tatsächlich als einer von elf Läufern im Ziel angekommen sei und dass mir die Kälte erstaunlich wenig ausgemacht habe und dass die Menschen dort so furchtbar gastfreundlich gewesen seien und, und, und, unterbrach sie mich:

»Ja, ja, Herr Ockers, aber ich wollte von Ihnen nur die Telefonnummer unserer blonden Hamburgerin, die da so toll gelaufen ist. Die haben Sie doch, oder?«

Ich schluckte. Nach einigem Zögern rückte ich Friederikes Nummer heraus. Sie sollte selbst entscheiden, ob sie einer solch unseriösen Reporterin etwas sagen wollte. Ich wartete lieber auf einen Anruf eines seriösen Blattes.

Zur gleichen Zeit veröffentlichte das Fachblatt *Laufzeit* einen Artikel über unser Projekt. Im Anschluss daran diskutierten die Leser über den Sinn eines solchen Laufs. Einige fragten sich, ob es nicht fahrlässig gewesen sei, bei diesen Bedingungen zu starten und bis zum Ende durchzuhalten. Da die meisten Leser dieser Zeitschrift selbst Jogger sind, fehlt ihnen natürlich jedes Verständnis für unsere Mission. Sie sind es gewöhnt, bei schönem Wetter sklavisch nach dem Rhythmus ihrer Laufuhr zu traben und leicht angeschwitzt in den am Waldesrand geparkten und auf Zimmertemperatur vorgewärmten Chrysler Voyager zu steigen, um dann mit Vollgas und einem Verbrauch von 25 Litern auf 100 Kilometern die Waldesluft zu verpesten. Wenn sie etwas ganz Verrücktes tun wollen, steigen sie aufs Laufband und rennen dort eine Stunde lang, ohne sich vom Fleck zu rühren. Für solche Leute musste unser Projekt natürlich eine Provokation sein. Wir hatten es gewagt, das spießige Einerlei des üblichen Trimmtrabs zu durchbrechen und aus der uninteressantesten Freizeitbeschäftigung seit der Erfindung des Mannschaftsbowling ein Abenteuer zu machen. Alleine dafür hatte sich unser verrückter Sibirien-Trip schon gelohnt.

Die Meinung des Experten
Prof. Dr. Neumann, Institut für angewandte Trainingswissenschaften Leipzig

Ich selbst habe viele Wochen mit Skilangläufern im russischen und skandinavischen Polargebiet verbracht und Temperaturen um –30 Grad Celsius sind mir geläufig. Aus eigener Erfahrung halte ich Ausdauerbelastungen von 30 bis 60 Minuten bei –20 Grad Celsius und Windstille (trockene Kälte) als äußerste Grenze.

Dieser Erfahrung entsprach auch der internationale Skiverband (FIS), der Wettkämpfe unter –20 Grad Celsius verboten hat. Berechnet man einen Fahrtwind oder Laufwind nach der Windchill-Tabelle, so werden bei –20 Grad Celsius Außentemperatur leicht –30 Grad Celsius Hauttemperatur erreicht, und da beginnt die Haut zu erfrieren. Salben und so weiter helfen nicht! Höhenbergsteiger kennen diese Situation gut. Eine weitere Gefahr ist die Unterkühlung der Atemwege, die im Nachhinein mit hoher Wahrscheinlichkeit zu Entzündungen in den Atemwegen führt.

An Kälte kann man sich prinzipiell anpassen. Das Unterhautfettgewebe nimmt zu und auch die Durchblutung der Hände, Füße und des Gesichts. Das zeichnet die Sibirier vor den Europäern aus, die Temperaturen um den Gefrierpunkt geradezu als Frühling empfinden. Die Erhaltung der Kopfwärme bei großer Kälte ist lebensnotwendig, nicht umsonst tragen alle Sibirier kostbare Fellmützen.

Auf eine Gefahr bei solchen Läufen möchte ich noch hinweisen. Wenn es zur Unterbrechung des Laufes kommt und der Muskel produziert keine Wärme mehr und man ist mehrere Kilometer von einer Wärmequelle entfernt, dann ist eine bedrohliche Situation entstanden. Falls keine Hilfe kommt, sind starke Erfrierungen vorprogrammiert.

Mein Fazit wäre, Läufe unter –20 Grad Celsius nur bis zu einer Stunde auszudehnen und für sich selbst als große Heldentat zu verbuchen. Alles darüber Hinausgehende ist mit zu großen Risiken verbunden und vom medizinischen Standpunkt zu unterlassen. Der Startverzicht ist dabei klüger, wie selbst die Sibirier zeigten. Wenn bei einem Halbmarathon, der doch gut Trainierte voraussetzt, nur acht Prozent das Ziel erreichten, dann spricht das für sich. Held ist man dabei nicht unbedingt, aber ein überlebender Abenteurer.

(Quelle: *Laufzeit*, Nr. 4, April 2001)

Fazit

Der *Siberian Ice Marathon 2001* ging als kältester Marathon aller Zeiten in die Geschichte der Leichtathletik ein. Das hatte natürlich keiner von uns ahnen können und wirklich begriffen haben wir es auch erst nach dem Zieleinlauf.

Dennoch trug keiner von uns gesundheitliche Schäden davon. Ärzte sagen, dass dies weniger unser Verdienst gewesen wäre. Wir hatten wohl vor allem Glück. Eigentlich besitzt der durchschnittliche mitteleuropäische Körper gar nicht die Voraussetzungen, um eine solche Belastung zu ertragen. Nicht einmal die sibirischen Läufer hätten bei solchen Temperaturen aus medizinischer Sicht antreten dürfen. Internationale Profiveranstaltungen werden bei Kältegraden unter minus 20 Grad Celsius grundsätzlich abgesagt. Aber das ist die vernunftgesteuerte Bewertung dieser Veranstaltung. Die interessierte uns nicht.

Der Lauf war eine Mission für jeden Einzelnen von uns. Wenn mich jemand nach meinem persönlichen Antrieb fragt, antworte ich mit dem alten John-Wayne-Text: »Ein Mann muss manchmal tun, was ein Mann tun muss.«

Die meisten Leute könnten denken, das sei wieder

mal ironisch gemeint. Weit gefehlt, hiermit ist es mir bitterernst. Ein großes Versprechen, in einem großen Moment ausgesprochen, hat mich dazu gebracht, trotz leichter Erfrierungen und unglaublicher Schmerzen die schlimmste körperliche Belastung meines bisherigen Lebens zu ertragen. Ich musste es einfach tun. Obwohl ich wusste, dass es Spinnerei war, und obwohl ich keinerlei Freude dabei empfand.

Schon vorher hatte ich ein sehr distanziertes Verhältnis zum Laufen. Danach war es vollkommen zerstört. Niemals werde ich Leute verstehen, denen Jogging Spaß macht.

Jay Tuck ist inzwischen schon dreimal in Omsk gelaufen. Um sich zu motivieren, hat er sich einen sehr speziellen Slogan ausgedacht:

»Jeder, der am *Siberian Ice Marathon* teilnimmt, ist ein Sieger, jeder, der das Ziel erreicht, ist ein Held.«

Natürlich ist dieser Satz nicht wörtlich zu verstehen. Keiner von uns war ein Held. Das weiß auch Jay. Niemand fühlte sich so. Schon gar nicht im Ziel, als wir weinend und erschöpft um etwas Wärme bettelten und zugeben mussten, dass uns die Natur eine schmerzhafte Lektion erteilt hatte. Während kein einziger Zuschauer weit und breit zu sehen war, war ich mit letzter Kraft über die Ziellinie gestolpert. Nicht gerade heldenhaft, finde ich.

Vor allem aber gebietet es der Respekt vor den Sibiriern, die in diesem grausamen Winter leiden mussten wie seit Jahrzehnten nicht mehr, unsere sportliche Herausforderung nicht so wichtig zu nehmen. Viele Menschen verloren ihre Existenzgrundlage, Hunderte starben an der Kälte oder wurden krank, während wir nach unserem kurzen sportlichen Intermezzo ins wohlhabende Deutschland zurückflogen.

Jays Heldensatz bezieht sich vielmehr auf die Entscheidung, etwas Ungewöhnliches zu tun, sich dem auszuliefern und abzuwarten, welche Folgen es haben wird. Die Flucht aus der Berechenbarkeit des Lebens macht die Teilnahme zu einem Sieg und die Ankunft zu einer Heldentat. Und weil Helden meistens auch ziemlich arme Würstchen sind, die für ihre Ziele nicht nur unangenehm viel Naivität, Glück, Realitätsverlust und Egoismus mitbringen müssen, sondern unterwegs auch eine Menge Prügel einstecken, bevor sie sich gegen alle Widerstände durchgesetzt haben, ist dieser Ehrentitel zu unserer Schande durchaus auf uns übertragbar. Noch zutreffender als »Held« ist vielleicht sogar die Bezeichnung »überlebender Abenteurer«, die Professor Neumann in seinem bereits zitierten Artikel verwendet.

Fest steht für mich nach dieser Reise vor allem eins: Laufen ist völlig überflüssig. Es gibt einfach keinen Grund dafür, so etwas zu tun. Leider sehe ich zurzeit keine erfolgversprechenden Therapieeinrichtungen, die unsere Gesellschaft von den Lauf-Junkies befreien könnte. Ich selbst war natürlich niemals abhängig. Ich hätte jederzeit aufhören können, wenn ich es gewollt hätte.

Drei Monate nach dem *Siberian Ice Marathon* bin ich – nur aus Neugier – zum ersten Mal wieder gelaufen. Es war genauso fürchterlich wie immer. Trotzdem habe ich anschließend weitergemacht. Ich wollte mir beweisen, dass ich immer noch in der Lage wäre, meinen Widerwillen jederzeit zu überwinden. Denn wer weiß, ob ich dem Schicksal nicht vielleicht irgendwann noch einmal ein Versprechen abgeben muss. Darauf muss ich natürlich vorbereitet sein. Deshalb habe ich mich übrigens knapp ein Jahr später entschlossen, noch einmal in Omsk zu starten. Nur um zu sehen, ob ich es noch könnte, wenn ich es mal wieder müsste.

Nachwort von Gerhard Delling

Als mir Tom Ockers, einer meiner Weggefährten aus gemeinsamer Zeit beim NDR, eröffnete, dass er jetzt ein Buch schreiben wolle, war ich mir sicher, dass die Midlifecrisis ihn vollends gepackt hatte. Als ich dann aber erfuhr, dass sein Thema ein Marathon-Selbstversuch sein sollte, da war mir klar: Es ist alles noch viel schlimmer! Damit meine ich nicht diese speziell sehr reizvolle Laufveranstaltung in der ehemals verbotenen Stadt Omsk. Das ist eine äußerst spannende, herausfordernde Kulturreise in eine andere Welt, die in ihrer Skurrilität durch die Anstrengungen und Gefahren eines Marathonlaufes bei Temperaturen um 40 Grad minus einen kaum zu übertreffenden Erlebnis- und Abenteuerfaktor hat.

Nein, ich war in ernster Sorge um die Psyche meines lieb gewonnenen Kollegen, den ich als spontanen, kreativen Journalisten in einem immer schnelllebigeren Alltagsgeschäft kennen und schätzen gelernt hatte. Woher also plötzlich dieses Sendungsbewusstsein? Dieser Antrieb, Erfahrungen weiterzugeben und etwas zu hinterlassen? Das alles, obwohl er genau weiß, dass er dabei auch ein Stück seiner Persönlichkeit breittreten muss, etwas von der Intimsphäre, die er die Jahre zuvor äußerst kämpferisch gegen Freunde und Feinde (vermeintliche) zu verteidigen versucht hatte.

Es bedurfte einiger Gespräche und der Lektüre mehrerer Kapitel dieses Buches, um einigermaßen zu verstehen, was mit ihm geschehen war. Ich glaube mittlerweile, dass dieses Buch das logische Produkt einer Gesellschaft ist, in der man zwar genügend Zeit für große individuelle Herausforderungen hat, es allerdings allzu oft an wirklichen Herausforderungen fehlt. Also sucht man in der Regel konsequenterweise danach. Und glaubt man sie endlich gefunden zu haben, konstruiert man mit bedachter Inkonsequenz gleich wieder Gegenargumente, um die gerade entdeckte Herausforderung nicht annehmen zu müssen.

Nur in seltenen Fällen ist es wirklich Weisheit, die einen etwas *nicht* tun lässt. Da Tom Ockers inzwischen wieder ganz der Alte ist (auch was Gewicht und Bauchumfang anbelangt), war diese Weisheit – vorsichtig formuliert – nicht nötig; es ist ja alles gut gegangen.

So möchte ich ihm gratulieren, dass er seine ganz persönliche Herausforderung gefunden hat und es nicht dabei beließ, diese seine Aufgabe nur gedanklich durchzuspielen, um sie aufgrund der vielen Hürden, die sich dabei manchmal zu schier unüberwindbaren Hindernissen auftürmen, dann doch nicht zu realisieren.

Er hat es gemacht – und geschafft!

Aber richtig fertig gestellt hat er diese selbst gesteckte Lebensabschnittsaufgabe erst mit diesem Buch. Wenn man so will: eine mentale Selbsttherapie ohne Arzt und Medikamente und mit einem nicht zu unterschätzenden Trainingseffekt für einen sitzgeplagten Körper.

Überzeugt bin ich davon, dass viele, die – ähnlich wie Tom Ockers – dem Sport keine fanatische, aber mindestens doch eine wohlwollende Haltung entgegenbringen, schon einmal darüber nachgedacht haben, wie er ihnen zu mehr Lebensqualität verhelfen könnte. Und die meisten haben sich sicherlich gefragt, wie es wohl wäre, wenn sie einmal einen Marathon bewältigen würden. Und so bietet der »Erfahrungsbericht« dieses Buches dem einen oder anderen vielleicht eine grundlegende Anleitung dafür, wie man dieses alljährlich zehntausendfach absolvierte und doch immer wieder außergewöhnliche Vorhaben mental oder körperlich angehen könnte.

Ob das allerdings so zynisch, ironisch, humorvoll und zum Teil selbstverachtend vonstatten gehen muss wie in diesem Buch, sei an dieser Stelle ausdrücklich angezweifelt. Wie auch immer, eine der Botschaften dieses Buches liegt auf der Hand:

Wenn du was machen willst, dann tu's,
denn nur der Dumme hat Tabus!

In diesem Sinne laufen Sie, liebe Leserinnen und Leser, vielleicht ja jetzt schon mal eine kleine Runde …

Ihr Gerhard Delling

Informationen zum *Siberian Ice Marathon* erhalten Sie bei:

Siberian International Marathon (SIM)
Pevtsova Str. 1
644099 Omsk
Russland
Tel.: 007-3812-231-526
Tel./Fax: 007-3812-242-567
E-Mail: sim@omsknet.ru
Website: sim.omsknet.ru